Doris Kirch

Handbuch Stressbewältigung

Lernen Sie in fünf Schritten,
den Tiger zu zähmen

Mit Übungs-CD

Haben Sie Fachfragen an die Autorin?
Anregungen zum Buch?
Erfahrungen, die Sie mit anderen teilen möchten?
Nutzen Sie unser Diskussionsforum:
www.mankau-verlag.de

mankau

Bibliografische Information der Deutschen Nationalbibliothek

Die Deutsche Nationalbibliothek verzeichnet diese Publikation in der Deutschen Nationalbibliografie; detaillierte bibliografische Daten sind im Internet über http://dnb.d-nb.de abrufbar.

Doris Kirch
Handbuch Stressbewältigung
Lernen Sie in fünf Schritten, den Tiger zu zähmen
Mit Übungs-CD

ISBN 978-3-938396-34-6
2. Aufl. 2011 (1. Aufl. 2009)

Mankau Verlag GmbH
Postfach 13 22, D-82413 Murnau a. Staffelsee
Im Netz: www.mankau-verlag.de
Internetforum: www.mankau-verlag.de / forum

Lektorat / Endkorrektorat: Dr. Thomas Wolf, MetaLexis
Gestaltung Umschlag: Guter Punkt, München I Andrea Barth I www.guter-punkt.de
Gestaltung Innenteil: Heike Brückner, Grafikstudio, Regensburg
Fotos Innenteil: Lukas Lehmann, Wardenburg I www.lukaslehmann.de

Audio-CD – Sprecherin/Text: Doris Kirch I www.der-stresscoach.de
Audio-CD – Tonstudio/Mastering: Ulrik Kowalk I www.10degrees.de

Druck: Bercker Graphischer Betrieb GmbH & Co. KG, Kevelaer

Für Mama,
die Löwenmutter

Inhaltsverzeichnis

Er ist ein bekannter und gefragter Unternehmensberater, zirka Ende fünfzig. Wir haben eine geschäftliche Besprechung. Während er unentwegt seinen Kugelschreiber befingert, seine Augen rastlos umherschweifen und er ständig auf seinem Stuhl hin- und herrutscht, erzählt er mir unpassenderweise, aber umso ausführlicher einen wesentlichen Teil seiner Lebensgeschichte. Anschließend beugt er sich vertrauensvoll zu mir herüber, um mir jovial-lächelnd ein Geheimnis zu verraten: Er bräuchte keine Stressbewältigung, er wüsste auch nicht, wo es herkäme, aber er wäre immer ruhig und hätte so etwas nicht nötig. Er glaubte wirklich, was er sagte.

Und nun verrate ich Ihnen ein Geheimnis: Solche Menschen haben Stressbewältigung nötiger als alle anderen, denn ganz offenbar stehen sie derart unter Druck, dass sie sogar die Fähigkeit zur realistischen Selbstwahrnehmung und Selbsteinschätzung verloren haben. Sie, liebe Leserin, lieber Leser, sind offenbar nicht in solch einer Situation, sonst würden Sie dieses Buch nicht lesen. Offenbar haben Sie noch ausreichend Eigenwahrnehmung, um zu spüren, dass es fünf vor zwölf ist. Vielleicht blicken Sie aber auch voraus und kümmern sich beizeiten darum, dass es gar nicht erst so weit kommt.

Der Impuls, dieses Buch zu schreiben, war Mitgefühl. Berufsbedingt flattern mir täglich viele Dinge über Schreibtisch und Bildschirm, die mit meinem Fachthema zu tun haben. Als mir der Sturm dieser Masseninformationen wieder einmal meine grauen Zellen zerzauste, fragte ich mich, was eine Person findet und worauf sie trifft, wenn sie sich auf die Suche nach Stressbewältigung macht. Ihr wird viel Hilfreiches begegnen und noch mehr Unsinn. Ich fragte mich: „Wie unterscheiden die Laien das eine vom anderen?" Mir wurde klar, dass solch eine Unterscheidung durch einen Nichtfachmann nur unzureichend vollzogen werden kann und dass die meisten Menschen vermutlich irritiert zurückbleiben oder ihre kostbare Energie mit nutzlosem Vorgehen verschwenden werden.

Also entschied ich mich, das, was sich an Strategien, Methoden und Sichtweisen nach meiner jahrzehntelangen Erfahrung am besten bewährt hat, grundlegend zusammenzufassen. Ein Buch zu schreiben sollte Dienst am Leser sein. Deshalb war es mir ein Bedürfnis, nicht nur mein Wissen und meine Erfahrungen mit Ihnen zu teilen, sondern auch ein Fachbuch vorzulegen, das gleichermaßen lehrreich wie spannend ist und das Lesen zum Vergnügen macht. Das ist auch der Grund, warum viele Themen mit Geschichten, Sprüchen und Metaphern ergänzt sind. Die moderne Lerntheorie bestätigt, dass es eine gute Strategie ist, komplexe Sachverhalte in Geschichtenform zu vermitteln. Geschichten lassen Bilder und Gefühle in uns entstehen, und dadurch vernetzen sich Inhalte schneller und tiefgreifender im Gehirn als durch rein intellektuelle Wissensvermittlung.

Ich wünsche mir, dass meine Ausführungen hilfreich für Sie sind und dass dieses Buch Sie darin unterstützt, sich stets dessen gegenwärtig zu sein, was im Leben wirklich wichtig ist. Und ich freue mich, wenn wir uns in einem Seminar oder einer Ausbildung einmal persönlich begegnen.

Doris Kirch, November 2009

Einführung

Es ist fast fünfundzwanzig Jahre her, dass ich, damals Anfang zwanzig, damit begann, mich mit Meditation zu beschäftigen – fast auf eine etwas unfreiwillige Art. Meine Freundin hatte in der Yogaschule, die sie regelmäßig besuchte, etwas über ein Angebot zu einem Zen-Sesshin[1] gelesen und sie fragte mich, ob ich wüsste, was das ist. Ich war genauso ahnungslos wie sie, aber abenteuerlustig wie wir waren, meldeten wir uns, nicht ahnend, worauf wir uns einließen, einfach an. Es war die erste Bekanntschaft mit meinem Innenleben. Zu behaupten, diese Erfahrung sei angenehm gewesen, wäre schlicht übertrieben. Unabhängig davon, dass wir in diesen Tagen kein Wort sprechen, nicht lesen, keine Musik hören und auch nicht schreiben durften, kam ich mit einer Art von Stille in Kontakt, die sich mit Worten nur schwer beschreiben lässt. Während der stillen Sitzmeditation, die eigentlich durch Ruhe der Gedanken gekennzeichnet sein sollte, herrschte ein unglaublicher, ohrenbetäubender Krach in meinem Hirn. Zeitweise hatte ich das Gefühl, nicht mehr richtig atmen zu können, und die Schmerzen im Rücken schienen unerträglich. Geduld gehörte noch nie zu meinen Kardinaltugenden, deshalb fiel es mir sehr schwer, die Untätigkeit auszuhalten. Während der Sitzzeiten und auch noch auf dem Weg nach Hause war ich überzeugt davon, mich solch einer Tortur auf keinen Fall noch einmal auszusetzen.

Aber dieses Erlebnis hatte mich gewandelt. Es hatte keinen neuen Menschen aus mir gemacht, sondern mir unmittelbar gezeigt, wer oder was ich wirklich bin und wo ich stehe. Während ich unterwegs noch geflucht hatte, ahnte ich bei meiner Ankunft zu Hause, dass sich mein Leben ab jetzt irgendwie ändern würde.

Was ich damals noch nicht wissen konnte: Es war der Beginn meines Weges zu mir selbst, den ich nie mehr verlassen habe. Dass die Meditation tägliche Praxis wurde, ergab sich für mich fast von selbst. Die Erfahrungen, die ich mit der Zen-Meditation machte, weckten meine Neugier auf andere Meditationsformen und auch

---

1   *Sesshin* ist eine kürzere oder längere Zeit, die man schweigend mit Zen-Meditation, Rezitation und Arbeit in einem Zen-Kloster oder einem Trainingszentrum verbringt. Ein Sesshin dient der Klärung des Geistes.

auf die scheinbar klinisch anmutenden Entspannungstechniken wie Autogenes Training und Progressive Muskelentspannung. Vom Wissensdurst getrieben, besuchte ich Kurse, Seminare und machte Ausbildungen. Fünf Jahre nach meiner ersten Begegnung mit Meditation verließ ich meinen Beruf im Management, um fortan mit Menschen zu arbeiten.

Es ist heutzutage kaum vorstellbar, aber wahr: Vor zwanzig Jahren gab es in der Öffentlichkeit nur wenig Akzeptanz für dieses Thema. Meditation wurde mit Sekten, Gurus, Räucherstäbchen, Kiffen und Pendelschwingen in einem Atemzug genannt. Entspannungstechniken waren etwas für psychisch Kranke. Stress, in der Form, wie er heute bekannt ist und kommuniziert wird, war nur selten ein Thema in den Medien. Als wir im Jahre 2005 die Deutsche Gesellschaft für Meditationskultur e. V. (heute: Deutsche Gesellschaft für Achtsamkeit e. V.) gründeten, war unser erklärtes Ziel, eine methodenübergreifende, unkonfessionelle Meditationskultur in unsere Gesellschaft zu integrieren. Um die Relevanz des Themas zu belegen, sammelten wir enthusiastisch Zeitungsartikel und Veröffentlichungen, um aufzuzeigen, dass die Medien Meditation und Entspannung durchaus beachtenswert finden. Inzwischen haben wir mit diesen Zusammenstellungen aufgehört, weil das Thema quasi Mainstream geworden ist. Offenbar muss es längst nicht mehr um Anerkennung ringen. Die Bedeutung und die Auswirkungen dieser stillen Praktiken auf Gesundheit und Wohlbefinden wurden in den letzten zwanzig Jahren so hinreichend erforscht, dass sich nur noch ein vollkommen und restlos Ahnungsloser trauen würde, die Zusammenhänge zwischen Körper, Geist und Seele in Frage zu stellen. Aber erinnern wir uns: Es ist noch gar nicht lange her, dass die Schulmedizin mit hängenden Ohren verschämt eingestand, dass es wohl „einige" Erkrankungen gäbe, die „psychosomatischen" Ursprungs seien. Immer noch eine traurige Verkennung der Realität, dass Körper, Geist und Seele eine untrennbare Einheit bilden, aber immerhin ein erster Lichtblick, dem viele folgten.

Auch Stress war in den letzten zwei Jahrzehnten ein Thema. Allerdings nicht häufig und vor allem in einem anderen Zusam-

14

menhang als heute. Wer damals sagte, dass er Stress habe, galt entweder als Wichtigtuer, als jemand, der seine Dinge nicht organisieren konnte, oder als einer, der sich notorisch mehr auflud, als er tragen konnte. Das hat sich inzwischen deutlich verändert, denn unser Leben hat sich sehr verändert. Es ist um ein Vielfaches schneller und komplexer geworden. Sprach man früher im Management von mittelfristig, dann waren damit drei bis fünf Jahre gemeint. Heute meint dieser Begriff drei bis fünf Monate. Weit entwickelte Automatisierung, Internet und globale Vernetzung haben aus unserer armen Mutter Erde ein Dorf gemacht, dessen Bewohner in „Echtzeit" dem gnadenlosen Termindruck global expandierender Unternehmen geopfert werden. Was ethische und moralische Werte anbelangt, da haben die Firmen längst den Rubikon überschritten und diesen antiquierten Ballast am anderen Ufer hinter sich zurückgelassen. Wir leben in einer Zeit, wo nichts so alt ist wie die Information von gestern, wo sich alles permanent und so schnell wandelt, dass einem schwindelig wird. Beim Thema Information fällt mir gerade ein, dass ich eigentlich ein neues Autoradio brauche. Bei dem Gedanken daran, mich durch das unüberschaubare Dickicht zahlloser mikrokleiner Tasten zu fingern und mich von der Masse einer zweihundert Seiten langen Bedienungsanleitung in zwanzig Sprachen (die ich zuvor aus dem Internet herunterladen musste) erschlagen zu lassen, spüre ich ... Stress. In diesem Moment sehne ich mich nach einem Radio mit drei Knöpfen: an/aus, laut/leise, Sendersuche. Ich glaube, ich verschiebe den Kauf noch etwas ...

Wir fühlen uns gestresst, weil wir für die Benutzung fast jedes elektrischen Gerätes und jedes Automaten inzwischen nahezu eine Doktorarbeit brauchen. Einmal abgesehen davon, dass die Funktionsweisen, die wir einmal begriffen haben, beim nächsten Mal schon wieder dem Vergessen anheimgefallen sind.

Im Dauerbeschuss der bunten Werbewunderwelt der Medien werden wir von morgens bis abends mit Informationen überschüttet, über deren Wahrheitsgehalt man geteilter Meinung sein kann. Und wenn man uns auch nicht direkt anlügt, so wird doch so lange geschickt manipuliert und suggeriert, bis wir glauben und sehen, was wir glauben und sehen wollen, und nicht, was den Tatsachen entspricht. Es dürfte kaum jemanden unter uns geben, der noch kein Opfer irgendeiner üblen Neuzeit-Abzocke geworden ist. Die Unterscheidung und das Vergleichen der Angebote, mit denen wir im Radio, im Internet, auf Bussen und Bahnen, im Briefkasten, auf den Bildschirmen von Geldautomaten, am Telefon und am Bankschalter überschüttet werden, werden immer schwieriger und zeitaufwändiger. Zeit, die bei dem, was im Leben wirklich wichtig ist, fehlt. Die Liste der Dinge, denen wir tagtäglich unfreiwillig ausgesetzt sind und womit wir uns zwangsweise beschäftigen müssen, könnte ich endlos weiterführen. Wenn wir in Stressbewältigungs-Seminaren die Stressoren der einzelnen Teilnehmer zusammentragen, bin ich immer wieder betroffen von deren Vielzahl und es scheinen ständig neue hinzuzukommen. An dieser Stelle habe ich die vorstehenden Beispiele zitiert, um einmal kurz den Geschmack des Zeitgeistes heraufzubeschwören.

Die dauernde Reizüberflutung und Überforderung parallel zu spürbar zunehmender Behördenrestriktion, immer größer werdender Arbeitslosigkeit und explodierenden Lebenshaltungskosten vermitteln vielen Menschen das verzweifelte Gefühl, den täglichen Anforderungen nicht mehr gerecht werden zu können. Als Reaktion darauf stellen tragischerweise die meisten von ihnen nicht das System, sondern sich selbst in Frage.

Wir haben es also in unserem Leben nicht mit einmaligen Situationen zu tun, die in uns Stress erzeugen, sondern es ist bereits der ganz „normale" Alltag, der uns nachts nicht schlafen lässt, Bluthochdruck und Magengeschwüre erzeugt. Diesem Alltag, der uns dazu treibt, selbst bedeutungslose Ereignisse als bedrohlich zu empfinden und überzogen auf sie zu reagieren, können wir nicht ausweichen. Und darauf, dass sich im Außen etwas zum Positiven verändert, können wir warten bis Pflaumenpfingsten. Das ist die schlechte Nachricht. Und nun kommt die gute: Wir können lernen, damit umzugehen. Wir können lernen, bestimmte Stressauslöser zu vermeiden, wir können lernen, auch angesichts schwieriger Lebensumstände ein Höchstmaß an Lebensqualität zu entwickeln – und genau darum geht es in diesem Buch.

Wenn Stressbewältigung einfach wäre, dann würden die medizinischen Statistiken über stressbedingte Erkrankungen nicht in schwindelnde Höhen steigen. Es gibt unzählbare Angebote für Entspannungskurse, haufenweise Websites, die uns versprechen, dass ihre Ausführungen uns innerhalb von wenigen Minuten die Fähigkeit vermitteln, unseren Stress künftig jederzeit und überall innerhalb von zwei Sekunden von 100 auf 0 senken zu können, und in den Buchhandlungen verkünden meterweise Lebensratgeber, wie wir schnell und ohne Aufwand unseren Stress in den Griff kriegen. Doch schauen Sie mal genau hin: Die meisten dieser „Spezialisten" haben nur am Rande Ahnung von dem, über das sie schreiben. Stress ist trendy. Es ist ein Markt, der boomt. Viele Autoren greifen das heiße Eisen auf, um sich daran zu wärmen. Ihnen hingegen nutzt das wenig. Vermutlich haben Sie bereits bemerkt, dass Sie Bauernschlauheiten wie „Machen Sie einfach ein wenig langsamer" oder „Tun Sie immer das Wichtigste zuerst" oder „Legen Sie Arbeitspausen ein und trinken Sie eine Tasse Tee" nicht ein Stück weitergebracht haben. Und vielleicht haben Sie bereits einen guten Entspannungskurs besucht – der Sie letzten Endes aber auch nicht dahin gebracht hat, entspannter und erfüllter zu leben. Wenn Sie bereits Verschiedenes erfolglos ausprobiert haben, dann werden Sie zweifellos bemerkt haben: Stressbewältigung ist nicht so einfach, wie uns die Medien verkaufen wollen. Natürlich hegt jeder von uns die stille Phantasie, dass es irgendetwas gibt, das uns mühelos und schnell von unseren Plagen befreit. Vergessen Sie's.

Wir, das sind meine Kollegen aus dem Deutschen Fachzentrum für Stressbewältigung (DFME) und ich, haben uns auf das Thema spezialisiert, das unsere Firma im Namen trägt. In langjährigen Beobachtungen haben wir die Erfahrung gemacht, dass Tricks immer nur Tricks hervorbringen. Wir haben festgestellt, was funktioniert und was nicht. Die Essenz dessen, was wir gelernt, erfahren und ausprobiert haben und was sich dabei bewährt hat, präsentiere ich Ihnen auf den folgenden Seiten.

Unser Leben ist eine äußerst komplexe Angelegenheit, Stressbewältigung muss es demzufolge auch sein. Ich bezeichne Stressbewältigung auch gerne als einen Weg – einen Weg der Selbsterforschung. Viele Menschen, die zu uns ins Fachzentrum kommen, fühlen sich unzulänglich, weil sie glauben, nicht imstande zu sein, den Anforderungen ihres normalen Alltags gerecht zu werden. Wer es zudem schon vergeblich mit verschiedenen Interventionen versucht hat, trägt auch hier oft das Kainsmal des Versagens auf der Stirn. Diese Menschen sind häufig zutiefst frustriert und entmutigt. Es ist nicht gerade eine förderliche Ausgangssituation für eine erfolgreiche Stressbewältigung, wenn das ganze Thema bereits im Vorfeld psychisch negativ behaftet ist. Ich möchte Ihnen jedoch Mut machen, das Abenteuer dieses Weges zu wagen – denn in der Tat ist dieses Leben, das wir geschenkt bekommen haben, ein Abenteuer, das im Experiment erprobt werden muss. Sich der Bewältigung der täglichen An- und Überforderungen zu stellen kann für Sie bedeuten, Ihren Horizont zu erweitern und Ressourcen in sich zu entdecken, die bislang einen ungestörten Dornröschenschlaf in Ihrem Inneren führten. Stress zu bewältigen bedeutet nicht nur, eine oder mehrere Entspannungstechniken zu beherrschen, sondern auch, sich über bisherige Denk- und Verhaltensgewohnheiten klar zu werden und zu lernen, das loszulassen und zu verändern, was nicht mehr ins Leben passt. Sich dem eigenen Denken, Fühlen und Handeln zu stellen erfordert Mut und es ist nicht immer leicht. Aber manchmal ist es wichtig, ein Feuer anzuzünden, um ein anderes zu löschen. Sie haben bestimmt schon einmal davon gehört, dass kleine Gegenfeuer gelegt werden, um ganze Waldbrände in den Griff zu kriegen.

Warum sind diese psychischen Faktoren bei der Stressbewältigung von derartiger Bedeutung? Eine der Grundwahrheiten über Stress ist die, dass wir uns den meisten Stress selbst machen. Das hört sich provokativ an, aber es ist so. Als die menschliche Spezies entstand, war die Welt unbestreitbar eine andere. Der frühe Mensch musste sich gegen eine Vielzahl realer Gefahren zur Wehr setzen: wilde Tiere, Kälte, Hunger und die Bedrohung durch die eigene Spezies. Er war darauf vorbereitet, denn ein physiologischer Mechanismus sorgte dafür, dass der Körper bei Gefahr in einen Zustand erhöhter Alarmbereitschaft versetzt wurde, der es ihm erlaubte, zu kämpfen oder zu flüchten.

Unsere frühen Vorfahren leben schon seit Hunderttausenden von Jahren nicht mehr – der Mechanismus hingegen hat sie lange überlebt, denn wir haben ihn immer noch. Reale Bedrohungen unseres Überlebens jedoch gibt es nicht mehr. Selbst wenn wir Job und Haus verlieren, sorgt unser soziales System dafür, dass wir weder hungern noch frieren müssen. Die heutigen Bedrohungen entstehen in unserem Bewusstsein und setzen die komplette Generalmobilmachung unserer Körperabläufe in Gang. Das Problem dabei ist, dass wir meistens weder kämpfen noch flüchten können. Was zum Beispiel machen Sie, wenn Ihr Vorgesetzter Sie vor allen Kollegen beleidigt? Sie können ihm weder eins auf die Nase hauen noch können Sie einfach die Firma verlassen und nach Hause gehen. Im Allgemeinen bleiben wir auf unserer Hormonüberschwemmung sitzen, was uns zu der Frage führt: Was können wir tun? Vereinfacht ausgedrückt haben wir mindestens zwei Möglichkeiten: Zum einen können wir Wege finden, den Hormonüberschuss im Körper abzubauen. Zum anderen können wir lernen, unsere Einstellung zu den Dingen so zu verändern, dass wir das, was uns im Leben begegnet, nicht mehr als potenziell bedrohlich werten. Es geht also nicht darum, uns in Watte zu packen und zu versuchen, Stress um jeden Preis zu vermeiden, sondern wir können lernen, damit umzugehen.

Die Aktivierung innerer Ressourcen bedarf einiger Anstrengung. Das hängt damit zusammen, dass wir nie gelehrt wurden, adäquat mit dem Leben umzugehen. Schule und Gesellschaft lehrten uns viel über Moral, Konvention, Normen, Ideale, Gebote und Verbote. Wir wurden dazu angehalten, anständig und angepasst zu sein, uns zurückzunehmen und uns unterzuordnen. Die Frage unserer inneren Werte, unserer Bedürfnisse und Gefühle stand in der Regel nicht zur Debatte. Der Psychologe Hermann Meyer schreibt in seinem Buch *„Jeder bekommt den Partner, den er verdient"*, dass die meisten von uns zu Hause statt realem Durchsetzungsvermögen Aggression und Wut erlebt haben, statt Sinnfindung religiöse Dogmen, statt Übernahme von Verantwortung Flucht und Sucht. Der Psychologe spricht davon, dass wir alle in einer *Kollektivneurose* leben und führt dazu aus: *„Man lernt nicht das, worauf es im Leben ankommt, was man wirklich zum Leben braucht. Man lernt nichts über Gesundheitslehre, obwohl man permanent mit diesem Körper leben muss; nichts über Ernährung, obwohl sie täglich auf Körper, Seele und Geist einwirkt; nichts über Psychologie, obwohl*

man sich doch zeit seines Lebens mit der eigenen Psyche auseinan-
dersetzen muss; nichts über Soziologie, obwohl man in diese Ge-
sellschaft integriert ist; nichts über gesundes Bauen und Wohnen,
obwohl wir uns über die Hälfte der Lebenszeit in unserer Woh-
nung aufhalten; nichts über Pädagogik, obwohl unsere Kinder die
Zukunft der Menschheit bedeuten; nichts über Schicksalskunde,
obwohl jeder davon betroffen ist; nichts über Erfolg, obwohl fast
jeder ihn erreichen will; nichts über die Gesetze der Kommunika-
tion, obwohl sie in der Begegnung von entscheidender Bedeutung
sind; und letztendlich auch nichts über Partner- und Beziehungsfä-
higkeit, obwohl diese Fähigkeit für Glück und Unglück eines Men-
schen eine so gravierende Rolle spielt. Aus all diesen Gründen wird
klar, dass niemanden eine Schuld trifft, wenn er im Elternhaus und
in der Schule nichts oder nur wenig von den menschlichen Anlagen
und Fähigkeiten erfahren und ausbilden konnte. "

Ich habe das hier so umfassend ausgeführt, um Sie davon zu
befreien, sich schuldig oder unzulänglich zu fühlen, und in der
Hoffnung, dass Sie dem Abenteuer der Selbstentdeckung positiver
und vielleicht auch ein wenig enthusiastisch entgegensehen. Ein
Kursteilnehmer sagte mir einmal, dass wir in der Stressbewältigung
wie Kapitäne auf einem Segelschiff sein müssten. Geschick und
Ausdauer helfen uns dabei, unser Ziel zu erreichen, auch wenn Un-
wetter toben und das Schiff stark schwankt. Der Kapitän entschei-
det, wo er eingreifen, Entscheidungen fällen und handeln muss –
alles andere lässt er geschehen. Diese Haltung erinnert mich an
das Gelassenheitsgebet des Theologen und Philosophen Reinhold
Niebuhr (1892–1971): *„Gott gebe mir die Gelassenheit, Dinge*
hinzunehmen, die ich nicht ändern kann, den Mut, Dinge zu än-
dern, die ich ändern kann, und die Weisheit, das eine vom anderen
zu unterscheiden. "

Auf den Punkt gebracht entsteht Stress aus dem Gefühl von
Kontrollverlust, aus dem Gefühl, sich einer Sache ausgeliefert zu
fühlen, die man nicht beeinflussen kann. Die Fähigkeit, unsere Lebensumstände zu beeinflussen, hängt zum Großteil davon ab, wie
wir Dinge sehen und bewerten, also welche inneren Einstellungen
wir ihnen gegenüber haben. Denn unsere inneren Einstellungen

werden zu unserer Realität, und um darauf einwirken zu können, müssen wir wach sein, präsent sein, achtsam sein. Die Achtsamkeit zieht sich deshalb wie ein roter Faden durch dieses Buch. Sie werden erfahren, dass sich Ihr Stress umso mehr vermindert, je achtsamer Sie sind. Sie werden auf den folgenden Seiten auch erfahren, wie Sie diese Achtsamkeit entwickeln; Sie erhalten Informationen und Anleitungen für Entspannungsmethoden und Meditationen und Sie werden lernen, die Methoden und Strategien in Ihr Leben zu integrieren, die Ihnen hilfreich erscheinen.

Und am Ende dieser Einführung verrate ich Ihnen noch, warum ich meinen Weg einer erfolgreichen Stressbewältigung die *Tiger-Strategie* genannt habe.

Wer von uns wäre nicht gerne elegant, majestätisch, kraftvoll, geschmeidig, dynamisch und wehrhaft? Haben Sie nicht auch schon einmal davon geträumt, keine natürlichen Feinde zu haben? Aber das alles ist es eigentlich nur am Rande. Am Tiger fasziniert mich vielmehr, dass er trotz totaler körperlicher Entspannung hellwach, aufmerksam und vollkommen präsent ist. Selbst in seinen Ruhezeiten entgeht ihm nichts von dem, was um ihn herum passiert. Offenbar kann er entspannt und wach zur selben Zeit sein – der optimale meditative Zustand, wie Sie noch sehen werden.

Somit verkörpert er einiges, das uns fehlt, wenn wir im Stress sind. Wir sind nämlich normalerweise entweder das eine oder das andere. Was mich am Tiger noch fasziniert, ist die Tatsache, dass er seine Ziele ökonomisch erreicht, also mit geringstmöglichem Aufwand. Er hetzt seiner Beute nicht nach, bis er zusammenbricht (eher eine typisch menschliche Eigenschaft), sondern schleicht sich an oder wartet auf den richtigen Augenblick. Entwischt ihm das Objekt seiner Begierde, lässt er ab und konzentriert sich auf eine bessere Gelegenheit. Auch davon, meine ich, können wir etwas lernen.

Die *Tiger-Strategie* greift einige Eigenschaften des Tigers auf und führt Sie in fünf Schritten zu einer erfolgreichen Stressbewältigung:

Der Tiger: auch im Ruhezustand hellwach

Im Zusammenhang mit Stressbewältigung reden wir von Achtsamkeit, wenn wir den Zustand von Aufmerksamkeit, völliger Präsenz und klaren Wachseins beschreiben wollen. Die Praxis der Achtsamkeit führt Sie vom unbewussten Denken, Fühlen und Handeln zu einer stärkeren Selbst- und Fremdwahrnehmung, die Ihnen ein selbstbestimmtes und angemessenes Handeln ermöglicht.

Der Tiger kennt seine Möglichkeiten

Außerhalb Ihrer selbst gibt es zahlreiche Stressbewältigungs-Strategien und -Konzepte, die Sie sich aneignen und angewöhnen können, um gelassener zu werden. Wir stellen Ihnen die bewährtesten Methoden und Konzepte vor und Sie können herausfinden, was für Sie am besten passt. Mit der beigefügten CD können Sie eine der wichtigsten Methoden, den Body-Scan, gleich ausprobieren.

Der Tiger kennt seine Kraft

Jeder von uns verfügt über Potenziale, die er zur Bewältigung der täglichen Anforderungen einsetzen kann. Finden Sie heraus, über welche Potenziale Sie verfügen und wie Sie diese hilfreich in Ihr persönliches Konzept der Stressbewältigung integrieren können.

Der Tiger pflegt seinen Körper

Sie bewegen sich gerne und essen gerne gut? Dann wird es Sie freuen zu hören, dass regelmäßige Bewegung und bestimmte Ernährungsweisen Ihren Stress effektiv senken und damit Ihre Maßnahmen zur Stressminderung lust- und wirkungsvoll unterstützen.

Der Tiger hat ein Gefühl für den richtigen Zeitpunkt

In unserem Leben spielt Zeit eine große Rolle. Ein alltagstaugliches Zeitmanagement, das nicht nur die Quantität, sondern auch die Qualität von Zeit berücksichtigt, schafft wieder mehr Freiraum im Alltag.

Nun denn: Setzen wir zum Sprung an!

Stress und Stressbewältigung verstehen

In diesem Kapitel geben wir dem „Feind" ein Gesicht, denn es ist bekannt, dass wir besser mit Dingen umgehen können, die wir verstehen, die wir kennen und die uns vertraut sind. Für Sie und in Bezug auf unser Thema bedeutet das, dass Sie sich umso weniger Ihrer Stress-Entwicklung ausgeliefert fühlen, je tiefgreifender Ihr Verständnis für die Gesamtzusammenhänge rund um Stress ist und je mehr Handlungsmöglichkeiten Sie für sich erkennen. Von manchen Menschen wird der Stress, dem sie sich ausgeliefert fühlen, als übermächtiger Dämon empfunden. Wenn wir dieses Bild aufnehmen, dann stellen Sie sich vor, wie dieser Dämon mit zunehmendem Wissen immer kleiner und kleiner wird. Am Ende wird er nicht verschwunden sein, aber er wird die Größe haben, mit der er im Zweifelsfall Opfer einer Fliegenklatsche werden könnte.

Wissen, worüber wir reden

Lassen Sie uns zunächst über einige Begriffe sprechen, die in diesem Buch häufig vorkommen werden: *Stress, Bewusstsein* und die begriffliche Trinität *Körper, Geist und Seele*. Diese Worte sind im Allgemeinen mit ganz unterschiedlichen Vorstellungen behaftet, und so etwas kann leicht zu Verwirrungen führen. Zu verstehen, worüber wir reden, wird Ihnen zu einem tiefergehenden Verständnis der weiteren Ausführungen über Stress verhelfen.

Stress

Der Begriff Stress ist ein englisches Wort, das *Druck* oder *Anspannung* bedeutet. Bevor der Mediziner und „Vater der modernen Stress-Forschung", Hans Selye (1907–1982), dieses Wort in die Psychologie einführte, war es ein physikalischer Ausdruck, der im Zusammenhang mit Materialtestungen in der Werkstoffkunde benutzt wurde. Es ging unter anderem darum, festzustellen, wie lange bestimmte Werkstoffe auf sie einwirkenden Belastungen standhalten konnten. Ein wirklich treffendes Bild bezüglich dessen, was ein Mensch an äußeren Einwirkungen aushalten kann, bevor er zusammenbricht. Übrigens schreibt Selye in seinem Lebenswerk, dass er allen Sprachen ein neues Wort geschenkt habe: Stress. Ich bin mir nicht sicher, ob er auf diese Errungenschaft wirklich stolz sein sollte. Immerhin erkannte bereits der römische Komödiendichter Plautus (250 – 184 v. Chr.), dass Nomen Omen ist.

Stress ist die ganzkörperliche Vorbereitung auf Kampf oder Flucht als Reaktion auf eine wahrgenommene Bedrohung, die sich der eigenen Einflussnahme zu entziehen scheint.

Bewusstsein

Wenn ich Ihnen jetzt verrate, dass unter Bewusstsein in der Internetenzyklopädie *Wikipedia* zu lesen ist: *„Das Phänomen des Bewusstseins gilt als eines der größten ungelösten Probleme von Philosophie und Naturwissenschaft, während es im Bereich der Psychologie in Ansätzen eine gewisse Klärung erfahren hat"*, dann wird klar, dass wir bei der Erklärung dünnes Eis betreten. In der Tat kann ich Ihnen leider keine kurze, präzise, allgemein anerkannte Definition liefern – so gerne ich das auch tun würde. Als Erstes möchte ich Wikipedia korrigieren, denn der Begriff des Bewusstseins ist mehrdeutig. Zum einen bezeichnet er einen Geisteszustand, wenn wir zum Beispiel sagen, dass jemand etwas bei *klarem Bewusstsein* getan hat. Zum anderen bezieht sich der Begriff auf die *Inhalte* des Bewusstseins. Das hier näher auszuführen würde den Rahmen dieses Buches sprengen, deshalb belasse ich es bei dieser Vereinfachung. Als Nächstes möchte ich der Wikipedia-Aussage widersprechen, dass es die Psychologie ist, die Ansätze für eine Klärung zu bieten hat. So wie es dort formuliert wird, erweckt es den Anschein, dass die Psychologen den Bewusstseins-Stein der Weisen gefunden hätten. Das stimmt aber nicht. Fundiertes und umfangreiches Wissen über dieses Thema findet man vor allem in den buddhistischen Lehren, ganz speziell in den Geistesschulungen des tibetischen Buddhismus. Wohl kaum eine andere Tradition hat sich – unabhängig von Religion übrigens – so intensiv mit der Erforschung des Bewusstseins beschäftigt wie die tibetischen Mönche. Sie haben uns wertvolle Einsichten und Übungen hinterlassen, die aufgrund ihrer zeitlosen Wirksamkeit heute von der modernen Psychologie adaptiert und erforscht werden. Das Kind bekommt dann einen anderen Namen, um es salonfähig zu machen. Es gibt inzwischen sogar weltweit Lehrstühle für Bewusstseinsforschung, die häufig von Neurowissenschaftlern besetzt sind. Ich kenne einige dieser Professoren persönlich; interessanterweise sind viele von ihnen Zen-Schüler. Die Ausführungen über das Bewusstsein aus den buddhistischen Lehren sind zu komplex, um sie hier darzustellen. Ich werde mich auf den verständlichen Ansatz des Psychoanalytikers Carl Gustav Jung (1875–1961) beziehen, der für ein einfaches Grundverständnis sehr hilfreich ist. Jung hat sich um die Erforschung des Bewusstseins und um alles, was damit zusammenhängt, verdient gemacht. Er unterscheidet drei Bereiche: das Bewusstsein, das Unterbewusstsein und das Überbewusstsein. Das *Bewusstsein* wird von ihm als die deutliche Erfahrung des eigenen Denkens, Wahrnehmens und Handelns beschrieben. Weniger deutlich, beziehungsweise unbewusst, sind die psychischen Vorgänge, die von uns nicht wahrgenommen werden und die im *Unterbewusstsein* ihr „Schatten-Dasein" führen. Dann ist da noch das *Überbewusstsein*. Das ist der Teil unserer selbst, in dem unsere moralischen und kulturellen Standardnormen verankert sind – sagen die Psychologen. In der Spiritualität wird dieser Begriff jedoch weiter gefasst und bezieht unsere Anbindung an das Göttliche im Menschen (überkonfessionell verstanden) mit ein. Insgesamt betrachtet, könnte man es vielleicht so ausdrücken:

> *Das **Bewusstsein** ist ein vielschichtiges Phänomen unseres persönlichen und überpersönlichen Wahrnehmens.*

Körper, Geist und Seele

Dieses begriffliche Gefüge taucht im Kontext von Gesundheit und Stressbewältigung öfter auf, auch wenn keiner so recht weiß, was genau darunter zu verstehen ist. Was mit dem Körper gemeint ist, darüber dürfte Einigkeit bestehen – mit der Beschreibung dessen, was Geist und was Seele sind, kommen viele ganz schön ins Schwimmen. Geist und Seele werden häufig nicht klar voneinander unterschieden. Sie werden synonym für beispielsweise folgende Begriffe benutzt: Gedanken, Gehirn, Gott, kollektives Unbewusstes, Unterbewusstsein, Psyche, Ich, Ego oder Selbst. Wobei die meisten Menschen, die diese Worte verwenden, keine klare Vorstellung von deren Bedeutung haben, wie ich immer wieder feststelle. Es gibt auch keine klare und eindeutige Definition für Geist und Seele. Dennoch habe ich mir Gedanken darüber gemacht, weil es mir wichtig ist, dass wir wissen, worüber wir reden. Bitte beachten Sie, dass trotz aller Recherchen und Fachkompetenz meine Definition ebenso willkürlich ist wie alle anderen – sie erscheint mir jedoch praxistauglicher.

Wenn ich von *Geist* spreche, dann meine ich damit alles, was auf die mentalen Fähigkeiten unseres Gehirns, also zum Beispiel auf Gedanken, Absichten, Wahrnehmungen, Meinungen und Einstellungen – also kurz auf unsere gesamten kognitiven Fähigkeiten bezogen ist. Das können Sie sich vielleicht am besten merken, wenn Sie daran denken, was wir meinen, wenn wir über einen Menschen sprechen, der über hervorragende „geistige Fähigkeiten" verfügt. Damit beschreiben wir ein cleveres Kerlchen. Keinesfalls meine ich im Kontext dieses Buches geistig im Sinne von geistlich. Das fällt für mich eher in den Bereich der Seele.

Das, was unter *Seele* oder *seelisch* zu verstehen ist, darüber zerbrechen sich schon seit Menschengedenken kluge Häupter den Kopf. Der antike Philosoph Aristoteles (384–322 v. Chr.) führte bereits vor über zweitausend Jahren in seinen Schriften „*Über die Seele*" aus, dass es in jedem Sinne und in jeder Beziehung zu den allerschwierigsten Aufgaben gehören würde, zu gesicherten Erkenntnissen zu gelangen, was die Seele ist. Sehr viel weiter sind wir der Antwort auf diese Frage bis heute nicht. Ähnlich unklar, aber sehr poetisch drückt sich der Physiker Fritjof Capra in seinem Buch „*Lebensnetz*" aus, wenn er schreibt: „*Hinter all diesen Wörtern steht dieselbe uralte Intuition, dass die Seele (…) der Atem des Lebens ist.*" Etwas konkreter wurde der Psychoanalytiker Carl Gustav Jung, dem die Erforschung innerer Phänomene zeitlebens am Herzen lag. Er sagt, dass wir die Seele in dem Bereich angesiedelt sehen können, den er als das *Kollektive Unbewusste* bezeichnet hat. Es ist nach seiner Definition der Bereich, in dem wir alle auf eine bestimmte Art und Weise miteinander verbunden sind, der auch als gewaltige Erbmasse der Menschheitsentwicklung bezeichnet wird. Der Wissenschaftsphilosoph Ken Wilber, den ich dafür schätze, Dinge sehr präzise auf den Punkt zu bringen, schreibt darüber in seinem Buch „*Einfach ‚Das'*", dass die Seele eine überindividuelle Selbst-Empfindung ist, in einer Atmosphäre, die über das Konventionelle, Irdische hinausreicht. Er bezeichnet sie als ein tieferes Persönlichkeitssystem, als das tiefere persönliche Selbst.

Sie sehen, ich muss Ihnen hier eine klare Definition in einem Satz schuldig bleiben, aber ich hoffe, dass Sie zumindest ein Gespür für das bekommen haben, was mit Seele oder seelisch gemeint ist. Es ist auf jeden Fall etwas, das uns in unserem normal wahrgenommenen Menschsein übersteigt.

Körper, Geist und Seele machen unsere Gesamtheit als Mensch aus. Der Körper, der unser physisches Leben überhaupt ermöglicht, der Geist (engl. mind) als Bezeichnung unserer mentalen und emotionalen Fähigkeiten und die Seele (engl. soul) als Instanz, die uns mit etwas verbindet, das größer ist als wir selbst, und der auch unsere Spiritualität und Religiosität zugeordnet sind.

Sie werden später noch sehen, dass Sie sich nicht wirklich gesund fühlen können, wenn nicht alle diese Aspekte unseres Seins in ausgewogener Weise gelebt werden.

Die Wahrheit über Stress

Was Ihnen wenig nutzt

Im Einführungskapitel habe ich gesagt, dass wir die Stressbewältigung als Weg verstehen sollten. Stellen Sie sich vor, Sie pilgern auf dem Jakobsweg nach Santiago de Compostela. Nach allen Mühen und Strapazen sind Sie am Ziel (wenn man einmal davon absieht, dass der Weg oft auch schon das Ziel ist): Sie dürfen am Grab des heiligen Jakob stehen und seinen posthumen Segen entgegennehmen. Auf diesem Weg wird Ihnen allerhand begegnen und nicht alles und jeder wird Sie in Ihrem Vorhaben unterstützen – ganz im Gegenteil.

Damit Sie keine Ressourcen vergeuden, sich nicht auf Nebenwegen verirren und keine Abkürzungen nehmen, die sich später als Umwege entpuppen, werde ich Ihnen jetzt vorstellen, wovor Sie sich in Acht nehmen sollten und worauf Sie gelassen verzichten können. Denn wenn wir von Ressourcen reden: Für Gestresste sind sie knapp. Wem der Stresspegel bis zu den Ohren steht, der hat weder Zeit noch ein Übermaß an Energie, das er verschwenden könnte. Nichts können Sie in solch einer Situation weniger gebrauchen, als dass Ihre Zeit und Ihre Kraft mit Trivialitäten und Unnützem vergeudet werden.

Die Mär vom „guten" Stress

Fangen wir gleich mit einer Vorstellung an, die zwar von der Stressforschung längst verworfen ist, die sich aufgrund emsigen Voneinander-Abschreibens aber so beharrlich hält wie ein eingetretener Kaugummi: das Postulat vom „bösen" und vom „guten" Stress, dem *Eu-Stress* und dem *Dis-Stress*. Um zu verstehen, wieso das Unsinn ist, müssen Sie sich nur einmal vorstellen, was bei Stress im Körper passiert. (Im Kapitel „Was bei Stress im Körper passiert" gehe ich ausführlicher darauf ein.) Kurz gesagt werden sämtliche Organe zur Generalmobilmachung aufgerufen und unter anderem beginnt auch unser Herz zu rasen. Stellen Sie sich für unseren Zweck Ihr Herz als mechanische Pumpe vor, die von vornherein eine bestimmte Leistungsfähigkeit hat. Wenn Sie unter Stress stehen, dann vergeuden Sie in diesen Momenten eine Menge Herzschläge, die Ihnen am Ende möglicherweise fehlen. Und diese Menge an Herzschlagverbrauch ist immer gleich hoch: egal, ob Sie Ihren Stress als „Eu-Stress" oder als „Dis-Stress" bezeichnen. Wenn Sie Sport treiben, dann treiben Sie die Herzschläge zwar auch in die Höhe – aber senken letztendlich die Herzfrequenz, wodurch Sie wiederum Herzschläge „einsparen". Wenn wir also schon polarisieren, könnte man es besser so ausdrücken: Stress kann eine motivierende, fördernde Funktion haben, wenn die Herausforderung zeitlich begrenzt ist, wenn sie uns als bewältigbar erscheint und wenn anschließend wieder ausreichend Möglichkeit für Entspannung vorhanden ist. Destruktiv wirkt Stress, wenn das Gegenteil der Fall ist: Ein Ende der Situation ist nicht in Sicht und unsere Ressourcen, um sie zu bewältigen, scheinen zu gering in Anbetracht der Größe der Aufgabe. Es ist also egal, ob wir Sex haben oder uns der Chef zusammenfaltet: Das Maß an Lebensenergie, das bei diesen emotionalen Eruptionen verbraucht wird, dürfte in etwa gleich hoch sein. Vergessen Sie deshalb die gängige Idee vom „guten" und vom „schädlichen" Stress.

Die „hilfreichen Engel"

In der Regel gibt es drei Sorten „hilfreicher Engel" auf unserem Weg: Familienmitglieder/Freunde, Pseudo-Fachleute und Geschäftemacher. Alle drei gelten erwiesenermaßen häufig als kontraproduktiv.

Freunde und Familie
Ich habe mal eine interessante Studie über hilfreiche Unterstützung bei schweren Erkrankungen und Stress gelesen. Krebskranke wurden befragt, auf welche Ressourcen zur Bewältigung ihrer schwierigen Lebenssituation sie zurückgreifen und wie sie

diese bewerten. Die Mehrzahl der Betroffenen verwies Tipps und Ratschläge von Familie und Freunden auf die letzten Plätze. Solche Einschätzungen lese ich auch häufig in den Büchern von Menschen, die sich mit einer schweren Erkrankung auseinanderzusetzen hatten, wie zum Beispiel das Buch „*Mut und Gnade*" von Ken und Trya Wilber. Unsere Lieben wollen in der Regel wirklich nur unser Bestes. Vielleicht ist genau das das Problem. Deshalb: Schauen Sie genau hin, wo Familienmitglieder und Freunde hilfreich für Sie sind und wo nicht. Von Zeit zu Zeit werden Sie Grenzen setzen müssen, aber denken Sie daran: Manchmal ist ein *Nein* ein *Ja* zu mir selbst.

Pseudo-Fachleute

Berufsbedingt und immer noch auf der Suche danach, ob es im Bereich der Stressbewältigung vielleicht doch den Heiligen Gral der mühelosen und schnellen Hilfe gibt, habe ich im Laufe der Jahrzehnte unzählige Bücher gelesen, Internetseiten besucht und Seminare absolviert. Ich habe einiges dabei gelernt – vor allem, dass es häufig keine Fachleute sind, die den Menschen erzählen wollen, wo es langgeht. Stressbewältigung scheint im wahrsten Sinne des Wortes der Blind-Darm vieler Beratungsanbieter zu sein. Die Zeiten sind hart – man muss sehen, wo man bleibt, denken viele und bieten Ihnen gleich einen ganzen Bauchladen an Themen an. Da ist zum Beispiel eine Gesellschaft, die auf Suchtprävention spezialisiert ist, und es sieht so aus, als wenn sie auf diesem Fachgebiet wirklich eine gute Arbeit macht. Stressprävention bietet sie dann am Rande gleich mit an. Warum auch nicht? Es lässt sich viel Geld auf einem Gebiet machen, auf dem sich sowieso keiner auskennt – und das trifft auf das noch junge Fachgebiet der Stressbewältigung leider vollkommen zu. Im Bereich der Fachausbildungen sieht es auch nicht viel besser aus: Da wird ausgebildet, was das Zeug hält. Manche Institute bieten eine wahre Schwemme an unterschiedlichsten Fortbildungen an. Da bleibt die Frage offen, wie gut sich jemand auskennt, der von allem nur ein bisschen macht. Ich jedenfalls gehe mit einem gebrochenen Fuß nicht zu einem Fußpfleger, nur weil der etwas von Füßen versteht.

Ich kriege täglich semiprofessionelle Stress-Tipps und kluge Ratschläge vor die Augen, und es lässt mir manchmal schier die Haare zu Berge stehen, wenn diese Nichtfachleute „vom Leder ziehen". Leider ist für einen Außenstehenden meistens weder auf den ersten noch auf den zweiten Blick zu erkennen, wer wie kompetent ist. Vielleicht ändert sich auf Dauer etwas durch die Aktivität der Deutschen Gesellschaft für Achtsamkeit e.V., die sich um verlässliche Qualitätsstandards in diesem Fachbereich bemüht.

Unser deutsches Branchenfernsprechbuch wirbt mit dem Slogan: „*Vielleicht hätte sie jemanden fragen sollen, der sich mit so etwas auskennt.*" Genau darauf will ich hinaus. Gucken Sie genau hin, wie kompetent eine Person oder ein Unternehmen auf dem Gebiet ist, auf dem Sie fachkundigen Rat benötigen.

Geschäftemacher

Ihr Bestes wollen Ihre Lieben, so wie auch die Geschäftemacher – nur diesmal in Form Ihres Portemonnaie-Inhalts – und was eignet sich dazu besser als das Medium Internet? Zu Beginn des Internetzeitalters fand man hier und da noch Seitenbetreiber, die wirklich nur im Sinn hatten, hilfreich für andere zu sein, ihr Wissen und ihre Erfahrung mit ihnen zu teilen. Viele dieser Seiten wurden deshalb stark frequentiert. So lange, bis die Anbieter merkten, dass man damit richtig gut Geld verdienen kann. Das machte manchen Paulus zum Saulus. Die Eurozeichen in den Augen, vergaßen sie alle hehren Motive und kommerzialisierten ihre Seiten oder gaben sie an Unternehmen ab, die es für sie taten. Während man es hier und da wirklich noch mit Fachleuten der veröffentlichten Gebiete zu tun hatte, sind es heute vor allem Marketingfachleute, die nach dem Motto „Tue Gutes und rede drüber" mit Pseudofachwissen Suchende auf ihre Seiten locken, um sie dort mit den verschiedensten Versprechen und Angeboten zu ködern. Fast überall müssen Sie sich anmelden, mit der Folge, dass Ihr E-Mail-Briefkasten anschließend mit Werbung zugemüllt wird. Und das nicht nur von der Site, auf der Sie sich angemeldet haben, sondern auch noch von zahllosen anderen. E-Müll für dich! Ob das erlaubt ist? Natürlich nicht. Dennoch gehört es zur Internet-Alltagsrealität. Ob ich Sie vor bestimmten Seiten warnen kann? Könnte ich schon, darf ich aber nicht. Was ich tun kann, ist aufklären, um Ihr ganz persönliches Unterscheidungsvermögen zu stärken.

Wenn Sie unter den Anforderungen Ihres Lebens in die Knie gehen und Hilfe suchend „Stress" oder ähnliche Begriffe googeln, landen Sie auf den ersten Google-Seiten in der Regel nur bei kommerziellen Anbietern. Diese Anbieter haben mit ihren Seiten viel im Sinn, nur eines nicht: Ihnen wirklich effektiv zu helfen. Grundsätzlich ist auch nichts dagegen einzuwenden, wenn man sein Geld damit verdient, anderen zu helfen – das tun wir in unserem Fachzentrum auch. Das Problem liegt eher in der hinter allem stehenden Vision: Lautet die Hauptmotivation *Geld* oder *Mensch*? Markt und Wettbewerb sind von Experten ausgebeutet worden wie ein frisch gewaschenes, ausgewrungenes Hemd, von dem kein Tropfen Wasser mehr zu Boden fällt. Für viele Unternehmen ist es schwer, zu überleben und die Gehälter der Angestellten zu sichern, deshalb will ich das moralisch gar nicht werten. Ich möchte Ihnen jedoch dazu verhelfen, wach und sensibel für das zu werden, was Sie getrost in die Tonne treten dürfen und was wirklich hilfreich für Sie ist.

Die Spitzenreiter des Entbehrlichen

Jetzt werden wir erst einmal Ihre Unterscheidungsfähigkeit bezüglich Bauernschlauheiten, Binsenweisheiten, Trivialitäten und wirklich Hilfreichem trainieren. Viele scheitern genau an diesen Tipps, denn die meisten von ihnen sind genauso weit verbreitet wie kontraproduktiv. Im besten Fall stiften sie nur Verwirrung. Freuen Sie sich, denn Sie erwartet ein Mix aus Nachdenklichem, Groteskem, Absurdem – und Lächerlichem.

„Lachen Sie öfter mal.
Lachen ist die beste Medizin!"
Apropos lächeln: Beginnen wir doch gleich damit, dass Sie erst einmal lachen! Das befremdet Sie? Diesen Tipp fand ich auf einer Internetseite über Stress. *„Lache, nimm dir Zeit, um Spaß zu ha-*

ben", fand ich auf einer anderen Site und in einem Buch. Ich weiß nicht, wie hoch Ihr Stresspegel ist, aber aus meiner täglichen Arbeit mit Menschen weiß ich, dass er bei vielen so hoch ist, dass sie solch einen Ratschlag auch wirklich als Schlag empfinden würden – und zwar mitten ins Gesicht. Viele Hilfesuchende stehen kurz vor dem Zusammenbruch. Sie sind verzweifelt und wissen oft nicht weiter. Ich habe versucht, mir vorzustellen, wie eine alleinerziehende, berufstätige Mutter mit drei Kindern darauf reagieren würde, wenn ich ihr diese Empfehlung geben würde. Ich schätze, an diesem Tag hätte ich sie das letzte Mal gesehen. Manchmal ist es nicht unbedingt der Rat an sich, der falsch ist. Es ist gut und gesund, viel zu lachen. Manchmal ist es der Kontext, in dem er gegeben wird. Dieser Tipp ist gut für im Wesentlichen ausgeglichene Menschen. Wenn es Ihnen gut geht und Sie nur ab und zu ein wenig mürrisch sind, dann denken Sie daran, dass Lachen die Gesundheit fördert und soziale Kontakte bereichert. Wenn es Ihnen schlecht geht, verzichten Sie darauf, sich als gekünstelter Li-La-Laune-Bär zur Karikatur Ihrer selbst zu machen. Sie werden feststellen, dass auf Ihrem Weg einer systematischen Stressbewältigung zunächst das Lächeln und später auch die Freude und das Lachen von selbst zurückkehren.

„Wir versprechen Ihnen schnelle und einfache Lösungen!"

Dieses Versprechen ist der Renner unter den Marketinginstrumenten. Es bedient unser tiefes Verlangen danach, dass in unserem Leben endlich mal etwas schnell und reibungslos gehen kann und dass wir keinen oder nur wenig Aufwand für einen durchschlagenden Erfolg betreiben müssen. Wenn uns das jemand verspricht, klingt das wie Musik in unseren Ohren und der gesunde Menschenverstand, der uns vor solchen Behauptungen warnen sollte, scheint mal kurz eine Pause eingelegt zu haben. Der Motivationstrainer und Autor Ralph Marston hat meine volle Zustimmung, wenn er dazu sagt: *„Geben Sie die Illusion auf, etwas für nichts bekommen zu können. Hören Sie auf, die Regeln austricksen zu wollen. Sie können damit nur sich selbst schaden. Hören Sie auf, nach Abkürzungen und dem sofortigen Erfolg zu suchen. Sie kön-*

nen nur bekommen, was Sie geben. Tricks bringen Ihnen nur ...
Tricks."

Derartige Erfolgsversprechen setzen Sie auf die falsche Fährte, indem sie Ihnen den Glauben vermitteln, dass es solche schnellen Lösungen in Bezug auf Stress geben könnte. Glauben Sie mir, denn ich arbeite schon lange in diesem Bereich: Es gibt sie nicht. Ich weise meine Klienten gerne darauf hin, dass sie völlig *über*schätzen, was sie in kurzer Zeit erreichen können – aber dass sie völlig *unter*schätzen, was sie langfristig erreichen können. Wie Sie noch sehen werden, hat Stressbewältigung viel mit Erkennen, Annehmen, Loslassen und Verhaltensänderungen zu tun. Jeder Psychotherapeut wird Ihnen bestätigen, dass solche Dinge Zeit brauchen. Ich hoffe, Sie erwägen jetzt nicht, dieses Buch frustriert beiseitezulegen, denn Sie werden lernen, sich in die Zeit hineinzuentspannen, die Sie umso erfüllender und belebender empfinden, je mehr Sie sich auf diesen Prozess einlassen.

„Beginnen Sie alles positiv, freudevoll und dynamisch!"

Wenn Ihr Stress bereits die Halskrause erreicht hat, wird die Aufforderung mancher „Spezialisten", künftig alles positiv, freudevoll und dynamisch zu beginnen, Ihren Messpegel vermutlich noch einen Punkt höher steigen lassen. Es ist eine tiefe Wahrheit, dass der Beginn einer Sache ausschlaggebend für ihren Verlauf und letztlich auch für ihren Erfolg ist. Dennoch fehlt Ihnen vielleicht gerade dieser Enthusiasmus, der hier eingefordert wird. Ich bin in der Beratung schon froh, wenn sich meine müden Krieger zusätzlich zur Alltagsbelastung dazu aufraffen können, auch noch regelmäßig ihre Übungen zu machen. Es würde mir im Traum nicht einfallen, sie zusätzlich damit zu überfordern, dass sie jede Aufgabe des Tages voller Power und Freude angehen sollten.

Nach meinem Verständnis ist Stressmanagement kein Motivationstraining, bei dem die Teilnehmer „tschakka-tschakka" brüllend über glühende Kohlen laufen müssen. Es ist eher ein stiller, individueller Weg der kleinen Schritte.

*„Meine Methode ist
genau das Richtige für dich!"*
Gleichmacherei mag im Leben hier und da passen – in der
Stressbewältigung ist das nicht so. Weit verbreitet ist die Gewohnheit vieler Personen, eine Methode, die sie gut finden oder die ihnen selbst genutzt hat, auch anderen unter die Weste zu jubeln.
Ähnlich verfahren auch viele Ärzte. In einer Fachzeitschrift haben
sie einen zündenden Artikel über das Autogene Training gelesen
und schicken hochmotiviert jeden Patienten mit Belastungsstörun-
gen sofort in den nächsten Kurs. Die Leute kommen dann zu uns,
und in einem Gespräch machen wir uns zunächst ein Bild über
den Klienten und seine Lebenssituation. Das gehört dazu, um ihn
anschließend über die für ihn passenden Möglichkeiten zu Entspannung und Stressreduktion zu beraten. Es passiert sehr oft, dass
wir zu der Ansicht gelangen, dass, um bei dem Beispiel zu bleiben,
das Autogene Training nicht die geeignete Methode für eine Person
ist. Sobald wir das äußern, beißen wir heftig auf Granit: Der Arzt
hat gesagt, dass es diese Methode sein muss – und dann muss sie
es auch sein. Wir wissen, was wir tun, wenn wir als Spezialisten zu
einer anderen Methode raten, und so bleibt den Teilnehmern der
Erfolg der Maßnahme in der Praxis nicht selten versagt.

Der langen Rede kurzer Sinn besteht für Sie darin, sich nicht
von Bekannten – und auch nicht unbedingt von Ärzten – eine Methode aufs Auge drücken zu lassen. Ich weiß, es macht Mühe, aber
es lohnt sich wirklich, sich vorab über verschiedene Methoden zu
informieren. Da gibt es Spannendes zu entdecken. Und wenn Sie
genug Wissen angesammelt haben, gehen Sie in sich und fühlen
Sie nach, bei welcher Sie ein gutes Gefühl haben. Weisheit ist Wissen plus Intuition, also linke plus rechte Gehirnhälfte. Sie haben
beides. Nutzen Sie es.

„Tue etwas beim Nichtstun!"
Wir Deutschen gelten nicht nur als Volk der Dichter und Den-
ker, sondern auch als Volk der Fleißigen und Arbeitsamen. Über-
troffen werden wir in diesen Disziplinen vermutlich nur noch von
unseren asiatischen Nachbarn. In Japan gibt es sogar einen Namen
für den Tod, der durch Überarbeitung und Stress ausgelöst wird.

Karōshi ist ein weiteres Wort, das vielleicht irgendwann ein eifriger Stressforscher auch unserer Sprache „schenken" wird.

Worauf ich hinauswill, ist, dass wir bereits von Kindesbeinen an darauf konditioniert werden, zielgerichtet zu wirken. Wir werden auf Ergebnisse ausgerichtet und das, was uns als Erfolg ausgelegt wird, ist eben das Erreichen dieses definierten Ziels. Über das Setzen und Erreichen von Zielen gibt es zahllose Managementratgeber und noch mehr Seminarangebote. Sie fokussieren uns völlig auf das Ziel in der Ferne, während unser Leben im Hier und Jetzt unbemerkt an uns vorüberzieht. Völlig vergessen wird die Freude am eigenen Tun in jedem Moment. Als erfolgreich gelten wir nicht, wenn wir einen Tag lang bewusst und mit innerer Freude unsere Aufgaben erledigt haben und wenn wir dabei Glück empfunden haben, sondern dann, wenn wir bestimmte Zielvorgaben erreicht haben. Das lässt dann auch den Umkehrschluss zu, dass wir am Ende eines Tages wunderbaren Arbeitens bei Nichterreichen eben dieser Ziele als „Versager" abgestempelt werden. Diese innere Haltung treibt uns tagtäglich zu blindem Aktionismus. Und als wenn das nicht schon schlimm genug wäre, treiben Stress-„Spezialisten" unser Hamsterrad noch weiter an, indem sie uns empfehlen, selbst in Zeiten von Muße noch irgendetwas zu tun, spazieren zu gehen, fernzusehen und so weiter. Aber das ist es, was wir gerade lernen müssen: Nichtstun! Sie werden später noch auf die Übungen Nichtstun I und Nichtstun II treffen. Diese Übungen werden von unseren Klienten als die schwierigsten bezeichnet. Simple but not easy.

Übrigens verfügen Zen-Meister über eine einfache, aber tiefgreifende Strategie, um ihre Schüler das unzielgerichtete Im-Hier-und-Jetzt-Leben zu lehren: Sie lassen sie zum Beispiel Gräben ausheben, die sie hinterher wieder zuschütten müssen. Sie wollen wissen, wie sich so etwas anfühlt? Holen Sie mal Wasser mit einem Eimer ohne Boden.

Verstehen Sie mich nicht falsch. Natürlich sollen wir Ziele setzen, aber sie sollen nicht zum sinnentleerten Selbstzweck werden. Vor allem geht es darum, eine Balance zu finden zwischen dem, was wir in der Zukunft erreichen wollen, und dem Leben im Hier und Jetzt.

„Gönnen Sie sich
Entspannung vor dem Fernseher!"
Das wird auch immer gerne genommen: Die Rotwein-Meditation vor dem Fernseher. Immer wieder höre ich von Menschen, dass sie keine Entspannungsverfahren bräuchten. Sie würden sich abends mit einem guten Glas Rotwein vor dem Fernseher entspannen. Nichts gegen einen guten Tropfen – und zum Thema Alkohol kommen wir noch, wenn wir uns mit der körperlichen Gesundheit als Teil eines Anti-Stress-Programms beschäftigen – aber hier geht es mir erst einmal um etwas anderes. Es gibt nämlich einen Unterschied zwischen *aktiver* und *passiver* Entspannung. Sie fühlen sich bestimmt wohl, wenn Sie den Tag vor dem Bildschirm ausklingen lassen – und entspannend wirkt das auch (sofern Sie keine Action- oder Horrorfilme anschauen). Das ist völlig okay ... nur die Entspannung, die Sie hier erleben, hat keinerlei Nachhaltigkeit. Entspannungsmethoden und -programme zielen auf eine *systematische Konditionierung* von Gehirn und Körper ab. Bestimmte Abläufe werden so oft wiederholt, bis sie sich völlig eingeprägt haben. Wenn diese Konditionierung erfolgreich war, reichen später relativ kleine Impulse, um die Entspannungsvorgänge im Körper gezielt und effektiv ablaufen zu lassen. Dafür ist jedoch ein gewisses Maß an bewusstem Aufwand erforderlich. Wenn man Ihnen also empfiehlt, vor dem Fernseher zu entspannen, können Sie das gerne tun – allerdings ab jetzt mit dem Bewusstsein, dass das mit wirkungsvoller Tiefenentspannung nichts zu tun hat.

„Belohnen Sie sich!"
Das mit der Belohnung ist so eine Sache. Ich kenne zu viele Menschen, für die *Belohnung* ein Synonym für *Essen* ist – und die dann irgendwann unter Übergewicht leiden. Bereits aus diesem Grund halte ich das Konzept der Belohnung für etwas heikel.

Doch davon einmal abgesehen nährt es das, was ich weiter oben schon beschrieben habe: die Fixierung auf ein Ziel. Die Belohnung ist sozusagen das Sahnetörtchen dieser Fixierung. Unser Gesellschaftssystem gründet seine Macht unter anderem auf dem Konzept von Belohnung und Bestrafung. Wir lernen es bereits von Anfang an und viele Menschen brauchen viele Therapiestunden, um mühsam zu lernen, sich davon zu befreien. Wir brauchen lange, um die manipulativen Zwänge, ein braves Mädchen oder ein artiger Junge sein zu müssen, abzulegen. Viele Tränen fließen, bis Menschen begreifen, dass es reicht, sie selbst zu sein, und dass die einzige Instanz, die das Recht zur Wertung von Gut = Belohnung und Schlecht = Bestrafung hat, sie selbst sind. Der Psychologe Mihályi Csikszentmihályi schreibt in seinem Buch „*Flow*", dass wir, um glücklich zu leben, lernen müssen, Belohnung in der Aktivität selbst zu finden – eine Belohnung jenseits der gesellschaftlichen Manipulationsstrategien. Denn es sind genau diese Strategien, die zu Überforderung führen und die unseren Stresspegel in schwindelnde Höhe treiben.

Für Sie bedeutet das: Nähren Sie ab heute nicht mehr dieses unheilsame Konzept gesellschaftlicher Manipulation. Finden Sie Ihren Lohn in dem, was Sie jeweils tun. Sie finden ihn, wenn Sie sich ganz und gar auf die Sache einlassen, die Sie gerade tun. Die selbst auferlegte Disziplin einzuhalten trägt die Belohnung von Freude und Stolzsein auf sich selbst bereits in sich.

„Sie können es nie allen recht machen!"

Die hier als Trost verkleidete Binsenweisheit, es nie allen recht machen zu können, nährt wieder einmal verdrehte Vorstellungen, nämlich vor allem um das innere Damoklesschwert der Idee, dass wir überhaupt jemandem etwas „recht machen" müssen! Das, was in unserer Gesellschaft „Erziehung" genannt wird, ist eine Form von Sozialisation, die dazu dient, uns den Vorstellungen anderer Menschen anzupassen. Der Schriftsteller Hermann Hesse (1877–1962), der sich ähnlich ketzerisch zu diesem Thema geäußert hat, schrieb einmal, dass es nicht darum gehen sollte, anderen das *objektiv Beste* zu geben, sondern das *Seine*, so rein und so aufrichtig wie möglich. Wir werden jedoch darauf konditioniert, den Werten und Normen der Gesellschaft – also anderer Menschen zu entsprechen. Sich an eigenen Bedürfnissen und Werten zu orientieren gilt unter ordentlichen Staatsbürgern als purer (verwerflicher) Egoismus. Es anderen recht machen zu wollen ist jedoch ein innerer Anspruch, dem gerecht zu werden bei vielen außerordentlichen Stress erzeugt.

Anfangs sprach ich von Verkleidung – und da wir schon dabei sind: der „Trost", dass wir es nie allen recht machen können, ist eher eine *Bemäntelung* unserer Probleme. Wenn wir gestresst sind, hilft es uns wenig, wenn jemand unsere Probleme banalisiert. Wichtiger wäre jemand, der uns zuhört und mitfühlt – denn Mit*gefühl* ist weder Mit*leid* noch Trost oder Bemäntelung, sondern ernsthafte Anteilnahme an unserer Situation, die uns das Gefühl gibt, verstanden zu werden.

„Reißen Sie sich zusammen!"

Es gibt viele Menschen, die diesem wohlmeinenden Ratschlag gefolgt sind und sich lange „zusammengerissen" haben. Einige davon können Sie jetzt auf dem Friedhof besuchen. Ein Mystiker hat das Leben einmal als kosmischen Tanz bezeichnet. Auch wenn Ihnen das zu weichgespült klingt, ein Überlebenstraining ist es keinesfalls. Sollte es in unserem irdischen Dasein wirklich darum gehen, die Pobacken zusammenzukneifen und sich irgendwie durchzuschlagen, dann müsste ich den für mich erkannten Sinn des Lebens neu definieren.

Statt uns zusammenzureißen und mit dem weiterzumachen, was uns an den Rand des Wahnsinns treibt, plädiere ich dafür, das eigene Leid deutlich wahrzunehmen und es als Impuls und Schubkraft für dringend nötige Veränderungen anzunehmen.

Stress-Theorien:
Was Sie alles *nicht* wissen müssen

Pseudo-Fachleute, die sich nicht wirklich im Thema auskennen, versuchen gerne ihre Unwissenheit dadurch zu verbergen, dass sie mit angelesenem Wissen über verschiedene Stress-Theorien zu brillieren versuchen. „Was der alles weiß", staunt der Laie – und der Fachmann wundert sich. Aber die Gretchenfrage lautet doch: Hilft Ihnen dieses Wissen dabei, Ihren Lebens- und Berufsalltag mit mehr Souveränität auf die Reihe zu kriegen? Ich nehme die Pointe mal vorweg: Tut es nicht! Zumal es keine Theorie irgendeines angesehenen Professors gibt, die nicht früher oder später

von irgendeinem anderen, ebenfalls angesehenen Professor wider-
legt worden wäre. Ein Teil dieses Wissens aus dem Reagenzglas
kam auf Kosten von Laborratten zustande, die für diese Theorien
ihr Leben lassen mussten. Und obwohl der Preis hoch war, lassen
sich die Erkenntnisse keineswegs eins zu eins auf den Menschen
übertragen. Sie geben viel Aufschluss über physiologische, also in-
nerkörperliche Abläufe. Aber über das, was für Sie wirklich wichtig ist, sagen sie nichts aus, zum Beispiel darüber, wie Sie den Stress
bewältigen, den es Ihnen macht, wenn Ihre Schwiegermutter Ihren
Sohn ständig mit Süßigkeiten vollstopft.

Ich werde es mir daher verkneifen, Ihnen die zahlreichen, mir
bekannten Stress-Theorien herunterzubeten, um Ihre Ressourcen
zu schonen. Was daraus wissenswert und nützlich für Sie ist, fließt
organisch in dieses Buch mit ein.

Stressoren – oder:
Wer ist für meinen Zustand verantwortlich?

Vielleicht haben Sie schon einmal etwas von „Stressoren"
gehört. Stressreaktionen werden durch Stressoren (= belastende
Reize) ausgelöst, die von Wissenschaftlern in unterschiedlicher
Weise säuberlich klassifiziert wurden. Die Bedeutung der Stressoren
ist selbst in der Stressforschung eher in den Hintergrund getreten,
denn inzwischen hat man auch dort erkannt, dass es wichtiger ist,
sich auf die persönlichen Faktoren zu konzentrieren, die Menschen
zur erfolgreichen Überwindung ihrer Probleme befähigen.

Im Folgenden habe ich eine gebräuchliche Zusammenfassung
dargestellt, möchte Sie aber bitten, sie differenziert zu betrachten.
Denn dass ich diese Auflistung unter den Punkten aufgeführt habe,
die ich eigentlich für entbehrlich halte, hat einen Grund: Die Idee
der Stressoren nährt bei vielen die Phantasie, dass „die Anderen"
und die Welt da draußen böse sind und voller Gemeinheiten stecken. Solche Auflistungen suggerieren, dass es im Außen unzählige
Bedrohungen gibt, die für unseren Stress verantwortlich sind. Dem
ist jedoch nicht so. Wenn Sie sich die einzelnen Faktoren anschau-
en, dann werden Sie sehen, dass wir den wenigsten von ihnen aus-

geliefert sind. Die meisten Stressoren, denen wir ausgesetzt scheinen, sind die „Dämonen" in unserem Inneren, sie entstehen durch die Art und Weise, wie wir denken, fühlen und mit den Dingen umgehen.

Weshalb ich den Stressoren dennoch Raum gegeben habe, hängt damit zusammen, dass es vielleicht interessant für Sie ist, sich einmal Gedanken darüber zu machen, was eigentlich täglich so alles auf Sie einwirkt, was Sie als unangenehmen Reiz betrachten und womit Sie gar keine Schwierigkeiten haben. Vielleicht bemerken Sie auch, dass einige Dinge, die Sie stressen, für andere nicht unbedingt ein Problem darstellen oder umgekehrt.

Das Vorstehende deutete es schon an: Es gibt eine Unterscheidung von *objektiven* und *subjektiven* Stressoren. Das bedeutet, es gibt Reize, denen wir quasi ausgeliefert sind und die wir nicht beeinflussen können, und es gibt Reize, auf die wir durchaus einwirken können.

Objektive Stressoren:
Schlafentzug, Verletzungen, Krankheit, schwere Operationen, Verbrennungen, Unterkühlung, Hitze, Kälte, Luftdruckveränderungen, Hunger, Durst, Lärm, intensives Licht, Isolation, Dichte (wie Bevölkerungsdichte), monotone Arbeit, Unterforderung und Überforderung, schlechte Lebens- und Arbeitsbedingungen, Nichterfüllung wesentlicher Bedürfnisse.

Subjektive Stressoren:
negative Denkmuster, die Neigung zu Ungeduld, Ärger, Wut, Angst, Feindseligkeit, Dominanzstreben oder Konkurrenzdenken, falsche Situationsbewertungen, Schwarzsehen, Hineinsteigern, selbst gemachter Zeit- und Leistungsdruck, zu hohe Erwartungen, Enttäuschungen, eingebildete Bedrohung oder Hilflosigkeit.

Die folgende Unterteilung geht mehr ins Detail:

Psychisch-seelische Stressoren:
z. B. Perfektionsdrang, Ehrgeiz, Horror vacui (Vermeiden von

„Ereignislosigkeit"), Rastlosigkeit, Schuldgefühle, übertriebenes Verantwortungsbewusstsein, Unersetzlichkeitsgefühl, Versagensängste, Zeitdruck, Leistungsüber- bzw. -unterforderung und Prüfungssituationen.

Soziale Stressoren:
z.B. Konflikte, Meinungsverschiedenheiten, Verlust von Angehörigen und Ablehnung durch andere Menschen, Isolation, Armut, Gruppendruck, Rivalität und Intrigen (Mobbing).

Körperliche Stressoren:
z.B. Lautstärke, Schichtdienst, Hitze, Kälte, Lärm, Hunger, Infektionen, Verletzungen, Übergewicht.

Personenbedingte Stressoren:
z.B. Unsicherheit, Ängste, mangelnder Bezug zur Arbeit, Konflikte zwischen Familie und Karriere.

Organisationsbedingte Stressoren:
z.B. bürokratische Strukturen, steile Hierarchien, unklare Kompetenzen.

Gesellschaftsbedingte Stressoren:
z.B. Informationsüberflutung, Ausgeliefertsein an eine unmenschliche Bürokratie, Verhaltenskodizes, Rollenabhängigkeit.

Chemische Stressoren:
z.B. Drogen oder Chemikalien (Umweltgifte, Strahlung etc.), Alkohol, Fast Food / Junk Food.

Aus Sicht der Psychologie sind vor allem *seelische* und *soziale* Stressoren interessant, wie sie in Kombination in der Regel am Arbeitsplatz anzutreffen sind – dem Platz, an dem wir während eines wesentlichen Teils unseres Lebens ein Drittel des Tages verbringen. Damit ist klar, wo wir eine der Hauptbaustellen unseres Lebens finden.

Was bei Stress im Körper passiert

Keine Angst, Ihre kleinen grauen Zellen werden in diesem Kapitel nicht mit trockenem physiologischem Fachwissen zugekleistert. Dennoch ist ein gewisses Maß an Wissen über das, was unter Stress in unserem Körper passiert, wichtig, damit Ihnen die dringende Notwendigkeit einer systematischen Stressbewältigung einsichtig wird. Denn gestresst zu sein bedeutet mehr, als „viel zu tun zu haben". Das hat der Hamster im Rad auch. Aber er hat keinen Stress. Und wenn Sie joggen, haben Sie auch keinen Stress – ganz im Gegenteil: Die Bewegung baut Adrenalinüberschüsse im Körper ab.

Stress ist eine Reaktion auf eine vom Gehirn wahrgenommene Bedrohung. Bei Bedrohung unterscheidet das Gehirn in seinen Reaktionen nicht, ob es sich dabei um eine reale äußere Gefahr oder um eine eingebildete Gefahr handelt.

In den zwanziger Jahren des zwanzigsten Jahrhunderts erforschte der amerikanische Physiologe Walter Cannon (1871– 1945) die physiologischen menschlichen Reaktionen auf Stress und er stieß dabei auf einen uns innewohnenden Mechanismus, dem er den Namen *fight-or-flight-syndrome* gab. Das Gehirn reagiert immer auf die gleiche Weise auf Stress, indem es zu den Waffen ruft. Als Erstes vernimmt der Hypothalamus diesen Ruf, was ihm die Bezeichnung „Stresszentrum" einbrachte. Er löst in Nerven und Drüsen eine Abfolge von Aktivitäten aus und bereitet damit den Körper auf Kampf oder Flucht vor. Der Hypothalamus steuert unter anderem auch das autonome Nervensystem, das wiederum die Aktivität unserer Organe reguliert. Witzig dargestellt wurden diese Vorgänge übrigens von dem ostfriesischen Komiker Otto Waalkes in seinem Sketch „Im menschlichen Körper". Hier kommunizieren die Organe in einer Stress-Situation wörtlich miteinander, was einem eine sehr lebendige Vorstellung von den innerkörperlichen Abläufen vermittelt. (Den Sketch kann man auf YouTube anschauen.)

Im Folgenden liste ich einige physiologische Stress-Reaktionen auf. Ich tue das vor allem im Hinblick auf den *chronischen* Stress, damit Sie ein Bewusstsein dafür bekommen, in welcher Weise Körperfunktionen unter Dauerbelastung beeinträchtigt werden können.

- Die Bronchien dehnen sich aus, die Atmung wird schneller.
- Der Herzschlag beschleunigt sich.
- Der Blutdruck steigt.
- Die Eingeweidemuskulatur reduziert die Funktion.
- Die Ausschüttung von Verdauungssäften verringert sich.
- Die Muskulatur verkrampft sich (auch die tiefer liegenden Muskeln!).
- Verstärkte Ausschüttung von über 30 verschiedenen Hormonen.
- Die Milz produziert vermehrt rote Blutkörperchen.
- Die Schilddrüse stellt mehr Energie zur Verfügung.
- Das Immunsystem produziert vermehrt weiße Blutkörperchen.
- Die Leber steigert die Zuckerproduktion.

Mit anderen Worten: Sie werden überschwemmt mit einem wahren Hormoncocktail, Ihr Herz und Ihre Atmungsorgane werden zu Höchstleistungen angetrieben, das Blut wird dicker, das Immunsystem strapaziert. Die Verdauungsvorgänge reduzieren sich, was eine verringerte körperliche Entgiftung zur Folge hat. Leber und Bauchspeicheldrüse werden unter Druck gesetzt und die gesamte Muskulatur steht unter Anspannung.

Wir reden hier nicht einmal darüber, wie Sie sich bei alledem fühlen, dazu kommen wir später noch. Aber bereits an dieser Stelle wird deutlich, dass eigentlich nichts im Körper mehr so funktionieren kann, wie es sollte, und dass es sich bei solchen Zuständen bestenfalls um zeitlich begrenzte Höchstleistungen handeln darf. Wird Stress jedoch chronisch, dann wird das sein „Normalzustand" – mit entsprechenden Langzeitfolgen.

Wie der Körper versucht,
die Stressauswirkungen zu bewältigen

Unser Körper verfügt über ein so genanntes Adaptionssystem. Das heißt, er ist immer um Anpassung und Ausgleich bemüht. Wenn wir ihn dabei nicht unterstützen, kann dieses System zusammenbrechen. Das Adaptionssystem bei Stress kennt drei Phasen: Alarmreaktion, Resistenz und Erschöpfung. Jede dieser Phasen hat verschiedene Stadien zwischen den Polen der leichten und schweren Störungen.

Phase 1 – Alarmreaktion
Der bedrohte Organismus reagiert auf einen Stressor und bemüht sich kontinuierlich darum, den Ausgleich wiederherzustellen. Dauert die Stress auslösende Situation unvermindert an, folgt die

Phase 2 – Resistenz
In dieser Phase sieht es zunächst so aus, als wenn der Körper mit der Bewältigung der Situation zurechtkommen würde. Er scheint eine Resistenz gegen den Hauptstressor entwickelt zu haben. In Wahrheit jedoch wird er durch die in diesem Prozess gebundene Energie anfälliger für andere (unbedeutendere) Stressauslöser. Eine Frau in der Beratung sagte in diesem Zusammenhang zu mir: *„Ich glaube, es gibt kaum noch etwas, auf das ich nicht gestresst reagiere.“*
Im Verlauf dieser Phase verschwinden die Symptome der ersten Phase. Dies ist jedoch eine trügerische Ruhe, sozusagen die Ruhe vor dem Sturm, denn sie wird durch gesteigerte Hormonausschüttungen verursacht. Gibt es auch in dieser Phase keine nennenswerte Entspannung, geht sie über in

Phase 3 – Erschöpfung
Das Immunsystem und die Drüsen sind durch die permanente Überfunktion derart erschöpft, dass der Organismus sich nicht mehr an den Dauerstress anpassen kann. Je nach *Locus minoris resistentiae*, dem Ort des geringsten Widerstandes, bringt der Körper nun verschiedene Erkrankungen und Gemütsstörungen hervor,

indem er anfängt, sich quasi selbst zu zerstören. Das Endstadium der dritten Phase ist im extremsten Fall der Tod.

Wann Krankheit beginnt

Unser Körper ist ein wahres Wunderwerk, das, von uns unbemerkt, unermüdlich die Homöostase – also das Gleichgewicht – aufrechterhält beziehungsweise wiederherstellt. Körperliche Symptome treten daher nicht sofort bei Belastung auf, sondern erst dann, wenn der Organismus mit seinen Ausgleichsbestrebungen überfordert ist. Unser Körper kann krank sein, lange bevor eine von Ärzten diagnostizierbare Krankheit auftritt. Dieser Zeitraum zwischen der Überforderung des Organismus und dem Ausbruch wahrnehmbarer Symptome wird als *präklinische Phase* bezeichnet. In dieser Phase kann ein Mediziner organisch noch nichts feststellen. Nach seiner Lesart sind wir gesund. Dennoch spüren wir – sofern wir ein gesundes Gefühl für unseren Körper haben –, dass irgendetwas nicht stimmt, dass wir uns nicht wohlfühlen. Dieses Unwohlsein bedeutet, dass wir in diesem Stadium bereits krank sind und unseren Organismus dringend bei der Bewältigung des Ungleichgewichts unterstützen müssten. Leider wird diese Phase in unserer Gesellschaft selten als Krankheit gewertet. Ich wage die These, dass ein Großteil der Menschen, die einen Tag „blau" machen, sich unbemerkt in diesem Stadium befindet, das durch Müdigkeit, Antriebslosigkeit und depressive Verstimmungen gekennzeichnet sein kann. Vielleicht kann langfristig Schlimmeres verhindert werden, wenn wir unserem Bedürfnis nach Ruhe und danach, uns etwas Gutes zu tun, einfach nachgeben. Ich habe selbst erfahren, dass oft ein einziger Tag schon ausreicht. Es fühlt sich für mich manchmal so an, als wenn vieles bereits dadurch wieder ins Gleichgewicht kommt, dass ich meine Bedürfnisse wahrnehme, ernst nehme und entsprechend handle, um wieder Kraft zu schöpfen.

Das Wissen der alten Chinesen
um unsere Organe

Eines der ältesten medizinischen Grundlagenbücher überhaupt ist das chinesische Buch *„Die Medizin des gelben Kaisers"*. Es ist ungefähr 2.000 Jahre alt und gilt trotz seines respektablen Alters heute immer noch als Klassiker der Traditionellen Chinesischen Medizin (TCM). Die alten Chinesen hatten ein ganzheitliches Bild der Welt – und somit auch der Medizin. Menschen und belebte sowie unbelebte Dinge der Natur betrachteten sie als Bestandteile eines sich selbst erneuernden Organismus, der als zyklisches lernendes System darum bemüht ist, seine Harmonie fortlaufend aufrechtzuerhalten. Nach Anschauung der TCM wird unser Leben und alles, was dazugehört, durch die fünf Elemente Holz, Feuer, Erde, Metall und Wasser erzeugt. Diese Elemente beschreiben die Eigenschaften unter anderem von Zuständen, Nahrungsmitteln, Krankheiten, Verfahren und Verhaltensweisen – und auch von Organen. Die Organe werden als „Gefäße" für Emotionen betrachtet. So ergibt sich folgende Zuordnung:

Holz	Leber	Wut
Feuer	Herz	Liebe
Erde	Magen/Milz	Ärger/Grübeln
Metall	Lunge	Trauer
Wasser	Nieren	Angst

Das, was dieses System zu einem „lernenden" System macht, ist dessen „Fütterungs- und Kontrollzyklus". Jedes Element beziehungsweise jedes Organ versorgt das ihm nachfolgende mit Energie und hält nach einem festen Schema die Energie eines weiteren Organs im Zaum.

Dieses Beispiel aus der TCM veranschaulicht sehr schön, wie sich Störungen innerhalb unseres Körpers auswirken. Es ist also nie nur ein Organ, das jeweils betroffen ist, sondern eine Disharmonie stört massiv auch andere Organe und somit das komplette Gefüge.

So betrachtet wird klar, wie sehr unsere westliche Medizin jahrzehntelang danebenlag, selektiv immer nur ein Organ als krank zu bezeichnen und zu behandeln und nicht den gesamten Menschen. Glücklicherweise setzt sich das alte Wissen mehr und mehr durch und führt zu einer humaneren Medizin mit einem ganzheitlichen Menschenbild.

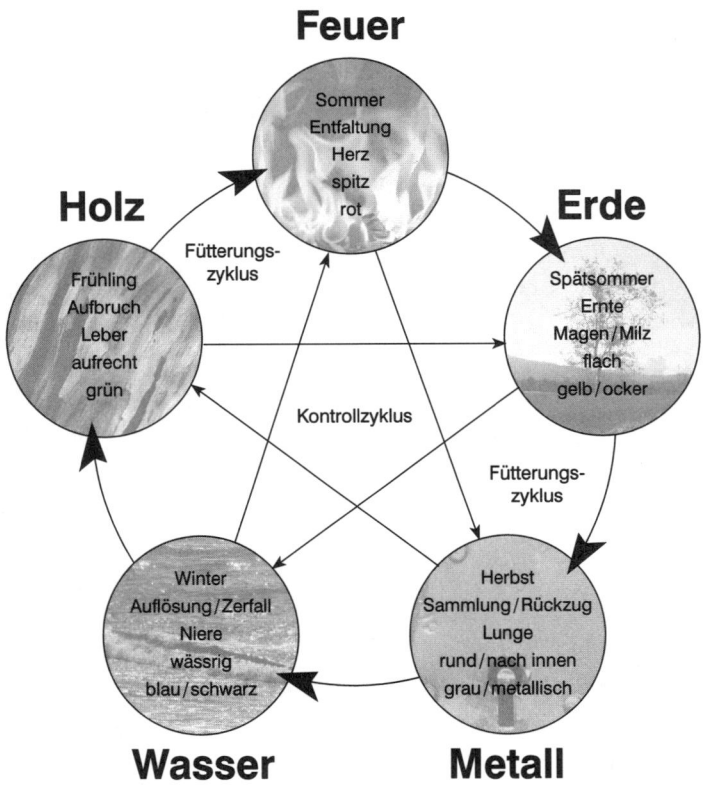

Der Fütterungs- und Kontrollzyklus der Organe aus der Traditionellen Chinesischen Medizin (TCM).

Unsere Leber:
Durchlauferhitzer unter Druck

Im Orient wünscht man einem wütenden Menschen mitfühlend: *„Möge deine Leber sich glätten."* Das weist auf den Bezug zwischen Leber und der Gefühlsregung Wut hin. Und in der Tat kommt der Leber als Regulationsinstanz von Anspannung und Entspannung im Zusammenhang mit Stress und Stressbewältigung eine besondere Rolle zu. Sie ist nicht nur für die körperlichen, sondern auch für die seelischen Verdauungsvorgänge verantwortlich. Sie verarbeitet also nicht nur unsere Nahrung, sondern auch unsere Emotionen – und sie reguliert die *Spannung* im Körper.

Richten wir unseren Fokus zunächst einmal auf das psychische Geschehen, um besser zu verstehen, was die Leber mit Stress zu tun hat. Wie ich zuvor schon beschrieb, ist Stress das Gefühl, sich einer Sache ausgeliefert zu fühlen, die man nicht beeinflussen kann. Wenn Sie schon einmal das zweifelhafte Vergnügen hatten, telefonisch etwas mit der Deutschen Telekom klären zu müssen, wissen Sie, warum ich das magentafarbene T als das „Piktogramm für Stress" bezeichne. Natürlich ist der Kelch dieser Erfahrung auch an mir nicht vorübergegangen. Ich würde meine Gefühle folgendermaßen beschreiben: Bei den ersten fünf Service-Nummern, die ich bekam und nacheinander anrief, war ich noch relativ ruhig, wurde nur allmählich etwas ungeduldig, weil offenbar niemand Bescheid wusste. Nach weiteren drei Service-Nummern wurde ich dann zunehmend wütend. Als ich am Ende des Tages nach zahllosen ahnungslosen Mitarbeitern und ständigen Wiederholungen meines Anliegens immer noch nichts erreicht hatte und ich keine Perspektive sah, wie ich mein Problem gelöst bekommen könnte, spürte ich eine Hilflosigkeit, die eine durch starken inneren Druck geprägte ohnmächtige Wut in mir erzeugte. Es ist genau diese ohnmächtige Wut, die in der Leber gespeichert wird. Normalerweise haben wir keine Möglichkeit, diese Wut offen auszuagieren. Das wäre auch keine Lösung, weil diese Aggressivität wiederum uns selbst, namentlich unseren Magen, belasten würde und mögliche Folgen in unseren sozialen Beziehungen nach sich ziehen würde. So bleiben wir also auf unseren Emotionen sitzen – und belasten damit unsere Leber. Laut TCM kann das zu einer so genannten Leber-Qi-Stagnation und einem Leberblutmangel führen – Zustände, die maßgeblich für eine ganze Reihe weiterer unschöner Symptome sind. Das Leben in Deutschland im 21. Jahrhundert scheint geradezu prädestiniert dafür zu sein, diese Symptomatik hervorzurufen, denn nach Aussage vieler TCM-Behandler laufen fast alle Deutschen mit dieser Diagnose herum.

Schauen wir uns die Leber, ihre Bedürfnisse und ihre Verhaltensweisen einmal genauer an. Die Leber liebt Freiheit und Unabhängigkeit. Sie möchte sich kreativ entfalten können. Auf alles, was den Raum einengt, den sie braucht, reagiert sie wütend, denn sie hasst Druck. Und der meiste Druck, dem sie ausgesetzt ist, entsteht durch Stress, durch dieses ohnmächtige Gefühl des Ausgeliefertseins, des Keine-Wahl-Habens. Wie ich schon sagte, reguliert die Leber unseren inneren Spannungshaushalt und ist sie überhitzt (so nennt die Chinesische Medizin diesen Druckzustand), führt diese psychische Überspannung zu einer Verspannung des gesamten Körpers. Die Folge dieser Leberstauung sind generalisierte muskuläre Verspannungen, verbunden mit Depressionen. (In der Medizin gibt es tatsächlich den Begriff der *Leberdepression*.) Besonders gefährlich daran ist, dass nicht nur die großen Muskelgruppen davon betroffen sind, die wir wahrnehmen können, sondern auch die tiefer liegende Muskulatur, von der wir nichts spüren. Zum Beispiel sind die Wände unserer Blutgefäße mit Muskelgewebe ausgekleidet. Durch die Dauerkontraktion dieser Gefäße im Zusammenhang mit dem bei Stress eingedickten Blut kann es zu Ablagerungen und im weiteren Stadium zu Verschlüssen von Blutgefäßen kommen. Besonders tragisch ist es, wenn solche Verschlüsse im Herzen oder im Gehirn entstehen. Die Folge davon sind Herzinfarkt oder Schlaganfall.

Psychologie des Stresses

Das Gemüt in Aufruhr

Wir haben uns ausführlich mit den physiologischen Veränderungen durch Stress auseinandergesetzt. Jetzt werden wir uns damit beschäftigen, in welche Gemütsverfassungen Stress uns bringen kann und was unsere Psyche mit dem gesamten Geschehen zu tun hat.

Befindet sich der Sympathikus ständig im Alarmzustand, dann können Spannung, Unruhe, Ungeduld, Erregung, Nervosität, Müdigkeit, sexuelle Unlust, irrationale Gedanken, Kopfkino, Konzentrationsschwäche und überhöhte Wachsamkeit die Folgen sein. Gut vorstellbar, dass Denken und Fühlen unter dieser Daueranspannung eng werden. Die Folge davon sind Handlungen und Reaktionen, die sehr unbedacht ausfallen können – und deren Konsequenzen wiederum die angespannte Situation verschärfen. Ist der Pegel erst einmal so hoch, dass mehrere der genannten Symptome auftreten, kann es dazu kommen, dass alles, was einer Person begegnet, stressartig verarbeitet wird.

Bedauerlicherweise bringen Betroffene diese Symptome häufig nicht direkt mit einer Stressbelastung in Zusammenhang. Sie meinen, sie würden aus unerfindlichen Gründen etwas schwächeln oder hätten einen länger anhaltenden Knick in der Biokurve. Bei Frauen werden solche Erscheinungen gerne als „Hormonschwankungen" verniedlicht. Sehr weit verbreitet ist auch die Auffassung, die man sich selbst einredet und/oder die gerne von anderen diagnostiziert wird, nämlich die, dass man eben nicht so leistungsfähig sei.

Der körperliche Ausnahmezustand, in dem wir uns bei Stress befinden, beschleunigt die Gedankenvorgänge und rundet damit das Chaos ab. Die Flut der Gedanken scheint das Gehirn nahezu zu überschwemmen. Wie bei einer Schallplatte, die sich nur noch in einer Rille dreht, wiederholen sich die Gedankeninhalte und lassen sich schwer oder gar nicht stoppen. War am Anfang noch eine objektive Arbeitsüberlastung der Hauptstressor, so werden nun die Gedanken, die parallel dazu auftauchen, zum weiteren Stressor, denn da die Inhalte dieser Gedanken meistens belastend sind, aktivieren sie das sympathische Nervensystem zusätzlich. Als Folge davon steigt die körperliche Alarmierung, was eine Zunahme von Spannung, Erregung und Ängsten zur Folge hat. Ein Teufelskreislauf entsteht. Und weil unser Organismus aus Bequemlichkeit die Neigung hat, aus immer wiederkehrenden Abläufen Mechanismen zu entwickeln, verinnerlicht er diesen Teufelskreislauf. Das ist der Grund dafür, dass es so schwer ist, belastende Gedanken und Erinnerungen zu überwinden.

Wenn unser Körper auf Hochtouren läuft, wird das Denken eng, denn das Bewusstsein ist ständig auf der Hut vor drohenden Gefahren. Dadurch nimmt es Entspannendes und Schönes nicht mehr wahr, sondern engt seinen Fokus auf Bedrohliches und Belastendes ein. Eine differenzierte Wahrnehmung – und ein daraus resultierendes differenziertes Handeln – werden dadurch unmöglich: Die ängstliche Erregung und die eingeengte Wahrnehmung führen zu falschen Auffassungen und Schlüssen. Wir nehmen die Realität verzerrt wahr, haben keinen Überblick mehr, verlieren Tatsachen aus den Augen und überbewerten Ereignisse. In diesem leidvollen Zustand verringert sich auch die Sicht auf Perspektiven und Aspekte, die zu einer Verbesserung der Situation führen könnten, und je länger der Stresszustand anhält, desto mehr entfernen wir uns von einer konstruktiven Lösung. Häufig beobachten wir in der Beratung, dass stark gestresste Personen auf absurde Bewertungen ihrer Schwierigkeiten kommen; zum Beispiel, dass andere schuld daran seien. Das Schlimme ist, dass wir in diesem Zustand dazu neigen, unsere verzerrte Sicht der Dinge für die Realität zu halten.

Gut vorstellbar, dass die Mitwelt dem Betroffenen die Zähne zeigt, wenn sie Kenntnis von dessen Ideen erhält – was wiederum zu weiteren Eskalationen führen kann.

Bewertungen: Stress hausgemacht

Stress ist schnell und lautlos. Die Aktivitäten unseres biochemischen Stoffwechsels im Inneren des Körpers, wenn wir uns unter Druck fühlen, spüren wir nicht. Was wir spüren, sind dessen Auswirkungen. Nicht nur rasend schnell, sondern auch „automatisch", vom bewussten Verstand unbemerkt, einem archaischen Muster folgend, bereitet uns der Organismus darauf vor, uns einem Kampf zu stellen oder vor einem Aggressor zu flüchten. Wir haben keine Einflussmöglichkeit auf diese körperlichen Vorgänge. Worauf wir jedoch einen Einfluss haben, sind die psychologischen Faktoren beim Stressgeschehen, denn der meiste Stress ist „hausgemacht". Fürwahr, eine ungemütliche Tatsache, wo wir doch so sehr daran gewöhnt sind, Schuldige für unsere Lebenssituationen zu suchen – und sie auch zu finden. Aber langfristig gesehen ist diese Einsicht sehr hilfreich bei der Bewältigung von Stress, wie Sie noch sehen werden.

Hausgemacht bedeutet, dass wir auf andere Menschen und die Welt auf eine ganz spezifische Art reagieren. Was uns jeweils glücklich macht und was uns leiden lässt, hängt in der Regel nicht von äußeren Umständen ab, sondern davon, welche Bedeutung wir einer Sache zumessen. Das banale Beispiel von dem Glas, das halbvoll oder halbleer ist, zeigt auf, dass es jeweils im Auge des Betrachters liegt, sich zu freuen, dass er noch ein halbes Glas zu trinken hat, oder sich zu grämen, weil schon die Hälfte weg ist. Wir bewerten alles, was uns vor die Augen kommt, wir treffen Einschätzungen und geben zu allem unseren Senf in Form eines Urteils dazu. Diese Bewertungen erfolgen sehr schnell und bei jemandem, der gestresst ist, noch schneller – und damit unreflektierter. Es sind keine gut durchdachten, durchfühlten und wohlüberlegten Urteile, sondern unbewusste Ergüsse, die aus den Tiefen unseres Unterbewusstseins über unsere Lippen schwappen oder uns in die Glieder fahren und uns zu Dingen veranlassen, von denen wir uns in ruhigeren Zeiten klar distanzieren würden. In der Tat zeigen Untersuchungen aus der Verhaltensforschung, dass wir im Zustand körperlich-geistig-seelischer Anspannung deutlich ungünstigere Bewertungen fällen. Normalerweise sind die Beurteilungen, die wir vornehmen, ohnehin keine bewussten gedanklichen Reflexionen, sie sind weitestgehend unbewusst. Aber noch unbewusster, im wahrsten Sinne des Wortes *ohnmächtig*, werden sie unter Stress. Das lässt jedoch auch den Umkehrschluss zu: Je mehr wir lernen, geschickter und gelassener mit dem Leben umzugehen, desto mehr erleben wir bewusst, was wir denken und wie wir denken – was uns die Freiheit verleiht, bei Bedarf korrigierend einzugreifen. Denn wir sind unseren Gedanken und „innerbetrieblichen" Bewertungsmustern keineswegs hilflos ausgeliefert.

Wie und wodurch Bewertungsmuster entstehen

Wie wir Situationen bewerten, hängt von verschiedenen Faktoren ab. Unter Fachleuten spricht man in diesem Zusammenhang von *Moderatorvariablen*. Sie filtern und beeinflussen das, was in unserem Bewusstsein geschieht. Wie wir schon sehen konnten, hängt nämlich unsere Reaktion auf einen Stressor nicht unbedingt von diesem ab. Was uns persönlich schwer zusetzt, interessiert einen anderen möglicherweise nicht die Bohne. Vielleicht ist Ihnen schon einmal aufgefallen, dass Sie auf bestimmte Dinge anders reagieren als Ihr Partner. Außerdem reagieren wir zu verschiedenen Zeiten unterschiedlich auf den gleichen Stressauslöser. Tobende Kinder im Haus machen einem im Normalfall vielleicht nichts aus, aber wenn wir krank sind, geht die Toleranzgrenze bezüglich des Kinderlärms gegen null. Wenn wir also in guter Verfassung sind, können wir wesentlich mehr ertragen, als wenn wir angeschlagen sind. Dieser Mechanismus hängt mit verschiedenen Faktoren zusammen. Unser Gehirn bewertet, gleicht ab, filtert und steckt in kleine Schubladen, was den lieben Tag lang über den inneren Bildschirm unseres Bewusstseins flimmert. Die Ergebnisse dieser Prozesse, die in unseren Worten und Handlungen sichtbar werden, sind jedoch nicht so reflektiert und geordnet, wie man es vielleicht erwarten würde. Im Gegenteil: Oft reagieren wir völlig irrational. Warum das so ist, damit werden wir uns im Folgenden unter verschiedenen Gesichtspunkten beschäftigen.

Im Einzelnen sind dies:

- Biografische Prägungen
- Konstitutionelle Faktoren
- Abgleich mit bisherigen Erfahrungen
- Angewohnheiten
- Übernahme von Bewertungen anderer
- Wissen und Informationen
- Körperlicher Zustand
- Lebenssituation

Biografische Prägungen

Ich habe hier bewusst nicht „Elternhaus" geschrieben, um nicht das zu machen, was allenthalben gerne getan wird: die Verantwortung für das eigene Sein noch im Erwachsenenalter den Eltern zuzuschieben. Ganz allgemein prägen in unserer Kindheit Eltern, Verwandte, Lehrer, Priester und Freunde unsere spätere Stresstoleranz. Unbewusst schauen wir uns ab, wie Menschen innerhalb und außerhalb der Familie mit den Herausforderungen des Lebens umgehen. Was wir dort erleben, wird zu unseren Erfahrungen, aufgrund deren wir später Dinge bewerten und dementsprechend handeln. Wem in der Kindheit immer die harte Kruste vom Brot abgeschnitten wurde, der wird sich später bei der Bewältigung des Lebens schwerer tun als jemand, der sich öfter mal „durchbeißen" musste und gelernt hat, auch mit den „harten Brocken" des Lebens zurechtzukommen. Wer begreift, dass man nicht alles bekommen kann, was man will, dass das Leben weder ein Wunschkonzert noch ein bunter Teller ist und dass man Verantwortung für sein eigenes Tun übernehmen muss, entwickelt eine höhere Frustrationstoleranz. Wer in einer stabilen, kindgerechten Umgebung aufgewachsen ist, wer geliebt wurde und wem auch mal etwas zugetraut wurde, für den wird später nicht jede Herausforderung gleichbedeutend mit einer Katastrophe sein.

Konstitutionelle Faktoren

Der Drang, die Welt zu verstehen, sie dazu in kleine Teile zu zerlegen und jedes Teil fein säuberlich zuzuordnen, scheint ein tief verwurzeltes Bedürfnis unserer Spezies zu sein. So haben kluge Köpfe auch die menschliche Psyche immer wieder einmal in verschiedene Kategorien eingeteilt. Eine sehr bekannte und häufig verwendete Einteilung stammt von dem Psychoanalytiker C. G. Jung. Vereinfacht ausgedrückt unterschied er *introvertierte* und *extravertierte* Menschen und leitete daraus vier verschiedene Persönlichkeitstypen ab: Denk-, Fühl-, Intuitions- und Empfindungstypus. Auch wenn jeder Mensch ein individueller Mischtypus ist, gibt es doch meistens eine Gewichtung in eine bestimmte Richtung. Je nachdem, welche Richtung das ist, ist ein Mensch besser oder schlechter in der Lage, auf Herausforderungen zu reagieren und konstruktiv mit ihnen umzugehen. Dem einen fällt das naturgegeben leichter, dem anderen schwerer. Wenn wir dem Gemüt nach eher ein sensibler, nach innen gekehrter Mensch sind, wird diese Tatsache unsere Bewertung dessen, was auf der Bühne unseres Lebens geschieht, anders einfärben, als wenn wir eher nach außen orientiert, durchsetzungs- und willensstark sind. Natürlich sind wir nicht auf eine Konstitution *festgelegt* – solch eine Einteilung beschreibt nur, wie wir *angelegt* sind. Je nachdem, welche Erfahrungen wir zum Beispiel in der Kindheit machten, wurde unsere Grundveranlagung verfestigt oder relativiert.

Abgleich mit bisherigen Erfahrungen

Die Art und Weise, *wie* das Gehirn bewertet, abgleicht, filtert und in *welche* Schubladen es *was* steckt, hängt mit unserer Biografie zusammen. Mindestens – denn gelegentlich werden auch karmische Gründe zur Erklärung herangezogen. Wir halten uns hier jedoch dichter an wissenschaftliche Erkenntnisse. Die Wissenschaft hat nämlich herausgefunden, dass jeder von uns in der Vergangenheit ganz eigene Erfahrungen mit Personen oder Ereignissen gemacht hat. Das Gehirn gleicht aktuelle Situationen in Sekundenschnelle mit diesen gespeicherten Erfahrungen ab und entwickelt daraus seine Reaktionsstrategie. Das ist nicht wirklich clever, denn indem es Situationen der Gegenwart nach den Erfahrungen der Vergangenheit bewertet (und wir danach handeln), schafft es eine Zukunft, die der Vergangenheit gleicht. Fortschritt sieht anders aus. Es sind also die Erfahrungen unserer eigenen „grauen Vorzeit", die uns beim unvoreingenommenen Leben im Hier und Jetzt ständig in die Suppe spucken.

Angewohnheiten

Ein weiteres Laster, das die Stressbewältigung erschwert, sind unsere mehr oder weniger lieb gewonnenen Angewohnheiten. Haben wir die Erfahrung gemacht, dass bestimmte Verhaltensweisen oder Denkmuster sich bewährt haben, wiederholen wir sie immerfort. Dagegen ist grundsätzlich auch nichts einzuwenden. Wenn sich der Wind jedoch dreht und es zu bedeutenderen Veränderungen im Leben kommt, kann es passieren, dass diese Mechanismen nicht mehr ins Leben passen. Manchmal dauert es lange, bis wir das begreifen und mühsam lernen, neue Schritte zu gehen. Die neuen Wege bereiten Unbehagen, weil sie unbekannt sind und manchmal steinig und voller Dornen scheinen. Es dauert eine Weile, bis wieder ein gemütlicher Trampelpfad daraus geworden ist.

Übernahme von Bewertungen anderer

Noch etwas beeinflusst unsere Bewertung von Dingen und Situationen: die Bewertungen anderer, die wir unbewusst übernehmen. Diesen Mechanismus kann man beispielsweise in Bezug auf Kultur oder Hautfarbe anderer Menschen beobachten. Ich bin in einer Großstadt liberal und multikulturell aufgewachsen und daher waren für mich andere Hautfarben, Glaubensrichtungen oder Lebenskonzepte keine Dinge, die in irgendeiner Weise mit negativen Bewertungen in Verbindung gebracht wurden. Eines war so „normal" wie jedes andere und alles hatte seine Daseinsberechtigung. Aber es ist immer noch weit verbreitet in unserer Welt, dass Eltern die Art und Weise, ethnologische Bewertungen, Be- und Verurteilungen vorzunehmen, ihren Kindern sozusagen bereits mit der Muttermilch vermitteln. Ungeprüft übernehmen schon die Kleinsten wahnwitzige Ideen über ihre Mitmenschen, wie zum Beispiel die, dass Personen mit anderer Hautfarbe Menschen „zweiter Klasse" sind.

Wissen und Informationen

Ein weiterer Faktor, der mit unseren Bewertungen zusammenhängt, ist das, was wir über Personen, Gegenstände oder Ereignisse wissen beziehungsweise zu wissen glauben. Informationen färben unsere Bewertungen. Das folgende Beispiel mag aufzeigen, was ich damit meine: Ich habe eine Bekannte, bei der sich ein Leberfleck innerhalb kurzer Zeit deutlich verändert hatte. Voller Angst recherchierte sie im Internet und wurde zur „Spezialistin" für maligne Melanome. Alles, was sie an Informationen dort fand, stimmte mit der Entwicklung ihres „Tumors" überein. Aus dem Wissen und den Informationen, die sie sich angeeignet hatte, ergab sich ihre Bewertung, dass sie an Hautkrebs leiden würde. Ein Arztbesuch ein paar Tage später brachte die erleichternde Erkenntnis einer völlig harmlosen Hautveränderung. Bis zu dieser Diagnose war meine Bekannte überzeugt davon, Krebs zu haben, und sie fühlte sich schrecklich und stand Todesängste aus. Nur die Bewertung aufgrund der vorgefundenen Informationen hatte dafür gesorgt. Nicht umsonst heißt es in der Humanmedizin, dass die meisten Menschen an der Diagnose sterben ...

Sicherlich hält das Leben noch zahllose Beispiele dafür parat, wie vermeintliches Wissen Ursache (falscher) Bewertungen sein kann. Die Menschheit „wusste" einst auch, dass die Erde eine Scheibe ist.

Körperlicher Zustand

Vollständigerweise muss neben allen mentalen Aspekten auch erwähnt werden, dass Bewertungsmuster unter anderem durch unseren körperlichen Zustand beeinflusst werden. Im Volksmund heißt es so schön, dass nur in einem gesunden Körper ein gesunder Geist wohnen kann. Da ist etwas dran, denn wer sich gesund ernährt, sich viel an frischer Luft bewegt, ausreichend schläft und den Konsum von Genussgiften in Grenzen hält, ist zu klarerem Denken fähig, weil das Gehirn besser mit allem versorgt ist, was es dafür braucht.

Wenn wir erschöpft von der Arbeit kommen, bewerten wir die Fünf in der Mathearbeit des Juniors vermutlich dramatischer, als wenn wir am Wochenende entspannt im Garten in der Sonne sitzen.

Während wir krank sind oder uns von einer Krankheit erholen, sind wir ebenfalls geneigt, die Messlatte höher als normal anzusetzen.

Lebenssituation

Zeiten, in denen wir schwere persönliche Verluste zu verkraften haben, sind nicht die Zeiten, in denen unsere Grundstimmung von Ausgeglichenheit, Weitblick und Toleranz geprägt ist. Denn das Zusammenspiel körperlicher Erschöpfung, psychischer Überforderung und seelischer Trauer ist ein Mix, der keine Kraft mehr für objektive Bewertung von Menschen oder Situationen zulässt.

> *Hören Sie auf, viereckige Pfeiler*
> *in runde Löcher zu klopfen.*
>
> Doris Kirch

Die Macht der Gedanken – oder: Wie unser Denken unser Leben beeinflusst

Gerne wird von Stress-Spezialisten postuliert, dass wir für unseren Stress selbst verantwortlich sind. Auch wenn diese Aussage einen wahren Kern enthält, muss man vorsichtig mit ihr umgehen. Denn in ihr schwingt leicht ein Beigeschmack mit von: „Siehste, das haste jetzt davon" oder: „Du bist unfähig, dein Leben auf die Reihe zu kriegen." Ich würde dieses Postulat gerne etwas wertfreier formulieren: Wir sind, was wir denken, und was wir denken, können wir beeinflussen. Damit ist nicht gemeint, dass wir alles im Leben in den Griff kriegen und kontrollieren können, wenn wir nur „richtig" denken. Aber die Art und Weise, wie wir uns selbst, unsere Mitmenschen, die Umwelt und alles, was uns widerfährt, bewerten, hat einen überaus bedeutsamen Einfluss auf unser Leben. Wenn wir uns weiter hinten mit den Stressbewältigungs-Strategien beschäftigen, werden Sie lernen, gezielten Einfluss auf Ihre Denkprozesse zu nehmen, um Ihr Dasein glücklicher und erfüllter zu gestalten.

Die antiken Philosophen haben sich vor zweitausend Jahren mächtig den Kopf über unser Dasein zerbrochen und es sind viele Erkenntnisse dabei herausgekommen, denen der Zahn der Zeit nichts anhaben konnte. So zum Beispiel die Einsicht Epiktets (50–138), dass es nicht die Dinge selbst sind, die uns beunruhigen, sondern unsere Vorstellung von den Dingen. Philosophenkaiser Marc Aurel (121–180) resümierte, dass das Glück unseres Lebens von der Beschaffenheit unserer Gedanken abhängt. Wir finden die Essenz dieser Aussagen, in andere Worte gefasst, bei zahlreichen großen Denkern dieser Zeit und ebenso bei zeitgenössischen Philosophen.

Diese Ansätze bedeuten: Stress entsteht in hohem Maße dadurch, wie wir mit „den Dingen" umgehen, durch die Einstellung, die wir zu uns selbst, zu anderen Menschen und zum Leben im Allgemeinen haben – durch die Art und Weise, wie wir darüber denken. Stellen Sie sich zum Beispiel vor, Sie wären mit einem Freund verabredet. Er erscheint nicht zum verabredeten Zeitpunkt am verabredeten Ort, ruft auch nicht an und als Sie ihn anrufen, ist „der Teilnehmer vorübergehend nicht erreichbar". Es ist eine Frage der inneren Einstellung, wie Sie auf diese Situation reagieren, wie Sie damit umgehen. Sie können sich dafür entscheiden, sich fürchterlich über diesen unzuverlässigen Menschen zu ärgern – oder Sie akzeptieren die Situation, wie sie ist, und machen das Beste daraus, indem Sie sich alleine einen schönen Nachmittag bereiten. (Frei nach dem Motto: Schenkt dir das Schicksal eine Zitrone, mach dir 'ne Limonade draus.) Mit der einen Entscheidung frustrieren Sie sich, mit der anderen machen Sie sich zufrieden.

Ihr leidet an euch selbst.

Dr. Edward Bach

Dinge und Geschehnisse sind von sich aus zunächst neutral. Erst die Bewertungsmuster in unserem Hirn geben ihnen eine spezifische „Einfärbung". Die Entscheidung, ein halb gefülltes Glas als halbvoll oder halbleer anzusehen, trifft niemand für uns: Wir treffen diese Entscheidung ganz alleine. In psychologischen Untersuchungen wurde festgestellt, dass Menschen ihre Lebensqualität selbst bestimmen können, indem sie lernen, ihre inneren Erfahrungen zu steuern. Innere Erfahrungen können gesteuert werden, wenn wir lernen, Kontrolle über die Inhalte unseres eigenen Bewusstseins zu erlangen. Das bedeutet: Um das Leben zu verbessern, müssen wir die Qualität unserer Erfahrungen verbessern.

Wie ich zuvor beschrieben habe, erleben wir uns im gestressten Zustand als dazu nicht fähig. Eine der Aufgaben einer erfolgreichen Strategie der Stressbewältigung muss also darin bestehen, die Gedanken zu beruhigen, um mehr Bewusstsein über unsere mentalen Vorgänge zu erlangen.

Unsere Emotionen werden nicht einfach
von Ereignissen bestimmt, sondern eher von dem,
was wir über die Ereignisse denken.
Machen Sie sich klar, dass Ihre Art zu fühlen
von Ihrer Art zu denken abhängt.
Dann können Sie die Situationen in die Hand nehmen,
anstatt ihr Spielball zu sein.

Arnold Lazarus

Vom Denken zum Fühlen

Vielleicht haben Sie sich schon gefragt, wieso bisher nur von Gedanken und nicht von Gefühlen die Rede war. Ich wollte Sie Schritt für Schritt der Psychologie des Stresses näherbringen, denn vor dem Fühlen kommt das Denken – und beides zusammen steuert unser Handeln. Unsere Gedanken wirken sich auf unsere emotionale Grundstimmung aus. Vielleicht erstaunt Sie diese Erkenntnis, aber es sind nie andere Menschen oder Situationen, die für unsere Gefühle verantwortlich sind. Wir schaffen sie uns selbst – durch die Art und Weise, wie wir über die Dinge denken. Welche Gefühle wir in einer Situation empfinden, ob wir uns entspannt und freudevoll oder ärgerlich und verzweifelt fühlen, hängt von unserer ganz persönlichen Art ab, auf Ereignisse zu reagieren.

Was ist Gesundheit?

Alle reden über Gesundheit, aber die meisten können sich darunter nur ziemlich vage etwas vorstellen. Im nun Folgenden werde ich diese möglicherweise vorhandene Bildungslücke schließen. Denn ohne ein grundlegendes Verständnis darüber, was Gesundheit ist, werden Sie die Stressbewältigungs-Strategien dieses Buches nicht hinreichend nachvollziehen können.

Wenn man sich in der medizinischen Fachwelt umschaut, stellt man fest, dass es offenbar gar nicht so einfach ist, eine exakte, alle zufriedenstellende Definition dieses Begriffes zu formulieren. Im Allgemeinen hält man sich gerne an die Beschreibung der Weltgesundheitsorganisation (WHO), die lautet: *Gesundheit ist der Zustand völligen körperlichen, geistigen und sozialen Wohlbefindens.* Und da mit der Seele keiner so recht etwas anfangen kann, fällt die mal wieder unter den Tisch. Dass die Fachleute der WHO erst relativ spät die Bedeutung der *sozialen* Befindlichkeit erkannt und ihrer Definition hinzugefügt haben, lässt hoffen, dass sie im Zuge weiterer Liberalisierungen des Gesundheitsbegriffes irgendwann ganzheitlich postulieren werden:

Gesundheit ist der Zustand völligen körperlichen, geistigen, seelischen und sozialen Wohlbefindens. So jedenfalls lautet – in Anlehnung an die WHO – meine persönliche Definition für Gesundheit. Das soziale Wohlbefinden bezeichne ich lieber als *Bonding*. Dieser Begriff steht in der Psychotherapie für *emotionale lebensnotwendige Verbundenheit,* und das macht erfahrbarer, worum es dabei geht.

Mit anderen Worten ausgedrückt: Wir können uns nur dann als gesund bezeichnen, wenn alle vier Ebenen unseres Seins – jede für sich genommen – gesund sind. So deutet sich schon ganz direkt an, dass wir es hier nicht mit nur *einer* „Baustelle" zu tun haben, sondern gleich mit mehreren. Und in der Tat: Stressbewältigung bedeutet, dass wir uns um alle vier Aspekte kümmern müssen. Es wurde ja aus den vorangegangenen Ausführungen schon deut-

Das gesundheitliche Vier-Säulen-Modell.

lich: Wenn ich einen schweren Verlust erlitten habe, schwächt das auch meinen Körper. Wenn ich Grippe habe, merke ich, wie mein Denken und Fühlen davon beeinträchtigt werden. Die Bereiche durchdringen und beeinflussen sich gegenseitig. Die Störung des einen hat immer eine Störung des gesamten Gefüges zur Folge. Der Mensch ist ein lebendes System. Nichts, aber wirklich gar nichts bleibt unberührt davon, wenn es irgendwo auch nur eine geringe Beeinflussung gibt. Das Gute daran ist, dass wir mit der positiven Einflussnahme auf einen der Faktoren auch die anderen stärken. Dennoch sollten wir uns auf dieser Erkenntnis nicht ausruhen, sondern werden im Weiteren zusehen, dass wir eine ganzheitliche Stressbewältigung und nicht nur ein Flickwerk zustande bringen, das so löchrig ist wie ein Schweizer Käse.

Vielleicht fragen Sie sich jetzt, was genau Sie machen können, um jede Säule Ihrer Gesundheit zu pflegen. Ich möchte Ihnen einige Beispiele dafür geben:

Pflege des Körpers

Der Körper ist wichtig, denn er ist der Träger unseres Geistes. Die weit reichende Bedeutung dieser schlichten Tatsache fasste bereits im alten Rom der Satirendichter Juvenal (ca. 60–138) in einem Satz zusammen: *Mens sana in corpore sano,* was bedeutet, dass nur in einem gesunden Körper ein gesunder Geist wohnen kann.

Und der Körper ist eine handfeste Sache. Im Gegensatz zu den anderen Faktoren können wir ihn sehen, anfassen, messen, wiegen und deutlich spüren. Man sollte also meinen, dass der Körper am ehesten zufriedenzustellen ist. Und schaut man sich den Kult an, der in unserer Gesellschaft rund um den Körper getrieben wird, müssten wir eigentlich alle in Top-Form sein. Sind wir aber nicht – ganz im Gegenteil: Die Deutschen werden immer fetter und degenerative Erkrankungen nehmen trotz Fitness- und Vitaminwahn ständig zu. Irgendwas ist faul im „Staate Dänemark". Daran, dass wir nicht wüssten, dass Sport beweglich hält, Rauchen Krebs begünstigt, Fett und Zucker dick machen, Obst und Gemüse und ungesättigte Fettsäuren gesund sind, kann es also nicht liegen. Wir wissen alles, was wir wissen müssen, um gesund zu sein, leben aber nicht danach. Offenbar hat das Ganze weniger mit Informationen als mit Motivation und Disziplin zu tun.

Bevor wir darauf zu sprechen kommen, konzentrieren wir uns zunächst auf die reinen Maßnahmen, die darauf abzielen, den Zustand des Körpers zu verbessern: sein Gewicht, seine Widerstandskraft, seine Beweglichkeit, seine Fitness, seine Energie, seine Organfunktionen, seine Ausscheidungs- und Entschlackungstätigkeiten und so weiter.

- Entspannungsmethoden (z. B. Autogenes Training, Progressive Muskelentspannung, Yoga, Tai Chi, Qigong)
- Sportliche Betätigungen (z. B. Schwimmen, Joggen, Walken, Radfahren, Reiten, Tennis, Badminton, Gymnastik)
- Regelmäßige Saunabesuche
- Gesunde vollwertige Ernährung
- Selbstheilungstechniken (z. B. Mentaltraining mittels Visualisierungen)

Pflege der Psyche

Ich möchte zunächst einmal klarstellen, dass sich die folgenden Ausführungen auf Menschen beziehen, die keine behandlungsbedürftigen psychiatrischen Erkrankungen haben. Es ist hier die Rede von Menschen, die grundsätzlich psychisch gesund sind und die von den Anforderungen des Lebens schlicht überrollt werden.

Es ist noch gar nicht so lange her, dass Menschen, von denen bekannt wurde, dass sie eine Psychotherapie machen, schräg angesehen wurden. Heute ist das anders, und vermutlich ist das neben der Einführung des Kaugummis und McDonald's in Deutschland eine weitere positive Errungenschaft, die wir den Amerikanern zu verdanken haben. Dort gilt es bereits seit Jahrzehnten als „schick", einen Therapeuten „zu haben".

Ich arbeite seit zwanzig Jahren im therapeutischen Bereich, habe aber in den ersten zehn Jahren meiner Tätigkeit selten von jemandem gehört, dass er eine Therapie macht. Dann gab es eine Übergangzeit, wo der eine oder andere sich diesbezüglich „outete". Man sah den Betroffenen an, wie viel Mut es von ihnen erforderte, offen zu ihrer Situation zu stehen. Inzwischen reden Menschen immer offener darüber, dass sie Probleme haben und sich deshalb zu einer Psychotherapie entschlossen haben. Ich persönlich mache übrigens oft die Erfahrung, dass Menschen, die eine oder mehrere Therapien hinter sich haben, eine bessere Wahrnehmung ihrer selbst, ihres Gegenübers und ihrer Gesamtsituation im Leben haben. Sie erscheinen mir oft „aufgeräumter" und ich erlebe sie als authentischer als viele Zeitgenossen. Mir ist das sehr angenehm, weil es das Miteinander erleichtert, wenn jemand eine klare Vorstellung von seinen Bedürfnissen hat und offen genug ist, sie auszusprechen.

Für unser Thema der Stressbewältigung bedeutet eine Therapie zu machen, dass wir lernen, uns unserer unbewussten Gedanken, Gefühle und Handlungen bewusst zu werden. Es geht darum, psychische Grundannahmen und Automatismen zu erkennen, sie auf ihre Angemessenheit zu überprüfen und gegebenenfalls zu korrigieren. Im Rahmen einer Therapie kann verzerrtes negatives Denken analysiert werden und die Klienten lernen, Verantwortung für das eigene Leben nicht auf andere (Eltern) zu übertragen, sondern sie selbst zu übernehmen. Außerdem kann eine Therapie dabei helfen, schmerzhafte Erlebnisse besser zu verarbeiten.

Kurz gesagt geht es um Selbsterkenntnis und Selbstbestimmung – also um ein von unbewussten Steuerungen befreites Denken, Fühlen und Handeln. Sie haben ja bereits erfahren, wie bedeutungsvoll die Art und Weise unseres Denkens für die Frage der Stressbewältigung ist.

- Psychotherapie (hier gibt es verschiedene Formen und Methoden z.B. Gestalttherapie, Verhaltenstherapie, Gesprächstherapie)
- Gewaltfreie Kommunikation
- Auseinandersetzung mit den „letzten Dingen" (z.B. Tod, Isolation, Sinn)
- Achtsamkeitspraxis

Pflege der Seele

Wenn ich Bücher des Schriftstellers Hermann Hesse lese, dann habe ich das Gefühl, als würden seine Worte wie Blumen in mir aufgehen. Er bringt Gefühle und Gedanken von mir in Worte, nach denen ich oft hilflos und ergebnislos suche. So lag es für mich nahe, ihn heranzuziehen, wenn ich Ihnen verständlich machen möchte, was ich mit dem Konzept des Seelischen meine. Wir hatten uns ja am Anfang dieses Buches schon mit Begriffsklärungen herumgeschlagen und eine intellektuelle Erklärung für das Phänomen der Seele gefunden. Hier geht es mir jedoch darum, Ihnen ein *Gefühl* für dieses Konzept zu vermitteln.

Vielleicht haben Sie auch schon einmal das Gefühl gehabt, dass Familie, Essen, Arbeit und schöne Stunden nicht alles im Leben sind. Fragen Sie mal verschiedene Menschen; die meisten werden Ihnen bestätigen, dass Sie das „Gefühl" haben, dass es da noch irgendetwas Numinoses jenseits der Grenzen unseres Verstandes gibt. Da unsere Spezies offenbar dazu neigt, durch „Haue" zu lernen, bedarf es jedoch oft schwerer Lebenseinbrüche, um uns mit dem in Verbindung zu bringen, was unser gewöhnliches Leben übersteigt und durchdringt. In meiner ehrenamtlichen Tätigkeit als Sterbebegleiterin habe ich vor allem bei Eltern, die ein Kind verloren haben, fast ausnahmslos erlebt, dass sie sich nach diesem Unglück auf die Suche nach den anderen Aspekten unseres Daseins gemacht haben. Die Suche nach einem „höheren Sinn" hat nicht zwangsweise etwas mit Gott und Kirche zu tun, wohl aber mit einer Spiritualität, die jeder für sich selbst definieren und gestalten kann.

Der seelische Teil von uns ist vermutlich nur metaphorisch zu beschreiben. So war es also wieder einmal der geniale Hesse, in dessen Buch „*Steppenwolf*" ich etwas las, das ich als die „Berührung des Seelischen" beschreiben würde: *„Die goldene Spur war aufgeblitzt, ich war ans Ewige erinnert, an Mozart, an die Sterne. Ich konnte wieder für eine Stunde atmen, konnte leben, durfte dasein, brauchte nicht Qualen zu leiden, mich nicht zu fürchten, mich nicht zu schämen."* Und: *„Mir (war) plötzlich wieder die Tür zum Jenseits aufgegangen, ich hatte Himmel durchflogen und Gott an der Arbeit gesehen, hatte selige Schmerzen gelitten und mich gegen nichts mehr in der Welt gewehrt, mich vor nichts mehr in der Welt gefürchtet, hatte alles bejaht, hatte an alles mein Herz hingegeben."*

Apropos Herz: Im Buddhismus redet man davon, das Herz mit dem Herzen weiterzugeben – das bedeutet, etwas jenseits von Worten zu vermitteln. Ich hoffe, es ist mir gelungen, und falls nicht, kann ich diese Ausführungen nur mit Hesses sehr viel älterem Berufskollegen Johann Wolfgang von Goethe (1749–1832) beenden, der seinen Helden Faust sagen ließ: *„Und wenn ihr's nicht fühlt, ihr werdet's nie erjagen."*

Um unser Seelenheil zu pflegen, gibt es unter anderem folgende Möglichkeiten:

- Meditation (z.B. Zen-Meditation, Transzendentale Meditation, Geführte Meditationen)
- Beschäftigung mit Religion

- Beschäftigung mit Kunst
- Spaziergänge in der Natur
- Lesen guter Bücher
- Beten
- Achtsamkeitspraxis

Pflege der sozialen Beziehungen: Bonding

Zahlreiche bedauernswerte kleine Affen mussten in Laboren ihr Seelenheil und oft auch ihr Leben lassen, damit wir Menschen begreifen, wie wichtig soziale Kontakte für uns sind. Wenn ich es auch für außerordentlich fragwürdig halte, andere Wesen für solche Erkenntnisse zu quälen, und wenn ich mich auch frage, ob es nicht andere Wege gegeben hätte, zu diesen Erkenntnissen zu kommen, belegen diese wissenschaftlichen Untersuchungen doch eindeutig, wie wichtig andere für uns sind. Diese Erkenntnis bringt aber auch eine unglaubliche Tragik ans Tageslicht. Unsere Gesellschaft entwickelt sich nämlich zunehmend zur „Einmann-Gesellschaft". Lange vorbei ist in Deutschland und in vielen anderen Ländern das Konzept der Großfamilien. Die unglaubliche Egomanie und die sich verbreitende Existenzangst der Menschen in den Industrienationen führen dazu, dass sich jeder nur noch auf sein eigenes kleines Universum konzentriert. Familie und Freunde werden zunehmend als Ballast erlebt. Sehr schön verdeutlicht wird dies zum Beispiel in der Fernsehwerbung der Internetplattform „friendscout24". Dort sehen Sie nacheinander verschiedene Personen, die überglücklich, verliebt und voller Freude ihren Computer-Monitor in den Arm nehmen und mit ihm durch den Raum tanzen, das Notebook abküssen oder liebevoll die Tastatur tätscheln. Der Werbeslogan dazu: *„So verliebt man sich heute!"* Ein Armutszeugnis unserer Zivilisation, wenn Sie mich fragen.

Während wir also andere fühlende Wesen quälen und umbringen, um zu kapieren, wie sehr wir einander brauchen, steigen die Scheidungsraten und werden Tausende neuer Einzimmer-Wohnungen gebaut.

Um es auf den Punkt zu bringen: Je mehr wir vereinzeln, desto mehr steigt unser Stresspegel. Ich will gar nicht verheimlichen, dass auch ich in meiner Jugend auf dem Trip war, außer mir in der Welt niemanden zu brauchen. Das Leben hat mir so lange auf die Mütze gegeben, bis ich gelernt habe, die Dinge zu sehen, wie sie sind: Die großen Erfolge meines Lebens wären ohne die Unterstützung meiner Familie und meiner Freunde niemals zustande gekommen – oder sie wären ungleich viel schwerer zu erreichen gewesen. Und in den schönsten Stunden meines Lebens war ich nie alleine. Sie wurden mir durch die Zwei- beziehungsweise Mehrsamkeit verschafft.

Wir kommen später noch einmal darauf zurück.

Das können Sie tun, um mehr Verbundenheit herzustellen:

- Kontakte und gemeinsame Aktivitäten mit der Familie oder der „Wahl"-Familie
- Treffen und Unternehmungen mit Freunden oder in Vereinen
- Soziales, uneigennütziges Engagement für andere

Natürlich gibt es Überschneidungen. Yoga zum Beispiel ist keine Körpergymnastik, sondern wirkt sich neben seinem Bewegungsanteil auch auf Psyche und Seele aus; Selbstheilungsmeditationen nehmen – obwohl sie quasi Bewusstseinsübungen sind – gleichermaßen Einfluss auf die Seele wie auf den Körper. Die vorangegangenen „Klassifizierungen" und Auflistungen dienen in erster Linie dem besseren Verständnis der Thematik.

Was bedeutet all das nun für unser Überlastungssyndrom? Kurz gesagt: Der Mix macht's.

Eine erfolgreiche Stressbewältigung bedeutet, sich aller vier Faktoren unseres Seins bewusst zu sein und sie bei der persönlichen Lebensgestaltung zu berücksichtigen. Dabei geht es nicht darum, sich eine Entspannungsmethode herauszupicken und diese exzessiv bis zum Umfallen zu praktizieren. Es geht auch nicht um kurzfristige (kurzsichtige) wilde Aktionen, sondern um eine kontinuierliche Integration verschiedener Maßnahmen, Übungen, Strategien und Lebensanschauungen in den Lebens- und Arbeitsalltag.

Gesundheit bedeutet Harmonie. Wenn wir in Harmonie sind, empfinden wir keinen Stress. Und Harmonie ist kein statischer Zustand, sondern etwas, das im Pendeln zwischen den Polen *hilfreich* und *ungünstig* immer im Gleichgewicht gehalten werden sollte. Harmonie bedeutet nicht, etwas auszuschließen, weil wir es als unangenehm empfinden. Harmonie ist auch kein Zustand einer immerwährenden Glückseligkeit. Es bedeutet, alle Bestandteile des Lebens anzuerkennen, mit einzubeziehen und sie ausgewogen zu gestalten.

So weit die Theorie. Nachdem ich Ihr Gedankenfeld zur Aufnahme des Saatgutes vorbereitet habe, werde ich mich nun ans Säen machen. Von Ihrem Gießen und Düngen wird es dann später abhängen, welche Blumen, Bäume und Früchte auf diesem Feld wachsen.

Praxistipp: Vielleicht hilft es Ihnen, sich hier und da Bildchen einer Waage aufzukleben: auf den Badezimmerspiegel, auf das Autolenkrad, an den Rand des Notebooks – als Symbol für die Ausgewogenheit der Kräfte.

Was ist Meditation?

Er meditierte sogar von Zeit zu Zeit,
obwohl Meditation, so sagte Baba,
auch nicht so toll sei, wie es immer hieß.
Wenn man es übertreibe, tue einem der Arsch weh.
Ob mir das aufgefallen war? Das war es.

Janwillem van de Wetering, Reine Leere

Wenn mir vor dreißig Jahren jemand damit gekommen wäre, dass ich meditieren solle, dann wären daraufhin zwei Dinge passiert: Erstens hätte ich denjenigen für verrückt erklärt und zweitens hätte ich mich gefragt, was Meditation überhaupt ist. Zu uns ins Fachzentrum kommen Menschen mit genau dieser Frage und mit den wildesten Vorstellungen. Die meisten sind skeptisch, wenn nicht sogar ängstlich.

Im Zuge einer wirkungsvollen Stressbewältigung kommen Sie um Meditation – in welcher Form auch immer – nicht herum. Sie ist ein bedeutungsvolles Instrument, wenn Sie eine dauerhafte Gemütsruhe erlangen wollen. Um Ihnen die Scheu zu nehmen und Orientierung in diesem weiten Feld zu geben, werde ich Ihnen deshalb im Folgenden erklären, was Meditation überhaupt ist. Sie wollten das schon einmal selbst herausfinden? Dann werden Sie unschwer bemerkt haben, dass das gar nicht so einfach ist. Wenn ich mir im Internet oder in einschlägigen Ratgebern die Definitionen zu dem Begriff Meditation anschaue, rollen sich mir häufig schlicht die Fußnägel hoch, denn so haarsträubend ist der Unsinn, der dem unwissenden Leser vielerorts angeboten wird. Es scheint leicht zu sein, sich zum Fachmann eines Themas zu machen, von dem sowieso keiner eine richtige Ahnung hat. Über Dinge wird viel diskutiert, und je größer die Unwissenheit, desto größer scheint die Diskussion zu sein.

Viele Menschen gehen offensichtlich von folgender Definition aus: Meditation bedeutet, mit gekreuzten Beinen und abgeschaltetem Verstand auf einem Kissen in einer Ecke oder sonst wo zu sitzen und „Om"-singenderweise seine Atemzüge zu zählen, als ob einem einer davon abhanden gekommen wäre. Außerdem glauben viele, sie müssten erst einmal Buddhist oder Hindu werden, um meditieren zu können. Das alles ist Blödsinn. Wir werden uns jetzt eingehend mit Meditation beschäftigen, weil es Sie beruhigen wird zu erfahren, dass Meditation ganz anders ist, als Sie bislang glaubten. Viel pragmatischer. Es gibt viele Meditationsformen und auch Sie werden Ihren Favoriten leichter finden, wenn Sie erst einmal begriffen haben, worum es eigentlich geht.

Am einfachsten zu erklären ist wohl der reine Begriff. Er wird abgeleitet vom lateinischen *meditatio* und bedeutet „zur Mitte ausrichten", aber auch „über etwas nachdenken". Interessanterweise haben Meditation und Medizin die gleichen Wurzeln. Der Ursprung unserer Sprache weist also bereits auf die heilsame Wirkung von Meditation hin.

Meditation hat viele verschiedene Facetten. Wir werden die wesentlichen davon beleuchten, und indem wir diese Teilaspekte zusammenfügen, kommen wir der Wahrheit darüber, was Meditation ist, ziemlich nahe. Zur Klärung stehen uns zwei Wege zur Verfügung: der innere Weg (das Praktizieren) und der äußere Weg (das Definieren). Aber da hört das Einfache auch schon auf, denn ein Psychologe wird Ihnen eine andere Antwort auf die Frage „*Was ist Meditation?*" geben als ein Wissenschaftler, ein Philosoph oder ein Mystiker. Die Situation erinnert an das Gleichnis der blinden Männer, die einen Elefanten untersuchen, um herauszufinden, worum es sich dabei handelt. Sie wissen nicht, dass sie einen Elefanten vor sich haben, und jeder untersucht nur einen Körperteil. Einer fühlt die Füße, einer den Rüssel, einer die Flanke und ein anderer die Stoßzähne. Jeder kommt zu völlig anderen Resultaten und jeder hält seine für „die" Wahrheit. Aber erst die Erkenntnisse aller Untersuchenden zusammengenommen ergeben die Wahrheit, nämlich, dass es sich um einen Elefanten handelt. Auf unser Thema bezogen heißt das, dass es viele verschiedene Perspektiven gibt, aus denen Meditation betrachtet werden kann, und keine davon kann für sich beanspruchen, die *absolute* Wahrheit zu sein – bestenfalls eine *relative*. Noch anders gesagt: Es gibt keine allgemeingültige Antwort, die für sich alleine stehen könnte. Das liegt auch daran, dass man über Meditation als *Methode*, als *Zustand* oder als *Weg* sprechen kann. Indem wir diese drei Aspekte beleuchten, bringen wir Licht ins Dunkel dieser komplizierten Frage.

Meditation als Methode

Die Hinwendung auf die Kraft, die aus der inneren Stille entspringt, ist so alt wie die Menschheit selbst. Im Laufe der Jahrhunderte sind in vielen Kulturen unserer Erde zahlreiche Formen von Meditation entstanden. Sie werden auch als Kontemplation, Entspannungsübungen, Gebet oder Geistesschulungen bezeichnet. Die meisten Übungen entstammen den buddhistischen Lehren. Sie sind jedoch unkonfessionell und so kann jeder – der das möchte – sie mühelos in seine eigene Glaubensvorstellung integrieren. Die buddhistischen Mönche in aller Welt waren und sind jedenfalls Spezialisten, wenn es um die Erforschung des menschlichen Geistes geht. Auch Buddha hat immer betont, dass wir nicht blind irgendetwas glauben, sondern die Dinge untersuchen sollen, und wir nur das annehmen sollten, was unseren Erkenntnissen daraus entspringt. Der Dalai Lama hat vor einigen Jahren die buddhistischen Geistesschulungen der öffentlichen Untersuchung durch die moderne Wissenschaft freigegeben. Er sagte dazu, dass man alles ändern oder entfernen würde, was nicht wahrheits- oder zeitgemäß wäre. So viel mir bekannt ist, musste bislang nichts dergleichen erfolgen – aber die Hirnforschung hat viel über die Natur unseres Geistes gelernt.

Man kann die verschiedenen Methoden nicht *qualitativ* bewerten, jede hat ihre eigenen Vorzüge. So wie Sie einen Kuchen in beliebig viele Formen und Stücke teilen können, so können Sie auch Meditationstechniken in verschiedene Sparten einteilen. Unsere Absolventen der „Stressbewältigungs- und Entspannungstherapie (DFME)" müssen solche Unterteilungen kennen, Ihnen hingegen werde ich diese Spitzfindigkeiten ersparen, damit wir unser eigentliches Ziel, die Stressbewältigung, nicht aus den Augen verlieren. Ich stelle Ihnen hier eine gebräuchliche Einteilung von Meditationsmethoden vor – aber wie gesagt, es gibt auch andere und die Zuordnungen sind nicht immer einheitlich. Einige dieser Methoden werden Sie in diesem Buch noch näher kennenlernen.

Meditationen

- *für Entspannung und Wohlbefinden:* z.b. Geführte Meditationen (Phantasiereisen), Musik-Meditationen, Klangschalen-Meditationen, Atem-Meditationen
- *zur Entwicklung von Versenkung und Gleichmut und zur Vertiefung von Weisheit und Einsicht:* z.b. Zazen, Vipassanâ (Einsichtsmeditation), Lojong-Geistesschulungen
- *zur Entwicklung von Mitgefühl und liebender Güte:* z.b. Metta-Meditation
- *zur Öffnung des Herzens, um über die Grenzen des eigenen Ich hinauszugehen:* z.b. Tonglen-Schulungen

Eine zentrale Rolle in nahezu allen Meditationsformen besitzt die Atmung. Häufig wird mit der Schulung des Atems und der Aufmerksamkeit auf dessen Tätigkeit begonnen.

Meditation als Zustand

Sie glauben, noch nie meditiert zu haben? Doch, haben Sie schon, glauben Sie mir. Vielleicht fällt es Ihnen ein, wenn ich es anders ausdrücke: Sie haben sich schon in *meditativen Zuständen* befunden. Meditative Zustände erleben wir oft, ohne uns ihrer bewusst zu sein. Zum Beispiel beim Lesen eines spannenden Buches, beim Anblick eines Sonnenuntergangs, beim Autofahren, während eines Spaziergangs in der Natur oder bei der Gartenarbeit. Zu diesen Zeiten herrscht Ruhe in der Gedanken- und Gefühlswelt, als hätten sich alle Grenzen und Widerstände in uns aufgelöst. Wir befinden uns in einem Zustand friedvoller Ruhe, der sich durch eine ungewöhnliche Wachheit und Klarheit auszeichnet, mit völliger Präsenz bei dem, was in diesem Augenblick geschieht. Es ist wie ein „Nach-Hause-Kommen", als würden wir einen stillen inneren Raum betreten, der uns unmittelbar mit uns selbst in Kontakt bringt. Der Psychologe Mihályi Csikszentmihályi spricht in diesem Zusammenhang von *flow*, der „optimalen Erfahrung".

Angenehm pragmatisch sind auch hier wieder einmal die Wissenschaftler. Sie bedienen sich einer Apparatur namens EEG (Elektroenzephalogramm), mittels dessen sie unsere Gehirnströme messen beziehungsweise wie schnell diese aufeinander folgen. Wir ticken in einer Frequenz zwischen 1 und 21 Impulsen pro Sekunde, wobei wir bei 1 fast ins Koma fallen, während wir bei 21 annähernd mentale Überschallgeschwindigkeit erreichen. Einen Zustand möchte ich hier herausgreifen, denn er ist für unser Thema besonders interessant: den Alpha-Zustand, der sich zwischen 7 und 14 Impulsen pro Sekunde einstellt. Dieser Zustand ist halbbewusst, er ähnelt dem kurz vor dem Einschlafen, wenn Sie mit einem Bein noch im Diesseits pendeln, während das andere schon im Land der Träume hängt. Vereinfacht gesagt ist dies der Zustand, der bei Meditation und bei verschiedenen Entspannungstechniken erreicht wird. Etwas poetisch ausgedrückt betreten wir hier die spirituelle Welt; Zeit und Raum rücken in den Hintergrund und wir öffnen uns für die Bilder unseres Unterbewusstseins und für außersinnliche Wahrnehmungen. Linke und rechte Hirnhemisphäre arbeiten bei 10 Impulsen pro Sekunde gleichberechtigt zusammen. Optimaler, ungestörter Funkverkehr! In diesem Zustand verfügt der Körper über die größte Fähigkeit zur Selbstheilung. Vielleicht erklärt das auch das verschiedentlich auftretende Phänomen der Spontanremission (Selbstheilung) bei kranken Menschen, die meditieren.

Vereinfacht ausgedrückt können wir feststellen, dass wir den *Alpha-Zustand* meinen, wenn wir von einem Meditationszustand reden. Und wie er sich anfühlen kann, haben Sie bereits weiter oben erfahren.

Meditation als Weg

Das Wesen des Lebens ist Veränderung – und Meditation kann ein Weg sein, damit zurechtzukommen. Denn viel Stress entsteht dadurch, dass wir uns den unvermeidbaren Veränderungen in unserem Leben widersetzen: Wir wollen nicht älter werden, wir wollen unseren Partner nicht durch eine Trennung verlieren oder einen Freund durch den Tod. Wir wollen unseren Arbeitsplatz behalten und unser Haus oder unsere Wohnung nicht verlassen. Es widerstrebt uns, krank zu sein oder uns in der Firma einem neuen Kollegen oder Computersystem anzupassen. Früher ergaben sich Änderungen in längerfristigen Zyklen – die Menschen hatten mehr Zeit, sich darauf einzustellen. Die Anforderungen des 21. Jahrhunderts werden jedoch immer komplexer, sie erfolgen mittlerweile in atemberaubender Geschwindigkeit und kaum ein Lebensbereich bleibt davon verschont. Nehmen wir doch mal ein ganz banales Beispiel: Früher wussten Sie, wann Ihr Supermarkt geöffnet hat: montags bis freitags von 9 bis 18 Uhr und samstags von 9 bis 13 Uhr. Das war viele Jahrzehnte lang so. Wenn Sie heutzutage nach den Öffnungszeiten gefragt werden, können Sie nur noch sagen, wie es heute war. Morgen kann es schon wieder eine ganz neue Regelung geben – einmal abgesehen davon, dass jedes Einzelhandelsgeschäft inzwischen seine eigenen Öffnungszeiten hat. Es macht auch keinen Sinn, sich die Zeiten aller Läden, in denen man üblicherweise einkauft, aufzuschreiben, weil – wie gesagt – morgen alles schon wieder ganz anders sein kann. Zusätzlich zu den „normalen Katastrophen" des Lebens hält unser modernes industrialisiertes Leben Unmengen an täglichen Neuerungen für uns bereit, denen wir uns anpassen müssen – ob wir wollen oder nicht. Unser 280 Millionen Jahre altes Instinkthirn hat wirklich große Probleme damit. Außer in der Meditation. In diesem Zustand herrscht Ruhe im Hirn. Wir haben dann große Kraft, die Dinge so anzunehmen, wie sie sind. Wenn wir meditieren, scheint die Zeit stillzustehen und scheinen alle Anforderungen von uns abzufallen. Alles weicht einem einzigen großen Einverstandensein. Dieses Einverstandensein, diese Ruhe und Gelassenheit können wir in den Alltag hineintragen. Das passiert natürlich nicht beim ersten Mal, aber je öfter wir uns im bewussten meditativen Zustand befinden, desto mehr wird diese Widerstandslosigkeit gegen äußere Umstände zur Angewohnheit – zu unserem *Lebensstil*. Im Englischen nennt man das *a kind of being*, eine Art zu sein. Verstehen Sie mich richtig: Es geht nicht darum, ein willenloser Trottel zu werden, sondern jemand, der Dingen, die er nicht ändern kann, keinen sinnlosen Widerstand entgegensetzt und seine Lebensenergie damit verpulvert. Meditation als Weg kann bedeuten, dass wir uns besser kennenlernen und uns akzeptieren, wie wir sind. Egoismus kann sich in Großzügigkeit verwandeln, Angst in Tapferkeit, Abneigung in Zuneigung und Hass in Mitgefühl. Das hört sich für Sie etwas trivial an? Kann ich verstehen. Lassen Sie es mich anhand eines Beispiels aus eigenem Erleben beschreiben. Das Verhalten eines jungen Mitgliedes meiner Familie mir gegenüber führte dazu, dass ich ziemlich wütend wurde. Ich fand mich in belastenden Situationen wieder, die mich völlig hilflos machten, weil ich sie nicht beeinflussen konnte. Außerdem hatte ich niemals geglaubt, so etwas einmal erleben zu müssen. Neben meiner Wut fühlte ich mich verwirrt und traurig. Es war ein heftiger Emotions-Cocktail, der einige Zeit lang in meinen Eingeweiden gärte. Ich nahm diese Gefühle regelmäßig mit in die Meditation, ohne irgendetwas damit anzustellen. Nach den Meditationen konnte ich jeweils feststellen, dass sich mein Gemütszustand beruhigt hatte. Das half mir über die Tage und sorgte dafür, mich nicht noch weiter in meine unangenehmen Gefühle hineinzusteigern. Eines Tages durchflutete mich während meiner Übungen unvermittelt eine heiße Welle der Erkenntnis. Sie begann, indem ich plötzlich die ganze Wucht meiner eigenen Widerstände spürte, die Wildtriebe meines Egos, das so schwer kapiert, dass die erste Reihe nicht (mehr) sein Platz ist. Von diesem Mädchen, das mit seinen 21 Jahren noch ganz am Anfang seiner bewussten Lebenserfahrungen stand und das meine Tochter hätte sein können, erwartete ich das reife Verhalten einer Erwachsenen. Mir ging auf, dass es an mir als Älterer lag, Einsicht, Mitgefühl und Geduld zu zeigen – zumal ich es mir auch noch selbst auf die Fahnen geschrieben habe, diese Eigenschaften zu kultivieren. Mir wurde klar, dass sie eine große Lehrerin für mich war. Wie leicht ist es, eine Haltung von Gleichmut den Menschen gegenüber zu bewahren, die einem wohlgesinnt sind, es einem leicht machen? Aber um solch eine Geisteshaltung zu erlangen, müssen wir erst einmal viel üben. Und an wem, wenn nicht an denen, die es uns eben nicht leicht machen. Ich habe mein Ego überwunden, gehe jetzt in einer für alle Beteiligten heilsameren Haltung mit ihr um, und wenn auch immer noch nicht alles so ist, wie ich es mir wünschen würde, ist es doch so, dass ich gut damit leben kann.

Solch eine innere Haltung, die uns die Meditation bescheren kann, wenn wir sie als Weg praktizieren, überträgt sich allmählich auf unser ganzes Leben. Vielleicht stellen wir dann irgendwann fest, dass dieses Leben viel facettenreicher und erfüllender ist, als wir es zuvor jemals wahrgenommen haben.

Zu dieser Materie gibt es meterweise Literatur in den Regalen einschlägiger Buchhandlungen. Auch ich bin in Versuchung, mich noch weiter dazu auszulassen, werde mich aber jetzt bremsen, um Sie in unserem eigentlichen Thema weiterzuführen.

Sie wissen jetzt, was Sie künftig antworten werden, wenn Sie jemand fragt, ob Sie wüssten, was Meditation ist: „Das kommt darauf an, ob wir über Meditation als Weg, als Zustand oder als Methode reden wollen." Und dann dürfen Sie jeweils ins Detail gehen.

In der Meditation ist der Geist im Gleichgewicht,
klar und voller Freude.
Alles scheint von uns abzufallen
und wir treten in einen Zustand innerer Ruhe
und friedvoller Stille ein.
Wenn wir diesen stillen inneren Raum betreten, kommen wir
auf eine ganz direkte Weise mit uns selbst in Kontakt.
Plötzlich lösen sich alle Grenzen auf, alles Trennende
und alle Unterschiede sind verschwunden,
und alles ist perfekt in diesen Momenten –
nichts ist zu viel und nichts zu wenig –
ein einziges umfassendes Einverstanden-Sein.

Doris Kirch

Meditation und Psychologie

Wenn wir uns mit der Frage beschäftigen, was Meditation ist, dürfen wir keinesfalls die psychologische Bedeutung außer Acht lassen, denn die ist ganz erheblich. Meditation wird oft auch als „sanfte Psychotherapie" bezeichnet. Lassen Sie mich erläutern, warum das so gesehen wird. Es liegt in der Natur des Menschen, in Gegensätzlichkeiten zu denken: gut oder böse, sinnvoll oder sinnlos, Leben oder Tod, Gesundheit oder Krankheit und so weiter. Man kann diese Art zu denken auch als *polar* bezeichnen. Dieses polare Entweder-oder-Denken zwingt uns dazu, viele Dinge zu unterdrücken, weil wir deren Wertfreiheit (in den buddhistischen Lehren spricht man vom *Sosein* der Dinge) nicht akzeptieren können. Wir wollen Rosen, aber nicht die Dornen, wir wollen Kirschen, aber keine Kerne. Im Zuge solchen einseitigen Denkens verdrängen wir viele Bewusstseinsinhalte und Persönlichkeitsanteile halb- oder unbewusst ins Unterbewusstsein. Die Psychoanalytiker nennen diese verdrängten Inhalte unseren *Schatten*. Dieser innere Schatten veranlasst uns oft zu Gefühlen, Gedanken oder Handlungen, die wir selbst nicht verstehen können. Wir fühlen uns von unerklärlichen Kräften getrieben – fühlen uns ihnen manchmal nahezu ausgeliefert. In der Meditation wird die Grenze zwischen Tagesbewusstsein und Unterbewusstsein durchlässiger. Wir können unseren Schattenanteilen dort begegnen, weil sie manchmal aus dem Unterbewusstsein ins Tagesbewusstsein „überschwappen". Wie ich schon sagte, haben wir in der Meditation eine große Kraft, diese Dinge anzuschauen, sie wertfrei zu betrachten und sie anzunehmen, wie sie sind.

Im meditativen Zustand denken wir dual im Gegensatz zum polaren Denken im Tagesbewusstsein. Duales Denken sagt nicht: „entweder – oder" sondern „sowohl – als auch". So erlaubt uns der meditative Zustand eine *Gesamtschau* der Dinge, während wir im Zustand des Tagesbewusstseins eher begrenzt-fragmental wahrnehmen, denken und fühlen. Das bedeutet, dass uns die Meditation zu einer Ganzheitlichkeit zurückführt, indem sie uns dabei unterstützt, die verdrängten Anteile unserer Psyche zu erkennen und zu integrieren. Der „Abfall" unseres Unterbewusstseins wird zum Dünger für unseren Entwicklungsprozess – Seelen-Kompost sozusagen.

Wenn man es unter diesem Aspekt betrachtet, dann sind Stresslösung und Entspannung nicht Sinn und Zweck der Meditation, sondern eher deren angenehme Begleiterscheinungen.

Die bisherigen Ausführungen könnten dazu verleiten, Meditation für ein psychotherapeutisches Wundermittel zu halten. Das ist sie aber leider nicht, und ich möchte jetzt den Bewusstseinsforscher Ken Wilber zu Wort kommen lassen, um dem Ganzen die nötige Ausgewogenheit zu verleihen: *„Anders gesagt, Meditation und Psychotherapie zielen auf ganz verschiedene Ebenen der Psyche ab. Zen zum Beispiel beseitigt nicht unbedingt Neurosen, und das ist auch nie sein Zweck gewesen. Man kann sogar ein ziemlich starkes Zeuge-Bewusstsein[2] entwickeln und trotzdem noch neurotisch sein. Sie sind dann aber einfach Zeuge Ihrer Neurose und können dadurch ganz gut mit ihr leben – aber die Neurose selbst ist damit nicht bereinigt. Ein derangiertes Gefühlsleben heilt Zen ebenso wenig wie einen gebrochenen Knochen. Dazu ist es nicht da. Ich selbst weiß aus eigener bitterer Erfahrung, dass Zen mir sehr geholfen hat, mit meinen Neurosen zu leben, aber losgeworden bin ich sie dadurch keineswegs.“*

Meditation und Religion

Ich werde oft gefragt, was Meditation mit Religion zu tun hat. Das ist einfach beantwortet: gar nichts. Das Praktizieren von Meditation ist grundsätzlich nicht an die Ausübung einer Religion gebunden. Jedoch galt und gilt in allen großen Religionen der Welt, egal ob abendländisches Christentum oder die Religionen des fernen Ostens, inneres Stillsein als Weg zur Erfahrung Gottes. All diese Glaubenssysteme kennen verschiedene Formen der Meditation, wozu auch Gebet und Kontemplation (innere Versenkung) gehören.

---

2 *Zeuge-Bewusstsein:* Ein Zustand, bei dem sich das Gefühl der eigenen Identität aufgelöst hat, zugunsten des Gefühls, ein in der universellen Einheit ruhender Beobachter zu sein.

Im Zuge des Alltagsstresses sind wir oft in unserer eigenen Bewusstlosigkeit versunken; die göttliche Inspiration erreicht uns nicht mehr.

So kann Meditation ein Weg sein, der Schöpfungskraft wieder ein Stück näher zu kommen – wie auch immer Sie diese Kraft definieren mögen. Der höchste Sinn der Meditation wird verschiedentlich in der Rückverbindung mit Gott gesehen. Egal, ob Sie sich als religiös bezeichnen, welcher Kirche, Glaubensgemeinschaft oder Philosophie Sie angehören oder folgen, oder ob Sie sich als Atheisten bezeichnen – binden Sie Meditation in Ihren ganz persönlichen Lebensweg so mit ein, wie es sich gut für Sie anfühlt.

Unterschiede zwischen Meditation und Entspannungsmethoden

Vielleicht denken Sie: Das ist doch Jacke wie Hose. Nicht ganz. Der Hauptunterschied liegt in der Zielsetzung. Entspannungsmethoden werden häufig im Rahmen klinischer Zwecke aufgrund medizinischer Diagnosestellungen empfohlen oder verordnet. Das erklärte Ziel besteht darin, direkten Einfluss auf körperliche oder psychische Symptome zu nehmen, zum Beispiel den Blutdruck zu senken, Schlafstörungen zu beheben oder Depressionen zu mindern. Die Mediziner machen sich dabei die Erkenntnis der Wechselbeziehung zwischen Gehirn/Psyche und Körper zunutze. Inzwischen ist ja hinlänglich bekannt, dass man über die Psyche Einfluss auf das körperliche Geschehen nehmen kann und andererseits die Ruhe des Körpers wohltuende Rückwirkung auf die Psyche zeigt.

Die Meditation dient, wie wir bereits sehen konnten, eher der Verwirklichung spiritueller Ziele wie der Erweiterung des Bewusstseins oder dem kontemplativen Austausch mit dem Höchsten.

Wenn Sie vermuten, dass die Grenzen zwischen beiden fließend sind, dann kann ich Ihnen nur zustimmen. Lassen Sie sich nicht dazu hinreißen, zu glauben, dass es zwischen beiden qualitative Unterschiede geben könnte. Die „beste" Methode ist immer die, die zu einer bestimmten Zeit in einer bestimmten Lebenssituation am besten zu einem bestimmten Menschen passt.

Wachheit und Entspannung

Mir liegt noch etwas am Herzen, bevor wir uns den verschiedenen Methoden zur Entspannung und Meditation widmen, und das hat zu tun mit der inneren Haltung, die bei *allen* Übungen vorherrschen sollte. Es gibt nämlich einen feinen, aber elementaren Unterschied zwischen schläfrigem Dahindösen und aktiver Entspannung beziehungsweise Meditation. Ich glaube, ich hatte diesen Unterschied lange selbst nicht begriffen, bis meine erste buddhistische Lehrerin am Ende eines langen Schweige-Sesshins in die Gruppe hineinfragte: *„Wer von Ihnen hat denn diesen Vogel gehört, der vorhin draußen so wunderbar gesungen hat?"* Totenstille. Niemand sagte ein Wort. Natürlich hatten wir den Vogel gehört, aber wir trauten uns das nicht zu sagen, denn schließlich meinten wir ja, meditiert und nicht auf irgendwelche Vögel gehört zu haben. Da peitschte die klare Stimme unserer Lehrerin durch den Raum: „Dann haben Sie geschlafen und nicht meditiert, meine Herrschaften!" Nun wussten alle, wo der Hammer hängt, und zum ersten Mal hatten wir eine deutliche Vorstellung von einer meditativen Bewusstseinshaltung.

Im Zusammenhang mit Meditation der Wachheit einen ebenso hohen Stellenwert einzuräumen wie der Entspannung mag vielleicht seltsam anmuten – dennoch sind sie zwei Seiten derselben Medaille. In der Meditation brauchen wir beides: Wachheit und Entspannung. Hier werden die scheinbaren Gegensätze vereint. Die Wachheit brauchen wir dazu, um innere Bilder, Empfindungen, Schwingungen und Kräfte überhaupt wahrzunehmen. Wir bedürfen ihrer, um unterscheiden zu lernen, was ein körperlicher Instinkt, eine Emotion, ein Körpergefühl, eine Gedankenform oder eine echte spirituelle Erfahrung ist. Entspannung hingegen ist wichtig, um loslassen zu können – in der Meditation wie im Leben. Wir müssen unsere Sorgen, unsere Schmerzen, unseren Kummer – aber auch unsere Erfolge, unsere Begeisterung und unser Glück – für die Zeit der Meditation loslassen. Entspannung bedeutet, dass sich unser Körper, unser Gemüt und unser Geist nicht mehr mit dem beschäftigen, was sonst im Alltag unsere Aufmerksamkeit in Anspruch nimmt, das uns so fest im Griff hat, dass wir in unserer eigenen Bewusstlosigkeit versinken. Stattdessen öffnen wir uns in der Entspanntheit unserer Meditation für die überpersönlichen Aspekte unseres Lebens und unseres Wesens.

Vergessen Sie das Lächeln nicht

Sie halten Meditation für eine ernste Sache? Vielleicht ist sie das. Aber eines ist sie keinesfalls: freudlose Selbstkasteiung. Erst letztens habe ich mit einigen Meditationsschülern gesessen[3]. Erheitert nahm ich zur Kenntnis, dass alle sehr bemüht und ernst waren, und so musste ich ihnen sagen, dass ihre Meditation erst mit einem Lächeln auf den Lippen vollkommen sei.

Ich glaube, ich erwähnte schon, dass unser irdisches Dasein kein Überlebenstraining sein sollte. Lernen Sie, Freude und Spaß an allem zu haben, was Sie tun – vor allem bei Ihren Übungen zur Stressbewältigung. Die alten Zen-Mönche haben das zu allen Zeiten erkannt. Sie betiteln sich gegenseitig als *alte Reissäcke* und haben Freude an trockenem, bisweilen sogar recht derbem Humor.

Vor einigen Jahren fand ich in einer Zeitschrift eine Karikatur. Ich muss immer noch lachen, wenn ich daran denke. Es handelte sich um eine Sequenz von fünf Bildern. Auf dem ersten Bild sah man eine Person, die mit einem „heiligen", ganz wichtigen Gesicht auf einem Kissen sitzt und meditiert. Im Wesentlichen bleibt das Thema so, nur von Bild zu Bild verändert sich das Gesicht des Meditierenden. Im fünften und letzten Bild ist die Veränderung des Gesichtes komplett: Es ist ein Hintern! Darunter stand: „Sitzen kann Ihr Leben verändern."

Sich selbst und sein Tun hin und wieder von außen zu betrachten und darüber zu lachen kann sehr befreiend sein.

---

[3] *Das Zazen*, die stille Sitzmeditation des Zen, wird unter Meditierenden auch einfach als „sitzen" bezeichnet.

Stress bewältigen – die Tiger-Strategie

Wenn Sie im Moment stark unter Druck stehen, können Sie sich vielleicht gar nicht vorstellen, dass es zahlreiche Möglichkeiten gibt, ihn zu mindern. Aber da gibt es wirklich einiges. Im letzten Teil dieses Kapitels wird es mir eine Freude sein, Ihnen aufzuzeigen, mit wie vielen scheinbar unspektakulären, leicht in den Alltag einzubauenden Strategien Sie Ihr Leben gelassener gestalten können.

Wenn Sie am Ende dieses Kapitels um einiges Wissen reicher sind und viele Impulse aufgenommen haben, die Sie sofort mit Begeisterung umsetzen wollen, dann habe ich mein Ziel mit diesem Teil des Buches erreicht.

Der Tiger: auch im Ruhezustand hellwach

Achtsamkeit,
das Herz der Stressbewältigung

Beginnen wir dieses Kapitel doch gleich damit, dass ich Ihnen das Geheimnis einer erfolgreichen Stressbewältigung verrate: Es heißt *Achtsamkeit*. „Das soll alles sein?", fragen Sie sich jetzt vielleicht enttäuscht. Ja, in der Tat, das ist alles. Vielleicht kommt Ihnen meine Antwort so simpel vor, weil Sie glauben, *Achtsamkeit* wäre dasselbe wie *Aufmerksamkeit*. Aber das ist es nicht. Hinter Achtsamkeit verbirgt sich ein weit reichendes Konzept, das im Grunde nur durch eigenes Praktizieren erfahren werden kann. Ein wenig erinnert mich diese Situation an Bücher über das buddhistische Zen[4], in denen am Anfang häufig steht, dass es über Zen eigentlich nichts zu sagen gäbe, und die dann nach dreihundert Seiten enden. Ich befinde mich also in der misslichen Lage, Ihnen etwas erklären zu wollen, das man nicht erklären, sondern nur erfahren kann. Und ich möchte nicht nur, dass Sie verstehen, was ich meine, sondern ich habe auch noch den Anspruch an mich, zu erreichen, dass Sie hinterher sofort begeistert damit beginnen, sich eine Achtsamkeitspraxis anzueignen. Etwas leichter wird mir bei diesem Unterfangen mit dem Gedanken an das Buch *„Illusionen"* von Richard Bach. Er schreibt dort nämlich auch etwas über das Lehren: *„Lehren heißt, andere an das zu erinnern, was sie bereits wissen."* Der Schriftsteller spricht damit eine alte spirituelle Vorstellung an, nach der jeder von uns über ein tiefes inneres Wissen verfügt, das dem normalen Tagesbewusstsein meistens nicht zugänglich ist. Ich setze in meinen kommenden Ausführungen alles auf diese Karte und hoffe, dass in Ihnen eine Ahnung dessen anklingt, was ich Ihnen gerne vermitteln möchte.

---

4   *Zen* ist eine Schule des Buddhismus, die sich im 6. Jahrhundert in Japan aus dem Mahāyāna-Buddhismus und Elementen des Taoismus entwickelte. Im Zen geht es hauptsächlich um die Sammlung des Geistes, um Versunkenheit und um die Auflösung unserer gewöhnlichen dualistischen Sichtweise.

Leben im Dämmerschlaf

Wie bewusst leben Sie eigentlich? Sind Sie sich gerade gegenwärtig, dass Sie atmen? Vermutlich nicht. Der Ex-Beatle John Lennon (1940–1980) sagte einmal, dass Leben das ist, was geschieht, während wir mit anderen Dingen beschäftigt sind. Und tatsächlich: Meistens sind wir eher im Aktions- als im Seins-Modus und haben nur eine unzureichende Wahrnehmung unserer selbst und dessen, was um uns herum geschieht. Wie von einem Autopiloten gesteuert verbringen wir unsere Tage, während unbewusste chaotische Gedankenströme und Kräfte zehrende emotionale Eruptionen unsere Energien auffressen. Wir torkeln durch unser Leben wie der Betrunkene, der an einem Park vorbeikommt, an dessen Gitterzaun rüttelt und brüllt: *„Lasst mich hier raus!"*

Wir sind getrieben von innerer Geschäftigkeit, von der Tyrannei unseres Geistes, die uns zu einer Hektik treibt, die nicht selten in chronischem Stress endet. Meistens kriegen wir gar nicht richtig mit, was eigentlich passiert: Wir essen – aber wir schmecken nicht. Wir berühren, aber wir spüren nicht. Wir hören, ohne wirklich zu verstehen. Wir reden, ohne zu wissen, was wir sagen. Mit unseren Gedanken sind wir ständig in der Vergangenheit – oder in der Zukunft. Wir sind überall, nur an einer Stelle sind wir nicht: im Hier und Jetzt. Dabei ist dieses Hier und Jetzt, diese Sekunde, das Einzige, was wir wirklich haben. Denn da sind wir uns doch sicherlich einig: Die Vergangenheit ist vorbei – das sagt bereits ihr Name. Ob die Zukunft kommt, das wissen wir nicht – wir wissen in dieser Minute nicht, ob wir noch eine nächste haben werden. Tragisch und schmerzlich wurde mir das bewusst, als ein Freund bei der Feier an seinem fünfzigsten Geburtstag plötzlich unvermittelt tot zusammenbrach. Niemand, am wenigsten er selbst, hatte mit so etwas gerechnet. Oft sind es Unfälle, die Menschen unvermittelt aus dem Leben reißen. Wenn wir morgens das Haus verlassen, wissen wir nicht, ob wir den Abend noch sehen werden. Wir haben also (möglicherweise) keine Zukunft und das Vergangene liegt bereits hinter uns. Das Einzige, was wir haben, ist das Hier und Jetzt. Diese Sekunde. Halten Sie einmal inne und erleben Sie diese Sekunde. Spüren Sie Ihren Atem, denken Sie an nichts und spüren Sie einfach nur diese Sekunde, diesen Augenblick.

Wenn Sie es geschafft haben, einfach nur still zu sein und wahrzunehmen, konnten Sie feststellen, welche Zufriedenheit in dieser Stille liegt – unabhängig davon, wie schwer Ihr Leben vielleicht gerade sein mag. Das Ziel einer Achtsamkeitspraxis ist es, zum Leben im Hier und Jetzt zu erwachen; nacheinander jeden Augenblick bewusst zu erleben. Aber es geht nicht nur um den Zeitpunkt, sondern auch um die Qualität, die in diesem Zeitpunkt liegt. Simple – but not easy, wie Sie merken können, wenn Sie versuchen, diesen Geisteszustand auch nur zwei Minuten lang aufrechtzuerhalten. Wenn Sie das nicht schaffen, trösten Sie sich: Sie befinden sich in bester Gesellschaft, denn niemand, der das nicht systematisch übt, ist dazu imstande.

Affentheater

Achtsam zu sein bedeutet von Augenblick zu Augenblick auf eine bestimmte Art und Weise aufmerksam zu sein. Normalerweise ist unser Geist unruhig. Er springt umher wie ein wild gewordener Affe. Wir sehen etwas und bevor wir es in seinem So-Sein wahrnehmen, projizieren wir schon Gedanken, Konzepte, Ideen oder Meinungen darauf. Reine Wahrnehmung findet in dem Moment statt, wenn Sie zum Beispiel einen Baum sehen. Das reine Gewahrsein ist bereits in dem Moment vorbei, indem Sie das, was Sie da vor sich sehen, als Baum betiteln. In diesem Moment laufen bereits eine Fülle von Informationen, Abgleichungen oder Erinnerungen in Ihrem Hirn ab. Sofort entstehen Bewegung und Unruhe im Bewusstsein. Achtsamkeit ist kein begriffliches Gewahrsein, sondern reine Wahrnehmung. Einer meiner buddhistischen Lehrer versuchte, uns dies klarzumachen, indem er sagte: *„Bring attention to attention."* Diese Bemerkung bezog sich auf den Vorgang des Atmens. Er meinte damit, dass wir unsere Aufmerksamkeit nicht auf den Atemvorgang als solchen richten sollten, sondern auf die Aufmerksamkeit, mit der wir unsere Atmung wahrnehmen.

Im Zustand der Achtsamkeit registrieren wir nur, wir benennen, kategorisieren und bewerten nicht. Es geht nur um den gegenwärtigen Moment, dem weder etwas weggenommen noch etwas hinzugefügt wird. Es ist eine erstaunliche Erfahrung, wenn wir zum ersten Mal erfahren, wie sich so etwas anfühlt. Vor allem dann, wenn wir uns gerade in einer schwierigen Lebenssituation befinden, wenn wir uns gekränkt oder zurückgewiesen erleben oder wenn wir körperliche Schmerzen haben, können wir erfahren, dass wir all das einfach so stehen lassen können. Der Impuls, die Dinge anders haben zu wollen, verschwindet einfach. Man könnte sagen, dass man durch das Gewahrsein allmählich lernt, sich in jede Situation hineinzuentspannen – egal, ob wir sie gewöhnlicherweise als angenehm oder unangenehm bewerten. Diese Haltung der Achtsamkeit, die wir uns durch die Meditation systematisch aneignen, wird nach und nach zu einer Lebenshaltung, zu unserer zweiten Natur. Nur im klaren Geisteszustand sind Sie in der Lage, sich Ihrer Körpergefühle, Ihrer Emotionen und Ihrer Gedanken bewusst zu sein. Sie haben in diesem Buch bereits erfahren, dass Stress ein Gefühl des Ausgeliefertseins an eine Situation ist, die wir nicht beeinflussen können. Wir haben jedoch immer eine Wahl. Wir können Situationen klären, wir können sie meiden oder wir können unsere Einstellung zu ihnen ändern. Aber am Anfang von alledem steht das Bewusstsein. Wir müssen uns erst einmal bewusst sein, dass wir eine Wahl haben. Dieses Bewusstsein ist in Stress-Situationen meistens nicht mehr vorhanden. Wie wir bereits sehen konnten, sind Gedanken, Gefühle und die daraus resultierenden Handlungen unter Stress ein einziges Chaos. Oft sitzen wir hinterher da und überlegen uns, was wir besser hätten sagen – oder nicht sagen können, oder was wir hätten tun – oder besser nicht hätten tun sollen. Wir sind wie Blätter im Wind, die mal hierhin und mal dahin geblasen werden.

Ich will das an einem Beispiel verdeutlichen. Vor etlichen Jahren machte ich eine Ausbildung in Kommunikationspsychologie und Rhetorik. Vor laufender Kamera wurden wir zu Übungszwecken von einem Scheinkontrahenten verbal mächtig unter Druck gesetzt. Hinterher schauten wir uns das Ganze an und waren über unsere Reaktionen sehr erstaunt: Zwischen die Attacke des „Aggressors" und unsere Reaktion darauf hätte nicht mal eine Briefmarke gepasst. Aktion und Reaktion folgten in Bruchteilen von Sekunden aufeinander. Entsprechend unreflektiert waren die Reaktionen dann auch. Die Situationen endeten meistens im Desaster und keiner von uns machte eine gute Figur dabei. Von Überlegenheit keine Spur, wir wirkten eher wie Karikaturen unserer selbst. In der Nachbesprechung fragten wir uns, wie viel Zeit wir wohl gehabt hätten, auf die verbale Attacke zu reagieren – und wir zählten: eine Sekunde, zwei, drei, vielleicht sogar vier lange Sekunden, die uns Zeit zum Atmen und Zur-Ruhe-Kommen gegeben hätten, mit der Möglichkeit einer selbst-bewussten, angemessenen Reaktion. Es hätte die Möglichkeit gegeben, auf den vermeintlichen Angriff zunächst einmal nur mit Schweigen zu antworten, aber wir reagierten turboschnell wie ferngesteuert, aus den unergründlichen Tiefen unseres eigenen Nichtbewusstseins heraus.

Mein Partner kommt nach Hause und mault mich heftig an. Ich halte inne und entscheide mich, nicht sofort zu antworten. Ich nehme wahr: Mein Kopf wird heiß, meine Schläfen pochen, mein Magen verkrampft sich, ich atme flach, mein Körper spannt sich an. Dann nehme ich wahr, dass Wut, gemischt mit dem Gefühl, ungerecht behandelt zu werden, in mir aufsteigt. Ich nehme auch meine Gedanken wahr: „Am liebsten würde ich ihm sagen, wie schön es war, bevor er kam – aber dann wäre der Abend völlig futsch." Parallel zu meiner Selbstwahrnehmung bin ich mir auch meines Gegenübers bewusst. Mir ist klar, dass er beruflich zurzeit stark unter Druck steht. Ich sehe sein Gesicht: Es sieht müde und abgespannt aus. Ich spüre: Er ist gereizt und daraus schließe ich, dass sein Tag nicht gut gelaufen ist.

Ich atme tief in den Solarplexus und entspanne meine verkrampfte Haltung. Ich bin mir bewusst, dass wir uns den ganzen Abend verderben und ich seinen Stress noch erhöhe, wenn ich jetzt gegenhalte. So entscheide ich mich dafür, den „Angriff" zu ignorieren, liebevoll auf ihn einzugehen, und nehme mir vor, ihn später bei passender Gelegenheit auf sein Verhalten mir gegenüber anzusprechen.

Ich sage ihm, dass er müde aussieht, und frage, ob er wieder Ärger mit seinem neuen Vorgesetzten hatte. Dann mache ich eine Sprechpause, nehme meinen Atem wahr. Der kleine Moment Ruhe tut uns beiden gut. Ich sehe, wie er sich entspannt. Er antwortet entschieden ruhiger. Ich nehme wahr, wie auch ich mich entspanne. Das Gespräch wird lockerer und es wird noch ein schöner Abend.

Wieder zu sich kommen

So lang, wie sich das jetzt auch liest: Diese Wahrnehmungen laufen in wenigen Sekunden ab. Nur dann, wenn wir das, was geschieht, bewusst wahrnehmen, haben wir die Möglichkeit, intelligent in das Geschehen einzugreifen. Bei unserem Beispiel hat Achtsamkeit zu einem klaren Verständnis der Situation verholfen. Ohne sie hätte der Abend möglicherweise mit einer heftigen Auseinandersetzung geendet.

Wenn die Ereignisse des Tages auf mich einstürzen und ich das Gefühl habe, im Chaos der Geschehnisse zu versinken, nehme ich mir zwischendurch gerne eine kurze Auszeit. Oft reichen wirklich wenige Minuten. Im Strudel der vielen Gedanken, Gefühle, Worte und Handlungen mich umgebender Menschen brauche ich diese kurzen Rückzüge, um zu mir zurückzukommen, um mir klarzuwerden, was *ich* denke und was *ich* fühle. Vielleicht kennen Sie den Ausdruck „nicht ganz bei sich sein" für jemanden, der offenbar nicht mehr Herr über sich selbst ist. Und genau das ist der Punkt: Wir müssen wieder „zu uns kommen". Aufwachen aus der Ohnmacht und dem Nichtbewusstsein, hin zu situationsangemessenem und vor allem selbstbestimmtem Handeln. Vor dem Bewusstsein über uns selbst und das Leben um uns herum steht die Achtsamkeit. Denn sie ist es, die unser Bewusstsein fokussiert. Vermutlich haben Sie in Ihrer Dusche einen Brausekopf. Die meisten lassen sich einstellen, zwischen weit reichender Streuung und einem einzigen starken Strahl. Das ist ein schönes Bild für die Bündelung des Geistes. Vielleicht gefällt Ihnen auch das Bild eines Brennglases, das die Sonnenstrahlen einfängt und sie auf einem Punkt zusammenführt. In der Kindheit haben wir bestimmt alle mal Papier mit einem Brennglas entzündet. Wenn Sie sich an den Moment erinnern, wo der gebündelte Sonnenstrahl das Papier zum Brennen bringt, bekommen Sie ein Gefühl für die Kraft eines fokussierten Geistes. Diese gebündelte, kanalisierte Energie kann die Quelle für Problemlösungen und Heilung sein, denn im Zustand der Achtsamkeit wird keine Energie mehr für zerstreutes Denken, Fühlen oder Handeln vergeudet.

Das tiefere Verständnis von Achtsamkeit

Achtsamkeit besteht aus einer Reihe geistiger Aktivitäten, deren Ziel es ist, einen Zustand ununterbrochener Aufmerksamkeit herbeizuführen. Wenn Sie nun aber einen Baum sehen und Ihnen bewusst wird, dass es ein Baum, zum Beispiel eine Eiche ist, dann ist das bereits ein Gedanke – das nichtbegriffliche Gewahrsein ist bereits vorüber. Achtsamkeit ist jener kurz aufblitzende Geistesmoment, in welchem ihr Blick auf einen Baum fällt und Ihr Gehirn die Erscheinung noch nicht verdinglicht hat. Achtsamkeit ist eben *nicht* Denken. Sobald die bewussten Gedanken über etwas einsetzen, stülpen sie der reinen vorurteilsfreien Betrachtung Konzepte, Ideen, Erinnerungen, Phantasien oder Ängste über. Achtsam zu sein bedeutet, aus diesem Spiel auszusteigen und einfach nur wahrzunehmen, was jeweils als Nächstes im Bewusstsein aufsteigt. Kein einfaches Unterfangen, denn wir sind bereits unser Leben lang daran gewöhnt, unserem Gedankenstrom zu unterliegen. Gegen diese hartnäckige Angewohnheit gibt es nur eine Strategie: ebenso hartnäckig mit den Achtsamkeitsübungen zu sein. Mit ausdauernder Übung werden Sie sich allmählich vom Joch der gedanklichen und emotionalen Verstrickungen befreien. Und das geschieht in der Einsichtsmeditation nicht dadurch, dass Sie die Objekte Ihres Geistes verwerfen, und auch nicht dadurch, dass Sie sie weiter verfolgen, sondern dadurch, dass Sie sie wahrnehmen und dann einfach loslassen. Sie lernen, reine Wahrnehmung an die Stelle vorgefasster Meinungen zu setzen und so Ruhe und Gleichmut im Hirn zu entwickeln.

Das Schöne an Achtsamkeit ist, dass sie sich von selbst immer wieder herstellt, denn indem wir bemerken, dass sie nicht vorhanden war, sind wir bereits zu ihr zurückgekehrt.

Vom grausamen Herrn zum vortrefflichen Diener

Die Frage des *Was* haben wir geklärt. Kommen wir nun zur Frage des *Wie*. *Wie* erreichen wir diesen Zustand, der aus dem grausamen Herrn, der unser Bewusstsein im ungeschliffenen Zustand ist, einen vortrefflichen Diener macht? *Wie* schaffen wir es, unsere Gedanken und Gefühle zu beobachten, ohne in ihnen zu versinken, ohne uns von ihnen beeinflussen und zu unbewussten routinemäßigen Handlungen hinreißen zu lassen?

Um Achtsamkeit zu entwickeln, braucht es vor allem systematische Schulung. Diese Schulung kann zum einen durch Meditation erfolgen (wir kommen bei den Methoden noch darauf zu sprechen) und zum anderen formlos, indem wir die gewöhnlichen Verrichtungen des Alltags als Übungsobjekte nutzen. Am besten kombinieren wir beides miteinander. In der Meditation richten wir unseren Fokus wahlweise auf verschiedene Objekte, zum Beispiel auf unsere Atmung, auf unsere Gedanken, auf unsere Körpergefühle oder auf unsere Emotionen. Für uns (ständig in Zeitnot befindliche) Mitteleuropäer ist die *Achtsamkeit im Alltag* eine hervorragende Möglichkeit, unsere Aufmerksamkeit zu bündeln, indem wir sie auf das konzentrieren, was wir jeweils tun. Bei der Beschreibung der Methoden werden Sie sehen, dass es dabei nicht darum geht, zwischendurch ständig „Übungen" durchführen zu müssen, sondern um eine neue Haltung des Bewusstseins. Wenn ich Sie jetzt frage, ob Sie sich heute die Zähne geputzt haben, dann werden Sie entrüstet sagen: „Na selbstverständlich!" Und genauso sollte es mit der Achtsamkeit im Alltag werden. Es geht nicht um einzelne Übungen, sondern darum, zu einer neuen Haltung der Aufmerksamkeit zu gelangen, in deren Zuge wir jede Erfahrung vollständig in Besitz nehmen – egal, ob wir essen, arbeiten, tanzen oder uns den Hintern abwischen. Vielleicht kann man es so ausdrücken: Wir gewöhnen uns allmählich an, achtsam zu leben. Die Achtsamkeit richtet sich am Anfang mal auf dieses, mal auf jenes. Schritt für Schritt wird es zur Gewohnheit, auf diese Weise mit dem Leben umzugehen. Glauben Sie nicht, dass Arbeit und Meditation zwei getrennte Dinge sind. Die Praxis der Achtsamkeit ist nicht etwas von uns Getrenntes. Sie ist in uns angelegt und nun muss sie geschult werden, damit wir lernen, unabhängig von äußeren Umständen in unserem heilsamen So-Sein zu verweilen. Im Auge des Sturms herrscht völlige Ruhe. Achtsam zu sein bringt uns genau dorthin. Am Anfang mag diese Ruhe fast unheimlich anmuten, weil wir sie nicht gewöhnt sind. Aber je mehr wir sie zulassen, je öfter wir mitten im Tun in den Ozean des Seins eintauchen, desto mehr rücken wir ab von der gewohnheitsmäßigen geistigen Unachtsamkeit, die uns so lange im schmerzhaften Würgegriff umklammert hat. Achtsam zu leben bedeutet, entschleunigt zu leben, sich Zeit zu nehmen, in die Erfahrung des Augenblicks einzutauchen und tiefe Einblicke in unser Innerstes zu nehmen. Ein intensives, authentisches und erfülltes Leben ist das Geschenk der Achtsamkeit. Mit der Zeit werden Sie merken, dass achtsam zu leben nicht nur Ruhe, Frieden und Stabilität in den Geist bringt – es kann sogar Freude machen. Glauben Sie nicht, dass Sie durch die Praxis der Achtsamkeit zu einem neuen Menschen werden – das Gegenteil ist der Fall. Ich zitiere dazu den Physiker und Philosophen Carl Friedrich von Weizsäcker (1912–2007): *„Man wird durch Meditation kein anderer, sondern der, der man immer gewesen ist."*

Das Chaos in uns ist leichter in den Griff zu kriegen, als Sie denken. Allerdings haben die Götter vor manchen Sieg den Schweiß gesetzt. Unabdingbar für das Erlangen dieser neuen inneren Haltung sind ein waches Interesse und ein forschender Geist und vor allem Disziplin. Es bedarf einiger Anstrengung, bis man gelernt hat, die Aufmerksamkeit konstant zu halten und sich nicht ablenken zu lassen. Aber mit der Zeit werden Sie eine gewisse Kunstfertigkeit darin erlangt haben.

Ich hoffe, Ihnen das „Mysterium der Achtsamkeit" etwas nähergebracht zu haben. Vielleicht ist es im Moment erst einmal nur eine Ahnung, aber das wäre bereits wunderbar.

Der Tiger kennt seine Möglichkeiten

Wem der Stresspegel bis zu den Ohren steht, der hat häufig das Gefühl, dass er nicht viel tun kann, um diesem schwer erträglichen Zustand beizukommen. Aber da gibt es wirklich einiges an inneren und äußeren Ressourcen. Wir beschäftigen uns zunächst mit den Möglichkeiten, die außerhalb Ihrer selbst liegen: mit Strategien, Konzepten, Betrachtungsweisen – und an dieser Stelle erst einmal mit den Methoden.

Der richtige Zeitpunkt zum Beginnen

Wenn man Spezialist für Stressbewältigung ist, ist man gern gesehener Gast und Mittelpunkt jeder Party oder sonstiger Veranstaltungen. Das Thema berührt die Menschen und jeder scheint sich darüber Gedanken zu machen – auch die, die vehement erklären, sie hätten mit Stress überhaupt keine Probleme. Es mag sein, dass sie Recht haben. Es gibt sie scheinbar tatsächlich, die omnipotenten Weltenzertrümmerer, denen keine Situation dermaßen unter die Haut fährt, dass ihr Leben ins Wanken gerät. Aber im Ernst: Es gibt wirklich Menschen, die über eine große Gelassenheit und innere Weisheit verfügen. Bei manchen scheint diese Haltung angeboren, andere haben sie über Zusammenbrüche, Therapien und die Beschäftigung mit spirituellen Themen mühsam erworben. Es gibt jedoch auch die Riege der Meisterverdränger, die ihre Wahrnehmung so weit unterdrückt haben, dass sie es tatsächlich selbst glauben, wenn sie sagen, sie hätten keinen Stress. Für die Spitze dieser Verdrängung gibt es einen psychologischen Fachbegriff: *Alexithymie*, zu Deutsch: Gefühlsblindheit. Damit wird die Unfähigkeit beschrieben, eigene Gefühle hinreichend wahrnehmen und ausdrücken zu können. Nach offiziellen Angaben sollen in Deutschland immerhin 10 % der Bevölkerung davon betroffen sein. Für den geübten Stress-Therapeuten ist es leicht zu erkennen, ob ein Mensch wirklich entspannt ist, ob er unentspannt ist, obwohl er glaubt, entspannt zu sein, oder ob er unentspannt ist und diese Tatsache bewusst abstreitet.

Wie dem auch sei. Im Zuge der Diskussionen darüber, wer denn nun wie gestresst ist, werden wir meistens gefragt, wann denn der richtige Zeitpunkt dafür ist, einen Entspannungskurs zu besuchen oder mit einem Stressbewältigungs-Coaching zu beginnen. Wenn Sie selbst das Gefühl haben, ein entspannter Mensch zu sein, dann ist genau das der richtige Zeitpunkt! Vorbeugen ist nämlich besser als bohren, wissen wir spätestens seit einer gewissen Zahnpasta-Reklame. Und was für die Zähne gut ist, ist für unseren Stress nicht schlechter. Wenn Ihnen der Stress erst einmal so richtig über die Ohren gewachsen ist, bedarf es doppelter Anstrengung, die Waagschalen des Lebens wieder ins Gleichgewicht zu bringen. Wir müssen in der Beratung dann sehr aufpassen, dass die Entspannungs- und Stressbewältigungsmaßnahmen nicht zum zusätzlichen Stressor für die Betroffenen werden. Es ist viel Motivation und Unterstützung dafür nötig. Wer seinen Stress alleine in den Griff kriegen möchte, hat deutlich schlechtere Karten.

Es hört sich vielleicht merkwürdig an, aber beginnen Sie so früh wie möglich damit, Kapitän auf Ihrem eigenen Schiff zu werden. In ruhigem Fahrwasser und bei leichtem Seegang übt es sich nämlich besser, als wenn Sie gleich bei Windstärke 10 den Kahn besteigen. Die Fähigkeiten, die einmal durch eine erlernte Entspannungsmethode konditioniert sind, können Sie später jederzeit wieder abrufen. Immer wieder berichten uns Menschen von überstandenen Lebenskrisen und sagen uns dankbar, wie froh sie seien, dass sie zu diesen Zeiten imstande waren, sich immer wieder vom Aktuellen zu distanzieren und Kraft in der Stille der eigenen Mitte zu finden.

Was den Übungserfolg beeinträchtigen kann

Bevor wir zu der Frage kommen, welche Methoden es gibt und welche davon die richtige für Sie sein kann, möchte ich noch ein paar Worte über Erfolg und Misserfolg beim Praktizieren von Entspannungstechniken und Meditation verlieren. Es gibt ein paar typische Fehler, die immer wieder gemacht werden und die garantiert zum Misslingen Ihrer Bemühungen führen.

Das rechte Maß an Erwartungen

Vielleicht kennen Sie das: Sie haben endlich gefunden, was Ihnen Stressfreiheit verheißt. Voller Enthusiasmus machen Sie sich ans Werk und üben, dass sich die Balken biegen. Jeden Tag spüren Sie prüfend in sich hinein, um nach einer Woche frustriert aufzugeben, weil die Methode nicht hielt, was sie versprochen hat. Schade. Denn vielleicht waren einfach nur Ihre Erwartungen zu hoch. Es ist menschlich, sich an jeden Strohhalm zur Verbesserung der stressigen Lebenssituation zu klammern. Wir möchten, dass es schnell besser wird (und wir wollen uns dabei nicht allzu sehr anstrengen). Dieses innere Drängen, gepaart mit völlig unangebrachten Aussagen über die schnelle Wirksamkeit irgendwelcher Methoden in öffentlichen Medien, führt zu unangemessenen Erwartungen – die nur enttäuscht werden können. Lassen Sie's ruhig angehen. Gehen Sie gut mit sich um, geben Sie sich Zeit! Die meisten Menschen überschätzen, was sie in *kurzer Zeit* erreichen können – aber sie unterschätzen, was sie *langfristig* erreichen können. Rufen Sie sich das immer wieder einmal ins Gedächtnis. Die „Entdeckung der Langsamkeit" ist eine der hilfreichen Strategien einer erfolgreichen Stressbewältigung.

Seelische Anspannung

Manchmal ist der Druck, unter dem Menschen stehen, einfach zu hoch, um sich zusätzlich um Stressbewältigung zu kümmern. Jemand, der damit beschäftigt ist, einfach nur den kommenden Tag zu überstehen, hat nicht mehr die Kraft, sich auch noch um regelmäßige Übungen und Maßnahmen zu kümmern, selbst wenn er weiß, dass sie ihm langfristig helfen werden. Das Maß der Anspannung ist einfach zu hoch. Manchmal hilft hier Verdrängung – natürlich nur als temporäre Maßnahme. Manchmal helfen auch Psychopharmaka, natürlich ebenfalls nur als kurzfristige Maßnahme, um den Alltag wieder halbwegs normal bewältigen zu können. Wir arbeiten zeitweise mit Menschen, die wegen Burn-out aus der Psychiatrie an uns verwiesen werden. In der Regel können schon nach wenigen Wochen Entspannungskurs oder Coaching die Medikamentdosen gesenkt und zum Ende der Maßnahme vollständig weggelassen werden.

Üben unter Zeitdruck

Haben Sie schon von dem Mann gehört, der eilig ein Geschäft betritt und sagt: *„Ich hätte gerne ein Geduldsspiel, aber zackzack."* Stressbewältigung sollte nicht zwischen Tür und Angel erledigt werden, wenn sie erfolgreich sein soll. Nehmen Sie sich ausreichend Zeit zum Üben. Die meisten Menschen, die uns erzählen, sie hätten diese Zeit nicht, haben sie in Wirklichkeit doch. Das wird klar, wenn wir die Aussage *„Dafür habe ich keine Zeit"* einmal näher unter die Lupe nehmen. Meistens wird dann deutlich, dass es nicht um objektive Zeitknappheit geht, sondern um die Frage von Prioritäten, wie wir später beim Thema Umgang mit Zeit noch sehen werden. *„Ich habe keine Zeit"* heißt übersetzt oft: *„Etwas anderes ist mir wichtiger."*

Die richtige Entspannungsmethode für Sie

Jeder Mensch und jede Situation sind anders, und deshalb gibt es keine Methode, die für jeden gleichermaßen gut geeignet ist. Wir werden immer wieder mal gefragt, welche denn die „beste" Methode ist. Es gibt keine objektiv „beste Methode". Die besten Übungen sind immer die, die zu einer bestimmten Zeit zu einem bestimmten Menschen passen. Bevor Sie sich ein Stressbewältigungsprogramm erstellen, sollten Sie deshalb erst einmal herausfinden, welche die passende Entspannungsmethode für Sie selbst und Ihre derzeitige Lebenssituation ist[5]. Das hat folgenden Hintergrund: Zum einen sind manche Methoden mehr körperorientiert, während andere eher die Arbeit mit dem Bewusstsein im Fokus haben. Dazwischen gibt es verschiedene Mischformen.

Zum anderen stellen sich die meisten Menschen unter Entspannungstechniken oder Meditation etwas völlig Stilles und Passives

---

[5] Anleitungen und Übungen für jede Lebenslage finden Sie in meiner „Anti-Stress-Box" (5 Audio-CDs; Mankau Verlag).

vor. Das ist aber nur die halbe Wahrheit, denn es gibt auch sehr dynamische Methoden, die dazu dienen, über die körperliche Aktion in die Ruhe zu kommen. Nicht jedem Menschen ist es gegeben, sich hinzulegen und innerhalb von zwei Sekunden von 100 auf 0 herunterzufahren. Nach unserer Erfahrung kann das fast niemand. Das hängt vielleicht damit zusammen, dass gerade wir Deutschen dazu neigen, uns ziemlich lange „zusammenzureißen". Unsere „Häuslebauer-Mentalität", unsere starke Sozialisierung und ein verdrehtes Verständnis des Konzepts der christlichen Nächstenliebe führen dazu, dass viele Menschen ihre vitalen Impulse und Bedürfnisse so lange unterdrücken, bis gar nichts mehr geht. Bei vielen Personen, die uns im Fachzentrum aufsuchen, ist das Kind nicht nur bereits in den Brunnen gefallen, sondern auch noch ziemlich tief. Der Adrenalinspiegel ist so hoch, dass an eine einfache Entspannung zunächst gar nicht zu denken ist. Zudem sind die physiologischen Abläufe, die still und unbemerkt innerhalb des Körpers vor sich gehen, bei vielen bereits chronisch geworden. Stellen Sie sich vor, Sie haben das Gefühl, kurz vor dem Durchdrehen zu stehen, und wir packen Sie hin und säuseln Ihnen ins Ohr: „Ich bin vollkommen ruhig!" Sind Sie aber nicht. Und deshalb wird Ihre Reaktion in einem inneren Widerstand bestehen, den Sie jedoch – da Sie gelernt haben, ein braver Junge beziehungsweise ein braves Mädchen zu sein – nicht zeigen werden. Außerdem erwarten Sie zu Recht, dass der „Fachmann" weiß, was er tut. Man braucht nicht viel Phantasie, um sich vorzustellen, dass solch ein Entspannungstraining nicht von Erfolg gekennzeichnet sein kann. Es wird gerade in der Therapie viel und gerne davon gesprochen, dass man die Klienten dort abholen soll, wo sie stehen. Gut gebrüllt, Löwe. Aber leider ist gerade die Therapie der Ort, wo genau das viel zu oft nicht in die Praxis umgesetzt wird, wie wir häufig von Betroffenen erfahren, die nach erfolglosen Entspannungsversuchen schließlich bei uns landen.

So weit, so gut. Im Folgenden liste ich einige Parameter auf, die es Ihnen erleichtern werden, die für Sie passende Methode herauszufinden.

Naturell

Sind Sie eher der sanfte Typ oder mehr eine Kämpfernatur? Auch zwanzig Jahre Meditation machen aus einem Löwen kein Schaf. Jeder von uns hat eine gewisse Grundkonstitution, mir der er leben muss. Ob uns das gefällt oder nicht, wir können sie nicht ablegen wie ein altes Hemd. Dass das vergebliche Liebesmüh wäre, erkannte auch der Dichter Eugen Roth (1895–1976): *„Oft führ' man gern aus seiner Haut, doch wenn man prüfend um sich schaut, erblickt man ringsum lauter Häute, in die zu fahren auch nicht freute."*

Nehmen Sie sich also, wie Sie sind, und wählen Sie eine Methode, die Ihrem Temperament am nächsten kommt.

Körperliche Voraussetzungen

Wie fit und/oder beweglich sind Sie? Gibt es Beeinträchtigungen, Operationen, Übergewicht oder Ähnliches? Der Zustand des Körpers steht natürlich im Zusammenhang mit der Methodenwahl. Sind die körperlichen Voraussetzungen eher ungünstig, wird man vermutlich nicht gleich mit der „Dynamischen Meditation" von Osho beginnen, die verlangt einem körperlich einiges ab. Also selbst wenn Sie eine körperbetonte, aktive Methode bevorzugen würden, sollten Sie schauen, dass diese Sie nicht überfordert. Denn Sie haben es ja schon gelesen: Stressbewältigung und Entspannung sollen Freude machen!

Alter

Das Alter ist nicht zwangsweise ein Indikator für Fitness – aber ein gewisser Gradmesser ist es schon. Wenn jemand zum Beispiel Übergewicht hat und im Leben niemals Sport getrieben hat, dann spielt die Tatsache, dass er 55 Jahre alt ist, schon eine Rolle. Wenn eine Person mit diesen Voraussetzungen mit Yoga beginnen möchte, wird ihr das naturgegebenermaßen deutlich schwerer fallen als einem dreißigjährigen, sportlichen Mann. Der Anspruch wäre in diesem Fall so hoch, dass man besser überlegen sollte, eine weniger herausfordernde Methode zu wählen, damit einem nicht gleich zu Beginn die Motivation wieder abhanden kommt.

Zeitliche Situation

Die meisten Gestressten sind in der Situation, arbeiten zu gehen und nebenbei ihre Kinder großzuziehen. Die Bedürftigsten haben also schon einmal die schlechtesten Voraussetzungen, da ihnen ihr Alltag nur wenig Freiräume und Möglichkeiten für regelmäßiges Üben lässt. Falls das Ihre Voraussetzungen sind, können Sie sich vermutlich nur schwer vorstellen, jeden Tag zu einer bestimmten Uhrzeit eine Stunde lang ihre Übungen durchzuführen. Ich sehe Sie gerade kopfschüttelnd-lächelnd vor mir: *„Das können Sie vergessen!"* Es gibt aber auch Übungen, die keinen großen – oder gar keinen – Zeitaufwand erfordern, weil sie fast immer und fast überall durchgeführt werden können. Wie dem auch sei, Sie müssen sich bei der Wahl der Methode Gedanken über Ihre zeitliche Verfügbarkeit machen. Am Rande bemerkt: Für mich gilt die Tätigkeit des Familienmanagements (Hausfrau bzw. Hausmann mit Kindern) als Vollzeit-Job im Schichtdienst mit permanenten Überstunden.

Grad der Erschöpfung

Es gibt Zeiten, da sind wir fast unermesslich erschöpft. Entweder weil wir schon lange unter Stress stehen, weil wir krank sind, gerade eine Krankheit überstanden haben oder weil wir einen schmerzhaften Verlust hinnehmen mussten. *The dark night of soul* wird manchmal zu diesem Zustand gesagt, in dem wir das Bedürfnis haben, unseren Körper und unsere Seele zu schonen. Wir wollen einfach nur Kraft sammeln, Frieden spüren, Zeit und Abstand gewinnen, in Ruhe regenerieren und wieder zu uns kommen. Sich zu fragen: Was brauche ich gerade?, sollte maßgeblich in die Überlegung der Methodenwahl mit einfließen.

Offenheit, sich auf Neues, Unbekanntes einzulassen

Viele der bewährten Methoden, mit denen in diesem Fachbereich gearbeitet wird, sind bereits – oder werden derzeit noch – umfangreich wissenschaftlich untersucht. Die vorliegenden Forschungsergebnisse sorgen mehr und mehr für deren öffentliche Akzeptanz. Die neue medizinische Betonung verschleiert bisweilen den Blick auf die Tatsache, dass die meisten dieser Methoden aus dem fernöstlichen Kulturkreis stammen und bis vor wenigen Jahren nur in „esoterischen" Kreisen ausgeübt wurden. Mittlerweile bestätigen Wissenschaftler jedoch zunehmend, was bis vor Kurzem nur die esoterischen Spatzen von den Dächern pfiffen. Vorbei sind die Zeiten, wo man seine Kinder in der Schule nicht neben jemandem sitzen lassen wollte, dessen Eltern Yoga praktizieren. Es gehört der Vergangenheit an, dass diejenigen, die am Wochenende ein Reiki-Seminar besucht haben, den Kollegen am nächsten Tag erzählen, sie wären auf einer „beruflichen Fortbildung" gewesen.

Weshalb ich Ihnen das erzähle? Um Ihnen Mut zu machen, sich auch auf unbekannte Dinge einzulassen, oder, um es mit den Worten des Künstlers Keith Haring (1958–1990) zu sagen: „*Nichts ist so erfrischend wie ein beherzter Sprung über die eigenen Grenzen.*" Wagen also auch Sie den Sprung über Ihren eigenen Horizont und öffnen Sie sich den Aspekten des Lebens, denen gegenüber Sie bislang die Drei-Affen-Nummer (nichts sehen, nichts hören, nichts reden) angewandt haben. Das Leben ist ein Abenteuer, das im Experiment erprobt werden muss.

Das Tagebuch – der Dialog mit mir selbst

Ein Mann ohne Tagebuch ist, was ein Weib ohne Spiegel.
(…) Jener hört auf, ein Mann zu sein, wenn er sich selbst
nicht mehr beobachtet und Erholung und Nahrung immer
außer sich sucht.
Er verliert seine Haltung, seine Festigkeit, seinen Charakter,
und wenn er seine geistige Selbständigkeit dahingibt,
so wird er ein Tropf.
Diese Selbständigkeit kann aber nur bewahrt werden
durch stetes Nachdenken über sich selbst,
und geschieht am besten durch ein Tagebuch.
Auch gewährt die Unterhaltung desselben die
genussvollsten Stunden.

Gottfried Keller (1819–1890)

Gehen Sie nicht gleich zum nächsten Kapitel über, wenn Ihnen klar wird, dass es sich bei den folgenden Ausführungen um „schnödes" Tagebuchschreiben handelt, denn das Thema ist vielleicht interessanter, als Sie glauben. Ein Tagebuch ist nämlich mehr als der heimliche, treue Freund aus Adoleszenztagen. Vielleicht ist Ihnen der Begriff *autobiografisches Schreiben* lieber. So wird nämlich das Tagebuchschreiben auch genannt, und es gibt an verschiedenen Volkshochschulen sogar Workshops dazu. Die Seminarleiter lehnen sich dabei häufig an die „Intensive-Journal-Methode" des Psychologen Ira Progoff an. Wenn Sie sich im Internet umschauen, werden Sie sehen, dass Tagbuchschreiben durchaus „in" ist, denn zahllose Verbalexhibitionisten präsentieren interessierten Lesern ihr Innerstes in Weblogs (kurz Blogs) und speziellen Tagebuch-Communities auf dem Silbertablett. Inwieweit es sinnvoll ist, sein Innenleben dem World Wide Web anzuvertrauen, darüber mag man geteilter Meinung sein. Ich persönlich bevorzuge das gute alte Papier. Tagebuchschreiber befinden sich in bester Gesellschaft, denn auch helle Köpfe wie Johann Wolfgang von Goethe (1749–1832), Thomas Mann (1875–1955) oder Anaïs Nin (1903–1977) haben ihre seelischen Bewegtheiten dem Papier anvertraut. Wenn Sie das nicht beeindruckt, dann vielleicht die Tatsache, dass Tagebuchschreiben häufig im Rahmen einer Psychotherapie verordnet wird. Es gibt zahlreiche Studien, die zeigen, dass das autobiografische Schreiben eine heilende Wirkung haben kann. Das Schreiben über sich selbst, die eigenen Erlebnisse, Begegnungen, Gedanken und Gefühle wird auch in der Psychotherapie als Mittel der Selbstklärung und -erkenntnis eingesetzt. Der Schreiber legt seine Gefühle frei und diese Öffnung wird dadurch erleichtert, dass er dies nicht vor anderen tun muss, sondern in einem geschützten Rahmen nur sich selbst gegenüber. Indem er eine neue Perspektive zu Geschehnissen einnimmt, kann er sie aus einem anderen Licht betrachten, zu neuen Einsichten kommen und negative Erlebnisse besser verarbeiten.

Warum führen manche Menschen Selbstgespräche? Und … führen wir nicht alle Selbstgespräche, zum Beispiel dann, wenn wir über etwas nachdenken? Haben Sie nicht schon einmal das Gefühl gehabt, dass die Lösung beim fragenden Nachdenken über ein Problem so in Ihnen auftauchte, als hätte Ihnen jemand eine Antwort gegeben? Natürlich kennen wir das alle und wir wissen auch, wie hilfreich diese inneren Dialoge bisweilen sein können. Sie haben nur einen Nachteil: Sie sind flüchtig. Sie tauchen ebenso schnell auf, wie sie verschwinden. Sie sind ein Teil des gesamten Gedanken-Chaos in unserem Hirn, schnell und unkoordiniert. Wir sind selten imstande, einen roten Faden in unseren Gedanken über einen längeren Zeitraum konstant beizubehalten, ohne von anderen Gedanken abgelenkt zu werden. Wie ich bereits zuvor betonte, ist Weisheit Wissen plus Intuition, also linke plus rechte Gehirnhälfte. Im gewöhnlichen Gedankenprozess benutzen wir unsere Gehirnregionen jedoch unausgewogen zugunsten der linken, rationalen Hälfte. Ausgewogenes Denken kann man das nicht nennen. Und obwohl es der „logischen" Hemisphäre entspringt, kann man nicht davon reden, dass die einzelnen Gedanken nacheinander in einer logischen Reihenfolge und angemessenem Abstand aufeinander folgen würden.

Wenn Sie also dahin kommen möchten, ausgewogen zu denken, indem Sie auch Ihre Intuition mit einbeziehen, die Sie mit den tieferen Schichten Ihrer Psyche verbindet, dann müssen Sie die Gedanken „externalisieren" – nach außen bringen. Das verlangsamt und klärt den Prozess. Schreiben schafft Bewusstsein, lehre ich in all meinen Kursen und Seminaren und bekomme immer wieder positives Feedback der Leute, die es praktizieren. Benutzen Sie Ihr Tagebuch nicht zum akribischen Auflisten täglicher Verrichtungen, sondern um Ihre Gedanken zur Ruhe zu bringen und sie zu sortieren. Wenn Sie mit dem Tagebuchschreiben anfangen, werden Sie vielleicht das Gefühl haben, von der Menge der Gedanken schier erschlagen zu werden, aber mit etwas Routine gibt sich das. In der Ruhe der inneren Auseinandersetzung können Sie mit dem in Kontakt kommen, was im Alltag so oft verborgen bleibt. Während Sie Ihre Gedanken konzentriert auf das Papier bringen, können sich plötzlich Erlebnisräume öffnen, durch die Sie vieles besser verstehen. In der Psychologie spricht man in diesem Zusammenhang auch davon, dass wir tief in unsere eigene Seelenlandschaft eintauchen. Ich mag dieses Bild, korrespondiert es doch exakt mit dem Gefühl, das ich habe, wenn ich beim Schreiben Antworten auf nie gestellte Fragen bekomme. Erst dadurch werde ich manchmal auf verdrängte Aspekte oder Widerstände in mir aufmerksam. Das gibt mir die Freiheit, Geschehnisse in einem anderen Licht zu sehen, und es regt mich zu neuen Überlegungen an.

Es gibt Probleme, über die wir nachdenken, aber trotz aller Grübelei keine zufriedenstellende Lösung finden. Nehmen Sie sich dann und wann die Zeit und nähern Sie sich schreibend der Situation, während Sie absichtslos in Ihre innere Stille hineinhorchen. Sie werden feststellen, dass die Antworten oft unvermittelt auftauchen – Antworten in einer Qualität, auf die Sie durch einfaches Nachdenken nicht gekommen waren.

Indem wir durch das Schreiben nach außen bringen, was in unserem Kopf vor sich geht, entsteht so etwas wie eine Auseinandersetzung mit uns selbst, namentlich mit unserem Unbewussten, auf eine sehr unmittelbare Weise. Wir treten mit dem in Kontakt, was wir umgangssprachlich als unsere „innere Stimme" bezeichnen. Nur nehmen wir sie hier nicht zwischendurch eher zufällig wahr, sondern zielgerichtet und bewusst.

Wenn Sie sich zu einem späteren Zeitpunkt einmal frühere Aufzeichnungen durchlesen, werden Sie bestimmte Symboliken und Dynamiken Ihres Lebens klarer erkennen. Die Erkenntnisse, die Sie daraus ziehen können, vertiefen das Verständnis Ihrer selbst. Je mehr Sie darüber begreifen, was Sie umtreibt, desto selbstbestimmter werden Sie leben. Und selbstbestimmt leben, bedeutet stressfrei leben, weil Sie zunehmend das Gefühl verlieren, irgendwelche Dinge nicht zu verstehen und ihnen hilflos ausgeliefert zu sein. Sie werden merken: Je öfter Sie schreiben, desto müheloser und befreiender wird es.

Möglicherweise greifen Sie trotz dieser motivierenden Ausführungen nicht sofort begeistert zur Feder. Falls dem so ist, möchte ich gerne der Frage nach dem Wieso nachgehen. Denn immer wieder spüre ich den inneren Widerstand, wenn ich jemandem dazu rate, Tagebuch zu schreiben. Warum ist das so, wo doch jeder von uns ein Leben führt, über das er eigentlich auch erzählen können sollte? Was mündlich meistens gar kein Problem ist, wird bei vielen zäh, wenn sie sich der „Bedrohung" eines leeren Blattes gegenüber sehen. Es ist am Anfang wirklich nicht leicht, die Vielfalt des eigenen Lebens in *eine* Form zu bringen. Die Auseinandersetzung mit uns selbst ist ein höchst subjektiver Prozess, in dessen Verlauf wir uns in einem Spannungsfeld von Leben und Sinn, Genauigkeit und Ehrlichkeit wiederfinden. Aber das Papier ist auch geduldig. Es erträgt schauderhafte Grammatik und ermöglicht alles von anspruchlosester Alltagsprosa bis zur Höhe sprachlicher Kunstwerke. Endlich dürfen Sie einmal grenzenlos subjektiv sein, niemand widerspricht Ihnen und Sie haben auch mal das letzte Wort.

Bei diesen Gedanken können wir uns schon wieder dabei ertappen, dass wir uns von der Fülle der Ideen, Erfahrungen, Ängste und Erwartungen überfordern lassen. Und das alles in Bezug auf etwas, dem wir eigentlich ganz jungfräulich gegenüberstehen sollten, weil wir noch gar keine Erfahrung damit gemacht haben. Ich möchte Sie also zu dieser jungfräulichen inneren Haltung einladen. Setzen Sie sich einfach hin und probieren Sie es aus.

Hier sind ein paar praktische Tipps für das Schreiben:

- Zentrieren Sie sich einen kleinen Moment, bevor Sie zu schreiben beginnen. Lehnen Sie sich dazu entspannt zurück, schließen Sie die Augen und atmen Sie ein paar Mal bewusst und ruhig durch.
- Schreiben Sie leicht und mühelos, als ginge es von selbst. Vielleicht ist es angenehm für Sie, mit dem Rhythmus Ihres Atems verbunden zu bleiben.
- Geben Sie jedem Eintrag eine kurze, prägnante Überschrift.
- Wenn Sie nicht gerne viel Text schreiben, formulieren Sie einfach im Telegrammstil.
- Manchmal ist ein leeres Blatt vor einem eine echte Herausforderung. Wenn Sie sich nicht sicher sind, was Sie schreiben wollen (oder sollen), dann schreiben Sie einfach, was Ihnen gerade durch den Kopf geht.

Wer logisch denkt, findet die Erleuchtung nicht.

Aus dem Zen

Sich förderliche Einstellungen
und Sichtweisen aneignen

Kopfüber hängend sehe ich alles ganz anders.

Doris Kirch

Immer wieder erlebe ich, wie sehr Menschen in schmerzhaften, unerfreulichen Lebenssituationen nahezu eingerastet sind. „Hey", sagte einmal meine älteste Tochter zu jemandem, *„dein Kopf ist rund – damit das Denken die Richtung ändern kann."* Sie haben irgendwann in ihrem Leben Verhaltensweisen, Ansichten und Bewertungsmuster übernommen, die zur Zeit ihres Entstehens vielleicht sinnvoll waren, die sich aber ganz offensichtlich zum aktuellen Zeitpunkt überlebt haben. Dann ist es Zeit, dem Denken eine neue Richtung zu geben und zu lernen, Dinge aus anderen Perspektiven zu betrachten. Wie Sie in diesem Buch bereits erfahren haben, hat die Art und Weise, wie wir über Dinge denken und mit ihnen umgehen, einen maßgeblichen Anteil an dem Stress, den wir erleben. Deshalb hoffe ich, dass die folgenden Ausführungen dem einen oder anderen etwas auf die Sprünge helfen.

Für mich waren Therapien immer sehr hilfreich, um Festgefahrenes, Nicht-Förderliches zu erkennen und aufzulösen. Zu der Zeit, als ich noch der Ansicht war, dass meine Eltern für all mein „Unglück" „verantwortlich" sind, habe ich eine Familientherapie gemacht. Wir bekamen einen ganzen Satz mit Fragebogen zu unserer Kindheit und unseren Eltern. Es folgte eine blutrünstige Abrechnung mit der Vergangenheit. Wie die Wilden machten wir unsere Kreuzchen und hauten unseren Erzeugern deren gesamtes Versagen und ihre Unzulänglichkeiten symbolisch um die Ohren. Als wir Teilnehmer uns dann zufrieden mit unserem Werk und einigermaßen erschöpft und erleichtert zurücklehnten, bekamen wir denselben Stapel Fragebögen noch einmal. Diesmal sollten wir die Kreuzchen an den Stellen machen, an denen unsere Kinder sie auf uns bezogen vermutlich setzen würden. Sie ahnen es bereits: Es war eine Wiederholung des Grauens. Natürlich gab es Ausnahmen und Unterschiede, aber im Wesentlichen waren wir genau *die* Eltern für *unsere* Kinder, die *unsere* Eltern für *uns* gewesen waren. Das war ein heilsamer Schock. Ich lernte an diesem Tag, meine Eltern mit anderen Augen zu sehen und endlich Verantwortung für mich und mein Leben zu übernehmen. Ich sah plötzlich ein, dass jeder immer nur sein Bestes tut, so gut er es eben vermag – und auch wenn es für das Gegenüber nicht immer das ist, was es sich wünscht. Auf mich bezogen, habe ich damals begriffen, dass auch meine Eltern das Beste gegeben haben, was sie hatten – auch wenn mir das seinerzeit nicht gereicht hat. Seltsamerweise scheint es sich bei diesem empfundenen Defizit nicht um einen objektiven Mangel zu handeln, denn mit zunehmendem Alter stelle ich fest, dass ich meine Kindheit anders bewerte und mehr und mehr Positives daran entdecke. Man kann ganz allgemein sagen, dass erlebte Defizite häufig (natürlich nicht immer) eine subjektive Wahrnehmung sind, die mit dem jeweiligen Geisteszustand zusammenhängt.[6]

Es gibt noch eine andere sehr heilsame Therapieform, deren Kern ich Ihnen hier kurz vorstellen möchte. Vielleicht birgt auch sie den einen oder anderen Impuls, Dinge einmal kopfüber hängend zu betrachten.

Naikan heißt die Methode, die aus Japan stammt und die als ein Weg der Selbsterkenntnis bezeichnet wird, der meditative und psychologische Aspekte in sich vereint. Der Grundansatz beruht auf der Erkenntnis, dass wir die Schöpfer unserer inneren ebenso wie unserer äußeren Welt sind. Während des Naikan-Prozesses beschäftigt man sich im Rahmen einer meditativen, geschützten Atmosphäre mit verschiedenen Menschen, die im eigenen Leben eine wichtige Rolle gespielt haben. Man lässt die Erinnerung lebendig werden und setzt sich mit diesen Menschen auseinander. Methodisches Werkzeug dazu sind drei Kernfragen:

1. Was hat die Person, die ich betrachte, in diesem Zeitraum für mich getan?

---

6   Ich beziehe mich hier natürlich nur auf „normale" Kindheiten. Fälle von frühkindlicher Verwahrlosung, Missbrauch und dergleichen können nicht mit „subjektiver Wahrnehmung" abgetan werden!

2. Was habe ich für diese Person getan?
3. Welche Schwierigkeiten habe ich ihr gemacht?

Aufgrund dieser besonderen Betrachtungsweise der erinnerten Vergangenheit kann sich eine veränderte Sichtweise der eigenen Lebensgeschichte einstellen. Man erlebt sehr intensiv, wie man selbst die Wahrnehmung seiner inneren und äußeren Welt steuert. Dieser bislang unbewusste Prozess wird zu einem bewussten, in dessen Zuge man sich von alten Mustern befreien und der eigenen Entwicklung hinderliche Blockaden auflösen kann. All das bedeutet, Verantwortung für sein Leben zu übernehmen. Viele Menschen begreifen erst im fortgeschrittenen Alter, dass sie bis zu diesem Zeitpunkt immer anderen diese Verantwortung zuschieben wollten. Nun erfahren sie, dass genau das zur Befreiung führt, was sie ein Leben lang angstvoll vermieden haben.

Tipp: Nehmen Sie sich die Zeit, um sich mit den prägenden Menschen Ihrer Vergangenheit auseinanderzusetzen, indem Sie Ihnen die drei „Naikan-Fragen" stellen. Bei diesem Prozess kann es hilfreich sein, einen einfühlenden Freund oder Therapeuten an der Seite zu haben.

Für welche Dinge in Ihrem Leben sind Sie dankbar?

In letzter Zeit habe ich öfter die Aussage gehört, wir würden „auf hohem Niveau jammern". Mir scheint, das ist wirklich so. Wenn ich abends im Bett liege, besinne ich mich oft auf die Dinge, mit denen ich gesegnet bin. Ja, so empfinde ich das wirklich. Ich liege in meinem Zimmer in einem weichen, gemütlichen Bett. Der Raum ist groß und warm und er beinhaltet die Möbel, die ich mir gekauft habe, weil sie mir gefallen haben. Unmengen von Büchern füllen die Regale. Ein weicher Teppich, ein gemütlicher Sessel, große Kristalle und Kunstgegenstände verbreiten eine gemütliche Atmosphäre. Mir fällt ein, dass ich in einem Haus lebe, in dem man in armen Ländern vermutlich fünfzig oder noch mehr Menschen unterbringen würde. Mein Kleiderschrank ist ebenso voll wie der Kühlschrank. Ich habe einen Fernseher, eine Musikanlage, ein Handy, einen Computer, ein Notebook, ein Auto ... kurz: Es wäre Seiten füllend, alles aufzuschreiben, was ich „habe". Und vor allem habe ich gesunde Kinder, die alle gut geraten sind und ebenfalls ein glückliches Leben führen. Ich arbeite, was ich will, wo ich will, wann ich will und mit wem ich will.

Das hört sich an, als wäre mein Leben ein ruhiger, stiller Fluss. Das ist es aber nicht. Ich leide an denselben Dingen, die auch Ihnen das Leben schwer machen. Ich arbeite gerne und muss manchmal aufpassen, dass es nicht zu viel wird und ich meine Gesundheit und meine sozialen Kontakte vernachlässige. Ich bin ebenso wie Sie den Eigenheiten anderer Menschen ausgesetzt, die einen manchmal in recht schwierige und schmerzhafte Situationen bringen können. Und ich sehe dem Verfall meines eigenen Alterns zu, dem wir ebenfalls alle unterworfen sind. Ich hatte zwei Nahtoderlebnisse, habe ein Kind verloren – und als alleinerziehende Mutter sind mir existenzbedrohende finanzielle Lagen nicht fremd.

Trotz alledem liege ich abends im Bett und bin zutiefst dankbar. Ich hätte es schlechter treffen können. Wir alle haben viele Gründe, abends Dank zu sagen. Diese Angewohnheit, mich vor dem Schlafen an alles zu erinnern, mit dem ich gesegnet bin, hat mein Leben verändert. Halten Sie das nicht für sentimentalen Schwachsinn. Probieren Sie es aus und Sie werden feststellen, wie viel sich dadurch verändert.

Tipp: Beginnen Sie damit, dass Sie sich in einer ruhigen Stunde hinsetzen und einmal alles aufschreiben, für das Sie dankbar sein können. Nehmen Sie sich etwas Zeit und blicken Sie auf Ihr gesamtes Leben zurück – Sie werden erstaunt sein, wie viel es ist.

Bringen Sie dieses Thema in die nächste gemütliche Rotweinrunde mit Freunden ein und diskutieren Sie gemeinsam darüber. Fragen Sie Ihre Freunde und andere Menschen: *„Für welche Dinge in deinem Leben bist du dankbar?"*

Ausrichten auf Freude und Positives

> *Ich schaffe mir jeden Tag tausend kleine Wunder,*
> *um zu überleben.*
>
> *Eine Freundin in einer Krise*

Ich möchte Ihnen jetzt nicht mit der wenig hilfreichen Bemäntelung bemühter Pseudo-Ratgeber kommen: „Ach, das ist doch alles gar nicht so schlimm. Morgen sieht alles wieder ganz anders aus." Es geht nicht darum, sich schlimme Dinge schönzureden, wenn ich Sie jetzt daran erinnern möchte, dass jedes Ding zwei Seiten hat. Und sicherlich ist diese schlichte Tatsache auch nicht neu. Aber dann frage ich mich, warum die Wenigsten sie in ihr Leben integriert haben. Denn wenn das so wäre, wären wir alle viel entspannter. Offenbar jedoch verschüttet der Alltag manchmal Lebensweisheiten, die uns in ihrer Einfachheit tatsächlich einiges leichter machen könnten.

Wenn es regnete, pflegte mein Vater zu sagen: *„Ist doch schön, dann staubt's nicht so."* Auch wenn er das sarkastisch meinte, steckt in dieser Aussage der Kern, auf den ich hinauswill. Wenn wir in Stress und schwierigen Situationen stecken, verlieren wir häufig die Fähigkeit, auch das Schöne in unserem Leben zu sehen, und verschlimmern dadurch unsere Situation. Ich habe vor vielen Jahren eine Familie kennengelernt, deren eine Tochter an Krebs gestorben war. Die Eltern waren derart in ihrer Trauer gefangen, dass sie ihrer anderen Tochter keine Beachtung mehr schenkten. Es schien so, als wenn sie das Mädchen vergessen hätten. Irgendwann griff ein Freund der Familie ein und erinnerte sie an ihr Glück eines lebenden Kindes. Erst das brachte sie wieder zur Besinnung und diese unglückliche Entwicklung nahm ein Ende.

Wenn Sie mir jetzt sagen, dass Ihr Stress eben dadurch so schlimm wird, dass Sie unter Druck nicht in der Lage sind, Ihrem Leben etwas Positives abzugewinnen, dann gebe ich Ihnen Recht.

Als Erste-Hilfe-Maßnahme ist dieser Ansatz auch nicht gedacht. Wenn Sie diese Sichtweise jedoch zu Ihrer Angewohnheit machen, kann sie im Verbund mit anderen Strategien dafür sorgen, dass die Wellen der Überlastung gar nicht erst in unerträglichem Maße über Ihnen zusammenschlagen. Gewöhnen Sie sich an, den Blick auch auf das Erfreuliche und Schöne zu richten, das Ihnen tagsüber überall begegnet. Es braucht wirklich keine großen Dinge, um Freude hervorzubringen. Manchmal ist es nur die Erinnerung daran, dass eine scheinbar negative Situation durchaus auch eine positive Seite hat. Manchmal sind diese Seiten auf den ersten Blick nicht zu erkennen, aber auf den zweiten durchaus.

Es war der Kronkorken einer Bierflasche, der mit der Öffnung nach oben zwischen die kleinen Granitsteine eines Berliner Pflasters gerutscht war. Im Laufe der Zeit war wohl Sand hineingeweht und in der Mitte hatte sich eine Blume ausgesät, die stolz ihr kleines gelbes Köpfchen in die Höhe reckte. Ich blieb lange stehen, um dieses hübsche, ungewöhnliche Wunder der Natur zu betrachten, und nahm deutlich die Freude wahr, die es in mir auslöste. Und obwohl es fast zwanzig Jahre her ist, habe ich diesen Augenblick nie vergessen.

Schenkt Ihnen das Schicksal eine Zitrone, machen Sie sich eine Limonade draus. Das macht die Zitrone für sich genommen nicht weniger sauer, aber Sie können hinterher wirklich sagen, dass Sie das Beste daraus gemacht haben. Weniger salopp hat es Goethe formuliert: *„Auch aus den Steinen, die man uns in den Weg legt, kann man etwas Schönes bauen."*

Tipp: Üben Sie diese Sichtweise, indem Sie abends vor dem Zubettgehen alle erfreulichen kleinen Dinge notieren, die Ihnen tagsüber begegnet sind.
Wenn Sie in einem Café sitzen, dann betrachten Sie einmal ringsum bewusst, was alles komisch, lustig oder einfach schön ist. Vielleicht den Schaum auf Ihrem Cappuccino, die Wärme der Sonne auf Ihrer Haut, das liebevoll turtelnde Pärchen am Nebentisch, den Kellner, der gekonnt ein volles Tablett über die

Köpfe der Sitzenden jongliert, oder eine fröhlich vorbeihüpfende Kindergartengruppe.

Wenn Sie ringsum nichts Erfreuliches sehen, dann schaffen Sie sich selbst Ihre „täglichen 1.000 kleinen Wunder".

Krisen als Entwicklungschancen nutzen

> *Mitten im Winter habe ich erfahren,*
> *dass es in mir einen unbesiegbaren Sommer gibt.*
>
> *Albert Camus (1913–1960)*

Wir haben schon über verschiedene Strategien einer erfolgreichen Bewältigung von Stress gesprochen. Eine weitere besteht darin, Krisen den Geschmack von Katastrophen zu nehmen und sie wertneutral als produktive Prozesse zu werten. Es wurde bereits deutlich, dass die Wertung, die wir in unserem Bewusstsein treffen, die Situation einfärbt, in der wir uns befinden. Wenn wir ein Ergebnis als Niederlage werten, fühlen wir uns schlecht und minderwertig, was wiederum unser Immunsystem schwer belastet. Seele und Körper leiden gemeinsam. Was Sie also nicht tun sollen, wissen Sie bereits. Nun möchte ich darauf eingehen, wie Sie diese bisherige Denkweise durch eine neue ersetzen. Jedes Resultat Ihres Tuns vermehrt nämlich den Schatz Ihrer Lebenserfahrungen und macht Sie damit ein wenig reicher. Der einfühlsame Dichter Christian Morgenstern (1871 – 1914) muss das auch begriffen haben, denn er schrieb: *„Jede Schmach und jede Schande, jeder Schmerz und jedes Leiden wird bei richtigem Verstande deinen Aufstieg mehr entscheiden."* Es kann unendlich viele Ursachen geben, warum etwas nicht so gelungen ist, wie Sie es sich vorgestellt haben: Ihre Ziele waren zu hoch gesetzt, schlecht definiert, in zu große Teilschritte zerlegt, zeitlich ungünstig geplant oder vielleicht wollten Sie das Angestrebte tief in sich gar nicht (mehr). Möglicherweise waren Sie einfach zu stur, von Ihrem toten Pferd abzusteigen, und haben versucht, es weiter zu reiten. Vielleicht wurden Sie von

im Unterbewusstsein schlummernden „Erfolgsvermeidungsstrate-
gien" blockiert, oder vielleicht wollte *das Leben* Sie auf andere
Wege leiten. Das klingt Ihnen zu pathetisch? Jeder von uns kennt
doch das Gefühl, dass etwas „offenbar nicht sein sollte". Jeder von
uns hat diese Intuition, dass da etwas ist, das größer ist als er selbst
und das unsere Schritte lenkt, auch wenn wir nicht wissen, welche
Kraft das ist. Gott? Die Kraft des Universums? Die „Große Einheit"? Wir müssen damit leben, dass wir diese Macht, die manche
Schicksal nennen, nicht klar definieren können; aber wohl jeder
von uns hat ihr Wirken irgendwann einmal gespürt.

Und es gibt noch etwas, das uns Ergebnisse als Rückschläge
erleben lässt: ein konditioniertes Schwarz-Weiß-Denken in Kategorien von sinnvoll und sinnlos, richtig und falsch. Wir machen
uns bestimmte Vorstellungen, die auf erlernten, konditionierten
Normen basieren – und diese Normen sind manchmal sogar einfach nur kulturell bedingt. Nehmen wir zum Beispiel Amerika. Ein
Unternehmer, der dort eine Pleite hingelegt hat, wird deshalb keineswegs schräg angesehen. Man weiß nun über ihn, dass er jemand
ist, der sich in seinem Business auskennt, weil er die Erfahrung
gemacht hat, was auf jeden Fall nicht funktioniert. Die Statistiken
geben dieser Haltung Recht: Denn die meisten werden im zweiten
Anlauf sehr erfolgreich. Schauen wir zurück nach Deutschland, da
sind Insolvenzen, obwohl sie ja inzwischen nahezu Mainstream
sind, immer noch mit dem Makel des Versagens behaftet. Immerhin sind wir schon so weit, dass man sich in solch einer Situation nicht mehr „die Kugel gibt", aber von einer konstruktiven
Betrachtungsweise des Geschehens sind wir leider immer noch
Äonen entfernt.

Ein weiteres, mitten aus dem Leben gegriffenes Beispiel des
Stress fördernden Ausgeliefertseins an gesellschaftliche Normen ist
eine Frau, mit der ich unlängst telefoniert habe: gläubig und aktiv
in der Kirchengemeinde engagiert. In unserem Gespräch offenbar-
te sie mir ihre Seelenpein, ihr „Versagen", dem christlichen Bild
der Nächstenliebe nicht gerecht werden zu können. Es gäbe da
nämlich Menschen, gegen die sie eine ausgesprochene Abneigung
hege. In erster Linie handelte es sich dabei ausgerechnet um ihre
Schwiegermutter. Sie litt sehr unter ihrem hohen Ideal der Nächs-

tenliebe. Ich erzählte ihr eine Geschichte aus meinem Leben, denn ich hatte mich vor langer Zeit einmal mit dem gleichen Desaster herumgequält.

Das buddhistische Prinzip, mitfühlend mit allen Wesen zu sein, ist mit dem Konzept der christlichen Nächstenliebe praktisch identisch. So habe ich meiner damaligen alten buddhistischen Lehrerin mein Herz ausgeschüttet, indem ich ihr gestand, dass es einige Menschen in meinem Leben gäbe, die ich nicht ausstehen könne. Und dass mich deshalb mein schlechtes Gewissen plagen würde. Als „gute" Buddhistin wollte ich es doch „recht machen". Meine Lehrerin lächelte daraufhin und entgegnete: *„Wir müssen andere Menschen nicht mögen ... es ist wesentlich, sie zu lieben."* Sie gestand mir meine, sich auf einer oberflächlichen Ebene abspielenden Abneigungen zu. Erst das ermöglichte mir, tiefer in mich hineinzuschauen, und ich fand dort auf dem Grund meiner Seele eine unendliche Liebe zu den Personen, zu denen ich im Alltag eine Abneigung empfand.

Es war eine falsche Sicht der Dinge, mit der ich mir selbst das Leben schwer gemacht hatte.

Meistens ist es besser, der inneren Stimme zu vertrauen und zu folgen, anstatt äußeren, von anderen Menschen festgeschriebenen Normen. Hermann Hesse hat das auch erkannt und fand dafür wunderbare Worte: *„Meine Aufgabe ist es nicht, anderen das Beste zu geben, sondern das Meine – so rein und so aufrichtig wie möglich."*

Was ist richtig und was ist falsch? Manchmal erscheint im Moment etwas als Niederlage, was sich später, in anderem Lichte betrachtet, als großes Glück herausstellt. Da uns die gegenwärtige Situation eines „Versagens" aber derart unter Stress setzt, können wir das meistens erst viel später erkennen.

Die Krisensituation eines vermeintlichen Versagens gibt uns die Möglichkeit, innezuhalten, unsere wahren Bedürfnisse, unser Vorgehen und unsere Strategien neu zu überdenken, zu modifizieren und Kurskorrekturen vorzunehmen. Ohne solch einen Schuss vor den Bug würde der eine oder andere vermutlich noch bis zum Herzinfarkt weiterrödeln. Deshalb ist es nur logisch, die Dinge zunächst einmal einfach stehen zu lassen, wie sie sind, und das Beste daraus zu machen, was im Moment möglich ist. Und die am wirksamsten Stress senkende Strategie ist tatsächlich die neutrale innere Haltung, dass wir dem Schatz unserer Lebenserfahrungen gerade wieder ein weiteres Kleinod hinzugefügt haben, das „unseren Aufstieg mehr entscheiden wird".

Aufgaben und Ziele
geben Orientierung und Motivation

Wir haben uns bereits ausgiebig mit dem Chaos unserer Gedankenwelt beschäftigt. Was mehr Ordnung in dieses Chaos – und damit in unser Leben – bringen kann, sind Ziele und Aufgaben. „Ja, ja", höre ich Sie sagen, „sollte nicht der Weg das Ziel sein?" Das ist wahr – aber ohne Ziel gibt es auch keinen Weg. Zielgerichtetes Tun erhöht das Gefühl unserer eigenen Wirksamkeit und senkt deshalb unseren Stress, weil das Gefühl der Kontrolle eine gewisse Orientierung und Sicherheit bietet.

Es gibt wohl kaum etwas Frustrierenderes und Unmotivierenderes für uns, als wenn wir dazu gezwungen sind, etwas ziel- und planlos zu tun. Was einige Menschen – zum Beispiel im Rahmen eines gemeinsamen Projektes – nervig und unzumutbar finden, lassen sie unbemerkt ihr Leben bestimmen. Sie haben keine Ziele im Leben, keinen Ehrgeiz, keine Pläne für bestimmte Aktivitäten und fühlen sich dadurch dem Treiben um sie herum hilflos ausgeliefert. Einmal abgesehen von der höheren Oktave des unzielgerichteten Tuns um seiner selbst willen, werden sie vom Wind des Lebens durch die Tage ihres Daseins gepustet und gewirbelt, um irgendwann in einer Ecke liegen zu bleiben und zu verwelken. Ein Teil der Therapie depressiver Menschen besteht darin, dass sie sich Aufgaben und Ziele setzen. Ich erwähne das, weil Stress, wenn er intensiv genug ist und lange genug anhält, nicht selten zu Depressionen führt. In diesem Zusammenhang beschreibt der französische Soziologe Alain Ehrenberg in seinem gleichnamigen Buch das „erschöpfte Selbst", das mit den sich ständig verändernden Regeln der modernen Gesellschaft überfordert ist. Ging es früher um Disziplin, Moral, Konformität und Gehorsam, erwartet man heute Flexibilität, Selbstverantwortlichkeit und vor allem Tempo. Es wird also erwartet, dass wir Halt finden in einer instabilen, provisorischen Welt, mit Hilfe eines Selbst, das *selbst* permanenter Umstrukturierung unterworfen ist. Das bedeutet, keine Klarheit, keine Orientierung, nichts Beständiges oder irgendetwas, an dem man in diesem Ozean des Seins ein Tau festmachen könnte.

Das war wieder einmal eine schlechte Nachricht, der aber die gute auf dem Fuße folgt: Wenn uns im Außen kein Halt und keine Orientierung geboten werden, dann können wir lernen, sie uns selbst zu geben. Diese Handlungsoption ist eine der Maßnahmen, die uns von dem im Stress vorherrschenden Gefühl des Ausgeliefertseins an das Geschehen befreit. Sich Aufgaben und Ziele zu setzen ist jedoch auch ein Wagnis, bei dem bestimmte Dinge beachtet werden sollten, damit der kometenhaft aufsteigende Stern unserer Bemühungen nicht ebenso kometenhaft wieder verlöscht oder sich sogar kontraproduktiv auswirkt. Ziele sind motivierend, weil sie freiwillig sind. Außerdem stärken sie das Selbstbewusstsein, vorausgesetzt, bestimmte Dinge im Umgang mit ihnen werden beachtet.

Bevor wir hier weitermachen, bitte ich Sie, spontan zwei Ziele aufzuschreiben, die Sie gerne erreichen würden:
a)   ein privates Ziel
b)   ein berufliches Ziel

Wir schauen uns das später noch einmal genauer an.

An einer Weggabel angelangt, fragte Alice die Katze:
„Welchen Weg soll ich nehmen?"
„Es hängt davon ab, wo du hinwillst", antwortete die Katze.
„Ach, das ist mir eigentlich gleichgültig."
„Wenn es dir egal ist, wo du ankommst", sagte die Katze,
„dann ist auch egal, welchen Weg du nimmst."
                              Lewis Carroll, Alice im Wunderland

Warum setzen viele Menschen sich keine Ziele? Ein Ziel setzt immer eine Entscheidung voraus. Wenn wir uns jedoch für eine Sache entscheiden, fällt ihr oft eine andere zum Opfer. Sich zu *ent*-scheiden heißt bekanntlich auch, sich zu *be*-scheiden. Wer sich scheut, eine Entscheidung zu treffen, kann auch keine Ziele setzen. Das wissen wir spätestens seit Alice im Wunderland. Eine weitere Fraktion der Zielsetzungsunwilligen sind die Zeitgenossen, die sich in ihrem Leben bereits Ziele gesetzt, sie aber nicht erreicht haben. Sie haben den Schluss daraus gezogen, künftige Niederlagen zu vermeiden, indem sie sich gar nicht erst etwas vornehmen. Der Schmerz, das Gewünschte nicht erreicht zu haben, hat ihr Selbstbewusstsein tief untergraben und sie ab jetzt zur Handlungsunfähigkeit verdammt. *Würden* sie den Prozess der Zielsetzung und die beschrittenen Wege jedoch untersuchen und *würden* sie damit aufhören, jedes Resultat als Niederlage festzuschreiben, *könnten* sie möglicherweise feststellen, dass das Nicht-Erreichen der Ziele weniger in ihrer Person als vielmehr in der Art und Weise des Vorgehens begründet war. Bevor wir mit den Zielen weitermachen, möchte ich das Thema der Bewertung des Scheiterns noch einmal aufgreifen. Führen Sie sich bei Ihrem Tun vor Augen, dass eine Niederlage, ein Scheitern, immer „vermeintlich" sind. Sie sind nur dann negativ behaftet, wenn Sie selbst dafür sorgen, indem Sie dem für sich genommen neutralen Ergebnis, dem Resultat, das Prädikat persönlichen Versagens geben. Erst das macht es wirklich dazu, schreibt es fest und nagt an den Grundfesten Ihres Selbstwertes.

> *Manchmal möchte ich die Person sein,*
> *die mein Hund in mir sieht.*
>
> Quelle unbekannt

Ziele müssen realistisch sein

Unrealistische Ziele fördern Stress. Ziele, die Sie sich setzen, müssen überschaubar und glaubhaft sein und Ihren persönlichen Fähigkeiten und Überzeugungen entsprechen, wenn sie erreichbar sein sollen. Beim Setzen von Zielen geht es immer um das Maß der richtigen Größe; zu groß ist ebenso kontraproduktiv wie zu klein. Wenn Sie kleine Brötchen backen, stellen Ihnen Körper und Geist die dementsprechende Energie zur Verfügung. Da sind beide sehr ökonomisch. Zu große Ziele hingegen erweisen sich häufig als beständig sprudelnde Quelle von Stress, weil wir ihnen ständig hinterherhecheln, ohne sie jemals zu erreichen. Der Sportpsychologe und Trainer für Spitzensportler, Dr. James E. Loehr, weiß, worüber er redet, wenn er mahnt, dass man russisches Roulette mit seinem Selbstbewusstsein spiele, wenn man sich unerreichbare Ziele setze.

Ziele richtig formulieren

Die Wahl Ihrer Sprache beeinflusst Ihr Unterbewusstsein. Wenn Sie Ihre Ziele in der Möglichkeitsform formulieren, setzt Sie das zwar nicht unter Druck, wird aber vom Bewusstsein möglicherweise nicht als Arbeitsauftrag verstanden. Also halten Sie sich ruhig ein Hintertürchen offen und bleiben Sie dennoch konkret:

Nicht: *„Ich werde daran arbeiten, dass …"*, sondern: *„Ich arbeite daran, dass …"*

Nicht: *„Ich werde mich bemühen …"*, sondern: *„Ich bemühe mich …"*

Formulieren Sie möglichst unmissverständlich. Unser Hirn soll ja verstehen, was wir von ihm wollen. Das ist so, als würden Sie mit einer Person reden und sie um etwas bitten. Zum Beispiel: *„Sei doch aufmerksamer!"* Was tut die Person daraufhin? Vielleicht hilflos mit den Schultern zucken, weil sie nicht weiß, was von ihr verlangt wird, was sie *tun* soll. Die Aussage *„Bitte halte den nachfolgenden Personen die Tür auf"* ist hingegen eine klare Anweisung.

Auf die Ziele bezogen könnte das heißen:

Nicht: *„Ich werde die Umsätze in diesem Jahr um 20 % steigern"*, sondern: *„Ich rufe jeden Tag fünf neue Kunden an."*

Nicht: *„Ab jetzt wird das Wohnzimmer immer sauber sein"*, sondern: *„Ab sofort lasse ich die Kinder erst dann fernsehen, wenn sie zuvor ihre Sachen aus dem Wohnzimmer geräumt haben."*

Etappenziele setzen

> *„Siehst du, Momo", sagte er dann zum Beispiel, „es ist so:*
> *Manchmal hat man eine sehr lange Straße vor sich.*
> *Man denkt, die ist so schrecklich lang;*
> *das kann man niemals schaffen, denkt man."*
> *Er blickte eine Weile schweigend vor sich hin,*
> *dann fuhr er fort: „Und dann fängt man an, sich zu beeilen.*
> *Und man eilt sich immer mehr.*
> *Jedes Mal, wenn man aufblickt, sieht man,*
> *dass es gar nicht weniger wird, was noch vor einem liegt.*
> *Und man strengt sich noch mehr an,*
> *man kriegt es mit der Angst, und zum Schluss*
> *ist man ganz außer Puste und kann nicht mehr.*
> *Und die Straße liegt immer noch vor einem.*
> *So darf man es nicht machen."*
>
> *Michael Ende, Momo*

Packen Sie Ihre Päckchen nicht zu groß. Etappenziele setzen bedeutet, Teilziele zu setzen. Portionieren Sie das große Ziel in verschiedene kleine Aufgaben. Das hat den Vorteil, dass Ihnen auf dem langen Weg zum Ziel erstens nicht die Puste ausgeht und Sie zweitens in den Genuss lauter kleiner Zwischenerfolge kommen. Das motiviert! Nehmen Sie sich also nicht vor, ab morgen keinen Zucker mehr zu sich zu nehmen, sondern beginnen Sie damit, zunächst einmal den Zucker im Tee wegzulassen. Im nächsten Schritt verzichten Sie auf den nachmittäglichen Müsliriegel und später setzen Sie dann vielleicht noch den abendlichen „Schlickerkram" vor dem Fernseher auf die Abschussliste. Setzen Sie sich nicht das Ziel, keinen Kaffee mehr zu trinken, sondern reduzieren Sie Ihren Konsum auf zwei Tassen pro Tag.

Ein Buch zu schreiben ist ein schönes Beispiel für das sukzessive Heranarbeiten an ein Hauptziel. Auf dem Weg zum Ziel (das Buch) wird es einzelne Kapitel geben, die aus Unterkapiteln bestehen, die wiederum aus einzelnen Seiten bestehen, die in einem bestimmten Tagespensum geschrieben werden.

Behalten Sie also Ihr Hauptziel wie einen Leuchtturm vor Augen, während Sie immer wieder danach schauen, Teilziele auf dem Weg dorthin zu definieren. Diese arbeiten Sie dann Schritt für Schritt gemütlich ab.

Keinen Zeitdruck aufbauen

Vermeiden Sie jede Form von Absolutismus: „nie mehr", „für immer", „ab jetzt". Das ist ein hoher Anspruch, dessen Joch sich jedes Jahr zu Silvester unzählige Menschen unterwerfen. Das Ergebnis dieses Absolutismus ist bekannt: In der Regel funktioniert er nicht. Ich hörte einmal, wie jemand gefragt wurde, ob er Vegetarier sei, und er antwortete: *„Oft und gerne."* Er nahm sich damit den Druck, für immer Vegetarier sein zu *müssen*, und das gab ihm die Freiheit, sich in jeder Minute neu dafür entscheiden zu können.

Es bewährt sich bei bestimmten Zielen, sie zunächst (vielleicht auch immer wieder) zeitlich zu begrenzen. *„Ich verzichte eine Woche lang auf Kaffee"* erscheint realistischer als: *„Ab jetzt trinke ich nie mehr Kaffee."* Auf den kolossalen Druck eines *„nie mehr"* können wir getrost verzichten.

Authentizität von Zielen

Ob Sie es glauben oder nicht, manchmal wollen wir Dinge, die wollen wir gar nicht.

Das hängt damit zusammen, dass wir ein Tagesbewusstsein und ein Unterbewusstsein haben. Die beiden sind wie ein Ehepaar: Bestenfalls sind sie sich einig, aber häufig sind sie es nicht. So kann es passieren, dass wir mit unserem normalen Verstand etwas anstreben, gegen das das Unterbewusstsein Einwände hat und unserem Vorhaben ständig in die Suppe spuckt. Dieser Vorgang bleibt für uns zunächst unbemerkt, wir erkennen ihn nur an seinen Auswirkungen.

Während meiner Heilpraktikerausbildung erlebte ich einmal den Fall einer Frau, die sehr krank war. Sie versicherte uns überzeugend, gesund werden zu wollen, trotzdem war sie praktisch therapieresistent. Sie nahm alle Medikamente, kam pünktlich zu den Behandlungen und hielt sich auch sonst offenbar an alle verordneten Maßnahmen, dennoch besserte sich ihr Zustand nicht. In einem Gespräch, bei dem es eigentlich um etwas ganz anderes ging, erzählte sie von ihrem Mann und wie rührend er sich um sie kümmern würde, jetzt, wo sie so krank war. Er brächte ihr sogar Blumen mit, das hätte er das letzte Mal vor den Geburten ihrer Kinder getan. Ganz offensichtlich gab es eine tiefe Ebene in ihr, die nicht gesund werden wollte, um die Zuwendung des Partners nicht wieder zu verlieren. Das Debakel nahm ein Ende, nachdem in der Therapie an dieser Situation gearbeitet wurde.

Mir machte das deutlich, dass wir Menschen durchaus in der Lage sind, auf der bewussten Ebene bestimmte Ziele zu verfolgen, während wir sie gleichzeitig auf der unbewussten Ebene boykottieren. Es gibt sogar einen Begriff dafür: *Erfolgsvermeidungsstrategie*.

Daher mein Rat: Überprüfen Sie, ob Ihre Ziele wirklich in völligem Einklang mit Ihnen sind. Falls das nicht so ist, trägt ein Ziel bereits bei seinem Entstehen den Keim des Misserfolgs in sich.

Unbewusst ungewollte Ziele

Achten Sie bei Ihren Vorhaben darauf, dass die Ziele, die Sie sich setzen, auch wirklich *Ihre* Ziele sind. In den Beratungen und Coachings erlebe ich immer wieder, dass Menschen deshalb gestresst sind, weil sie die Erwartungen, Bedürfnisse und Vorstellungen anderer zu Ihren Zielen erklärt haben. Sehr lebendig ist mir die Geschichte eines Arztes in Erinnerung, der lieber Bäcker gewesen wäre. Vermutlich hat er das nicht wörtlich gemeint, aber es war ein deutlicher Ausdruck seiner Unzufriedenheit bezüglich seines Broterwerbs. In unseren Gesprächen kam zum Vorschein, dass es der Wunsch seiner Eltern gewesen ist, einen Arzt ihren Sohn nennen zu können. (Wohl bemerkt, nicht umgekehrt). Als braver Sohn richtete er all sein Streben unbewusst auf die Ziele der Eltern aus. Erst in der Beratung wurde deutlich, warum er niemals glücklich in seinem Beruf war. Indem er die Ziele seiner Eltern zu seinen gemacht hatte, kam er nie dazu, sich zu fragen, welche Tätigkeit er selbst eigentlich gerne ausüben wollte.

Ich habe schon von erstaunlich vielen geschiedenen Männern gehört, die neben dem Trennungsschmerz auch eine gewisse Erleichterung fühlten, vor allem im Hinblick auf den Verlust des Hauses. Hecke schneiden und wöchentliches Rasenmähen gehörten endlich der Vergangenheit an. Es hat mich wirklich erstaunt, wie viele Männer mir erzählt haben, dass der Traum vom eigenen Haus nie ihr Traum war. Es war der Traum der Partnerin, den sie im Zuge des Familienaufbaus notgedrungen mit ihr geteilt haben. Sie haben also eine mehr oder weniger lange Zeit Ziele verfolgt, die nicht ihre eigenen waren.

So können wir also selbst gesetzte Ziele unbewusst vereiteln, weil wir uns nie gefragt haben, ob das, was wir da anstreben, wirklich und ohne Zweifel das ist, was wir wollen, und nicht etwas, das wir meinen, tun zu müssen.

Verlorene Ziele

Leben ändert sich und mit ihm viele Dinge. Manchmal befinden wir uns in einer Situation, in der uns bestimmte Ziele erstrebenswert erscheinen. Mit preußischer Gründlichkeit verfolgen wir sie, ohne uns mittendrin zu fragen, ob sie wirklich noch aktuell sind. Manchmal verfolgen wir sie sinnentleert einfach nur aus dem Grund, dass wir sie irgendwann einmal zum Ziel erklärt haben.

Ich erinnere mich an eine Freundin, die den Vater ihrer Kinder an eine andere Frau verlor. Sie erzählte mir später, dass sie ihn unbedingt zurückhaben wollte. Nach einem Jahr kehrte er tatsächlich reumütig zu ihr zurück und zunächst war sie überglücklich. Aber bereits nach kurzer Zeit stellte sie völlig überrascht fest, dass sie ihn im Grunde nicht mehr haben wollte – und trennte sich endgültig von ihm.

Wenn's nicht geklappt hat

Oberste Prämisse bei allem, was mit Zielen zu tun hat, muss immer sein: Koppeln Sie Ihr Selbstwertgefühl vom Erfolg erreichter oder unerreichter Ziele ab. Das gilt wirklich auch für erreichte Ziele, denn ein Ego, das sich auf Leistung gründet, ist schwach und brüchig.

Nehmen Sie die gescheiterte Situation leidenschaftslos als *Resultat* an, aus dem Sie wichtige Erkenntnisse für weiteres künftiges Vorgehen ableiten können. In jedem Fall hat das vermeintliche Scheitern Ihren Erfahrungsschatz erhöht; Ihre Mühen waren deshalb keineswegs umsonst.

Analysieren Sie das Geschehen. Es kann nämlich ganz verschiedene Gründe geben, weshalb Ihr Vorhaben nicht so gelungen ist, wie Sie es sich vorgestellt haben. Gehen Sie dazu folgenden Fragen auf den Grund:

1. Unterlagen alle mit dem Ziel zusammenhängenden Parameter meiner Kontrolle oder waren sie nur bedingt planbar?
2. War das Ziel realistisch? War es möglicherweise zu hoch gesteckt? Entsprach es meinen Fähigkeiten, meinem Arbeitstempo und den nötigen Rahmenbedingungen?
3. War das Vorhaben unmissverständlich und zielgerichtet formuliert?
4. Hätte ich noch kleinere Teilziele definieren müssen?
5. Stimmte der Zeitrahmen?
6. Wollte ich das, was ich mir als Ziel gesetzt hatte, wirklich?
7. Will ich das, was ich mir als Ziel gesetzt hatte, immer noch?

Kommen wir noch einmal zurück auf Ihre vorhin formulierten Ziele. Schauen Sie sich diese Ziele mit Ihrem neu erworbenen Wissen noch einmal an. Welche Gefühle haben Sie dabei? Am besten ist, Sie schreiben sich das gleich dazu.

Übung

Nehmen Sie sich einmal die verschiedenen Rollen vor, die Sie in Ihrem Leben spielen. Überprüfen Sie die Ziele, die Sie bislang verfolgt haben.

1. Welche „Rollen" spiele ich in meinem Leben? (Eltern, Kind, Partner, selbstständiger Unternehmer, Hausfrau, Führungskraft etc.)
2. Welche Ansprüche stelle ich an die jeweilige Rolle?
3. Welche Ziele habe ich bislang in der Rolle als (...) verfolgt? „Mein Ziel als (...) war es bislang..."

4. Finden Sie dabei heraus, ob es Ziele gibt, die Ihnen Bauch-schmerzen machen. Analysieren Sie diese Ziele.
5. Setzen Sie sich neue, zeitgemäße, authentische Ziele für diejeni-gen, hinter denen Sie nicht mehr stehen.

Wichtig bei diesem „Spiel" ist, dass Sie es meditativ angehen. Machen Sie es in Ruhe und lassen Sie sich viel Zeit dabei. Atmen Sie zwischendurch immer wieder einmal bewusst in Ihren Bauch und schreiben Sie die Gefühle auf, die bei den einzelnen Schritten auftauchen.

Ballast abwerfen

Wenn Sie wissen wollen, was im Hirn eines Menschen los ist, dann sehen Sie sich seinen Schreibtisch an.

Doris Kirch

Wenn Sie in der Schwere von Stress versinken, dann sollten Sie Ballast abwerfen, um wieder leichter zu werden. Alle Dinge, mit denen Sie sich umgeben und die Sie festhalten, fordern Ihre Aufmerksamkeit, Ihre Zeit und Ihre Energie ein. Trennen Sie sich von allem Überlebten, von allem, was Sie nervt: Misten Sie aus, räumen Sie auf – und zwar außen ebenso wie innen. Ich nenne das *äußeres und inneres Feng Shui*. Das Ziel von Feng Shui in Räumen ist Konzentration auf das Wesentliche, Ordnung, Ausgewogenheit, Harmonie, Schönheit und positive Energie. Die Energie muss flie-ßen können wie ein warmer Golfstrom, sodass Sie sich ruhig, klar und in sich geborgen fühlen. Und genau das erreichen Sie auch in Ihrem Hirn, wenn Sie inneres Feng Shui betreiben. Es sind nämlich nicht nur materielle Gegenstände, sondern Gedanken, Verhaltens-weisen, Ansichten, Beziehungen und Ähnliches, die uns belasten und blockieren.

Eine effektive und handfeste Maßnahme zur Stressbewältigung ist das Aufräumen des Schreibtisches. Glauben Sie niemandem, der Ihnen erzählt, es wäre „schick", ein „kreativer Chaot" zu sein. Dieses Prädikat vergibt nämlich eine deutsche Unternehmensberaterin an all jene, die – wie sie – das Chaos in ihrem Hirn auf ihrem Schreibtisch manifest werden lassen. Auf mich hat noch niemand mit einem überladenen, verkramten Schreibtisch einen „aufgeräumten" Eindruck gemacht.

Andererseits werden Sie die Erfahrung machen, dass eine Sie umgebende Ordnung auch Ruhe ins Hirn und damit in die Gedanken bringt. Sie vermindert das Chaos, das zum Gefühl des Ausgeliefertseins führt, welches wiederum den Stresspegel in die Höhe treibt. Um Stress zu senken, sollten Sie sich deshalb angewöhnen, Übersichtlichkeit in Ihrem Arbeitsumfeld zu wahren. Planen Sie dafür feste Zeiten ein. Bei mir kann zum Beispiel Freitagnachmittag niemand einen Termin bekommen, denn das ist meine Schreibtischaufräumzeit.

Im Leben jedes Menschen gibt es Etliches, das sich längst schon selbst überlebt hat. Falls Sie sich nicht darüber im Klaren sind, was in Ihrem Leben bereits seine Daseinsberechtigung verloren hat, gehen Sie die Sache kreativ an. Machen Sie eine kleine Phantasiereise, in der Sie sich wahlweise oder nacheinander folgende Szenarien vorstellen, und beantworten Sie sich dabei selbst die entsprechenden Fragen:

Millionen-Gewinn
Sie haben sechs Richtige im Lotto gewonnen. Leben Sie weiter wie bisher? Falls nein, was ändern Sie?

Einsame Insel
Sie müssen eine unbestimmt lange Zeit auf einer einsamen Insel verbringen. Welche Person/en nehmen Sie mit? Wen lassen Sie garantiert zurück? Welche Dinge nehmen Sie mit? Wovon fühlen Sie sich befreit?

Weltreise

Sie bekommen eine dreimonatige Reise an einen Ort Ihrer Wahl geschenkt. Wohin reisen Sie? Wer begleitet Sie? Was befindet sich in Ihren Koffern?

Herrscherpalast

Sie sind Herrscherin oder Herrscher mit unbegrenzter Macht. Zahlreiche Menschen buhlen um Ihre Gunst. Wer darf Ihren Palast betreten? Wer wird ihn niemals betreten? Wer darf mit Ihnen speisen? Wer wird zur Audienz vorgelassen?

Vielleicht erscheint Ihnen dieses Spiel etwas banal, aber das ist es keineswegs. Sie werden überrascht sein, welche Erkenntnisse Sie daraus ziehen, wenn Sie sich darauf einlassen.

Eines der Lieblingsbücher meiner jüngsten Tochter war „Der kleine König". In einer Geschichte ging es um die Verantwortlichkeit für ein Ei. Der kleine König sagte: „Wenn einer ein Ei legt, dann muss er sich drum kümmern." In der Tat ist jedes neue Ei etwas, um das wir uns kümmern müssen. Ob es sich dabei um ein Kind handelt, ein Hobby, ein Möbelstück oder einen neuen Blumenkübel für den Garten. Jedes Ei hingegen, das Sie sich vom Hals schaffen, erweitert Ihren Freiraum. Keinen Freiraum, den Sie sofort wieder mit neuen Projekten und Aktivitäten zustopfen sollten, sondern einen Raum, um öfter mal im Stress senkenden Seins-Modus zu verweilen und Dinge ganz allgemein ruhiger anzugehen.

Affen von den Schultern schaffen

Sie haben Affen auf den Schultern. Das glauben Sie nicht? Aber es ist wirklich so.

Das Bild des Affen auf der Schulter wurde vor rund 30 Jahren im Bereich der Führungskräfte-Entwicklung von dem Manager William Oncken geprägt. Affen sind zum Beispiel zu erledigende Dinge, Projekte oder Verantwortlichkeiten. Jeder von uns hat seine eigenen Affen auf den Schultern. Viel zu oft lassen wir uns jedoch die Affen anderer auf unsere Schultern setzen.

Ich bitte eine Mitarbeiterin, mir eine Aufstellung in Form einer Excel-Tabelle zu machen. Am nächsten Tag liegen die Unterlagen mit der Notiz „Ich kann kein Excel" wieder auf meinem Schreibtisch. Der Affe hängt in der Luft. Ich entscheide mich dazu, ihr ein Handbuch zu geben, und bitte sie, sich in die Bedienung des Programms einzuarbeiten, da sie für mich im Laufe der Zeit noch weitere Aufstellungen machen soll. Für die Liste gebe ich ihr zwei Tage mehr Zeit. Der Affe ist dort, wo er hingehört.

Schlimmer noch ist die Angewohnheit, anderen ihre Affen abzunehmen und sie sich selbst auf die Schulter zu setzen. „Oh, du musst noch einkaufen! Das kann ich doch für dich tun."
Oder: Die Familie sitzt am Tisch und die Zehnjährige sagt: „Ich habe Durst." Eigentlich könnte sie aufstehen und sich etwas zu trinken holen. Aber Opa übernimmt gerne den Affen, springt wortlos auf und bringt dem Kind ein Glas Wasser.

Mit wahrer Hilfsbereitschaft hat das nichts zu tun. Warum nicht? Weil es sich hier eher um einen reflektiven Automatismus handelt als um eine klar überlegte, sich ihrer Bedeutung und Konsequenzen bewusste Handlung. Ich schätze, das kennen wir alle, dieses spontane Angebot zur Unterstützung, dessen Einlösung uns dann derart überfordert, dass wir wünschten, wir hätten die Klappe gehalten.

Es reicht ja nicht, dass die Affen nur so dasitzen – die süßen kleinen Kerle wollen auch gefüttert und versorgt werden, und wenn Sie richtig Pech haben, dann vermehren sie sich auch noch ungehemmt.
Im Laufe der Zeit kann sich so eine ganze Affenhorde einnisten. Es dürfte einleuchten, dass Sie umso weniger Stress haben, je weniger Affen sich auf Ihre Kosten auf Ihren Schultern amüsieren. Allerdings wäre es nicht fair, die Affen, die zu Ihnen gehören, auf den Schultern von anderen zu verteilen. Um Klarheit über das Affenthema zu gewinnen, sollten Sie folgende Punkte berücksichtigen:

1. Schauen Sie auf Ihre Schultern. Sitzen dort vielleicht Affen von anderen? Dann bringen Sie sie dorthin, wo sie hingehören.
2. Diesen Vorgang sollten Sie von Zeit zu Zeit wiederholen.
3. Achten Sie darauf, wo Sie dazu neigen, sich unbemerkt Affen auf die Schultern setzen zu lassen.
4. Achten Sie darauf, wo Sie dazu neigen, Affen selbstständig zu übernehmen (die Probleme anderer zu den eigenen zu machen).
5. Wenn Sie den Affen eines anderen übernehmen möchten, was ja auch mal vorkommen kann, dann tun Sie das mit klarem Verstand, in vollem Bewusstsein über Bedeutung und Konsequenzen Ihrer Hilfestellung.

Verbundenheit –
das Lebens-Sicherheitsnetz

Vernetzung ist in aller Munde. Überall entstehen Netzwerke und Kooperationen. Das Volk rottet sich zusammen. Das haben wir Menschen schon immer getan – seit es uns gibt – um Angst zu besiegen, Pfründe zu sichern und uns geschützt zu fühlen.

Unabhängig von wirtschaftlichen Zusammenschlüssen geht es mir hier vor allem um die persönlichen sozialen Verbindungen. In seinem Buch „Sanftes Sterben" erwähnt der Psychologe Reinhard Tausch eine Untersuchung, bei der alte Menschen auf ihr Leben zurückblicken und sagen sollten, was das Wichtigste darin gewesen sei. Die meisten von ihnen betonten, dass es menschliche Begegnungen gewesen seien, die für sie zu den bedeutungsvollsten und bereicherndsten Erfahrungen gehört hätten.

Im medizinischen Bereich der Psychoneuroimmunologie forscht man detektivisch danach, wie sich das, was wir im Leben so treiben, auf unsere Gesundheit auswirkt. Inzwischen gibt es zahlreiche Studien darüber, dass Menschen, die in geordneten, harmonischen Familienverbänden leben, gesünder sind. Und umgekehrt: Wer solche Strukturen nicht nutzt, ist öfter krank und stirbt früher. Ganz besonders Herzerkrankungen werden mit dem Thema der sozialen Isolation in Verbindung gebracht. Es ist schon nachdenkenswert, wenn man sich vor Augen führt, dass Herzversagen die häufigste Todesursache in Deutschland ist.

Der Psychoneuroimmunologe Dr. Paul Ka'ikena Pearsall stellt in seinem Buch „Aloha, die Lust am Leben" die polynesische Art des Umgangs mit dem Leben der westlichen gegenüber. Das Ergebnis ist ein offensichtliches Armutszeugnis für unsere Gesellschaft. Unsere auf sich selbst fixierte Ellenbogengesellschaft hat unter dem Dauerbeschuss der bunten Werbewunderwelt und dem bewusstlosen Taumel des täglichen Überlebenskampfes den Bezug zum Lebendigen und zu dem, was darüber hinausgeht, so ziemlich verloren. Der Preis für diese Isolation ist Angst. Der Psychoanalytiker Erich Fromm (1900–1980) ging sogar so weit, das Gefühl der Isolation als die ursprüngliche Quelle jeder Angst zu bezeichnen. In seinem Bestseller „Die Kunst des Liebens" schreibt er dazu: „Die Erfahrung dieses Abgetrenntseins erregt Angst, ja sie ist tatsächlich die Quelle aller Angst. Abgetrennt sein heißt abgeschnitten sein und ohne jede Möglichkeit, die eigenen Kräfte zu nutzen. Daher heißt abgetrennt sein, hilflos sein, unfähig sein, die Welt – Dinge wie Menschen – mit eigenen Kräften zu erfassen; es heißt, dass die Welt über mich herfallen kann, ohne dass ich in der Lage bin, darauf zu reagieren." Sie erinnern sich: Stress entsteht durch das Gefühl, eine Sache nicht beeinflussen zu können, sich ihr völlig hilflos ausgeliefert zu fühlen. Somit wird klar, wie sehr der Rückzug von Familie und Freunden und das Fehlen transzendenter Verbundenheit die Stressspirale noch weiter nach oben schrauben kann. Wenn wir uns von anderen absondern, entsteht ein Gefühl des Getrenntseins. Die Angst, die daraus resultiert, trifft uns mit unerbittlicher Härte und treibt uns tiefer in den Stress.

Freunde und Familie zählen zwar oft selbst zu den Stressoren, aber wir kommen um die Tatsache nicht herum, dass die Gemeinschaft für unser Wohlbefinden überlebenswichtig ist. So wollte ich zunächst auch nur darüber schreiben, welche Rolle Freunde und Familie bei der Stressbewältigung spielen. Je mehr ich mich jedoch in das Thema hineindachte und -fühlte, umso mehr wurde mir klar, dass dahinter eine Verbundenheit steht, die noch größer und noch bedeutungsvoller ist: die Verbundenheit mit dem Leben schlecht-hin. So werde ich mich also schrittweise durch dieses komplexe Thema arbeiten und hoffe, dass am Ende die elementare Bedeutung der Verbundenheit mit *den* Anderen und *dem* Anderen für Sie deutlich geworden ist.

Verbundenheit mit Freunden

Beginnen wir mit dem Unverfänglichsten. Warum gibt es Lions und Rotarier; warum gab es Logen zu allen Zeiten? Trinkfestes pseudomännliches Verbrüderungsgehabe? Sicherlich nicht nur. Die Brüder haben nämlich etwas begriffen: Wir müssen zusammenhalten, wenn wir es zu etwas bringen wollen. Eine Gemeinschaft bietet Unterstützung, Halt und Orientierung in Krisenzeiten. Sie werden nicht erleben, dass es in einer gut funktionierenden Loge jemanden gibt, der ohne Arbeit wäre. Die Mitglieder können sich gegenseitig aufeinander verlassen. Jeder hat die beruhigende Gewissheit, dass andere da sind, die ihm helfen, wenn er in Not ist. Und jeder Einzelne stärkt seinen Selbstwert aus der Tatsache, dass auch er anderen etwas zu geben hat, wenn sie seine Hilfe benötigen. Er ist ein vollwertiger, bedeutungsvoller Bestandteil einer verlässlichen Gemeinschaft. Die Mitglieder engagieren sich gemeinsam in sozialen Projekten und die Pflege des Gemeinschaftsgeistes wird sehr hoch gehalten. Auch eine Art von großer Familie, wenn Sie so wollen.

Gleiches gilt auch für Religionsgemeinschaften, Gewerkschaften, Vereine und so weiter. Solche Zusammenschlüsse sind ein schönes Beispiel für die Macht und den Schutz von Verbundenheit mit Gleichgesinnten, mit Freunden.

Der Unternehmensberater und Buchautor „Mr. Make Things Happen", Harvey Mackay, beschreibt mit dem Titel seines Buches *„Suche dir Freunde, bevor du sie brauchst"* ziemlich genau, worum es geht. Das Buch ist zwar sehr amerikanisch (mit „sich Freunde suchen" meint er nämlich den berechnenden Aufbau eines nützlichen Beziehungsnetzwerkes), dennoch gibt es einige Anregungen zum Nachdenken, zum Beispiel die Geschichte eines Mannes in Not. Er war in eine vorübergehende finanzielle Notlage geraten und brauchte eine größere Summe Geldes zur Überbrückung. Er rief nachts um zwei Uhr bei einem befreundeten Unternehmer an, bei dem er sich zuvor schon lange nicht mehr hatte blicken lassen, und bat ihn um Unterstützung. Dieser Unternehmer erzählte dem Autor später, er habe dem Anrufer nur die halbe Summe des benötigten Geldes gegeben, obwohl er ihm den gesamten Betrag hätte geben können. Er war leicht düpiert darüber, dass der alte Freund sich erst dann bei ihm meldete, als er Geld von ihm haben wollte. Sicherlich nicht die feine englische Art, aber so wie dieser Mann denken vermutlich die meisten. Mackay empfiehlt daher seinen Lesern, ihre sozialen Kontakte zu pflegen und auch immer wieder einmal neue aufzubauen, denn: Zwei Uhr nachts ist eine verdammt lausige Zeit, um sich neue Freunde zu suchen.

Freunde können für uns materielle Helfer in der Not sein, aber sie können auch einfach da sein, um schöne, entspannende Stunden zu genießen, um gute Gespräche über Gott und die Welt zu führen, um zu trösten und um zuzuhören, wenn wir einmal unser Herz erleichtern möchten.

Wen können Sie nachts um zwei Uhr anrufen?

Verbundenheit mit der Familie – eine Hass-Liebe der besonderen Art

Ach ja, die liebe Familie... Da sie bei vielen Menschen den Hauptstressor darstellt, ist es etwas heikel, hier über ihren Wert zu schreiben. In früheren Jahren hätte ich selbst nie geglaubt, dass ich einmal eine Lanze für die Familie brechen würde. Familie, das war für mich das Synonym für Verpflichtung und Grenzverletzung. In der Jugend war ich schlicht noch zu vernagelt von meiner eigenen Ich-Bezogenheit und meinen Anspruchshaltungen, die mir die vorurteilsfreie Sicht auf die Dinge versperrten. Wie ich in Beratungen immer wieder feststelle, geht es vielen Menschen wie mir. Allerdings befinden sich die meisten in einem Alter, in dem sie diese Hürde bereits genommen haben sollten. Die Praxis zeigt jedoch, dass das in der Regel nicht der Fall ist. Viele Zeitgenossen tragen selbst aktiv mit dazu bei, ihre „Familien-Hölle" immer noch ein bisschen mehr anzuheizen. Zum Beispiel dadurch, dass sie zulassen, von dem Schmerz unerfüllter Bedürfnisse aus Kindertagen heute noch beherrscht zu werden. Indem sie heute noch fordern, anstatt zu geben, und verurteilen, anstatt sich darum zu bemühen, zu verstehen, was andere taten und tun, und indem sie unerbittlich nachtragend sind, anstatt zu vergeben. Ihr eigener Ich-Anspruch ist so groß, dass nichts Fruchtbares in dessen Umfeld gedeihen kann. Nach annähernd zwanzig Jahren Beratungserfahrung kann ich Ihnen versichern, dass diese Darstellung nicht die Ausnahme, sondern die traurige Regel ist. Ich rede hier nicht von *objektiven* Verletzungen durch die Familie. Ich rede hier von „ganz normalen", durchschnittlichen Familien, die sich mit ihrem täglichen Kleinkrieg das Leben unnötig schwer machen.

Wenn Sie unter Stress leiden und Ihre Familie ein Hauptstressor für Sie ist, dann wird das Thema natürlich zur „Baustelle". Als Coach würde ich Ihnen raten, das Geschehen einmal aus einer distanzierten Sicht zu betrachten und herauszufinden, ob Sie vielleicht Ihren persönlichen Anteil zu dieser Situation leisten.

Diese Auseinandersetzung kann wertvoll für Sie sein, denn Familie hat ihrer Bedeutung nach (auch) eine stützende und hilfreiche Komponente. In einer funktionierenden Familie werden wir geschätzt, unterstützt und geliebt, und das ist wesentlich für unsere körperliche und psychische Gesundheit – und damit für unsere Lebensqualität. Die Auswirkungen fehlenden familiären Rückhalts können wir am besten bei Kindern und Jugendlichen beobachten. Das krampfhafte Bemühen vieler mit dem Überlebenskampf überforderter Eltern besteht darin, für alles aufzukommen, was ihren Kindern Wettbewerbsvorteile im Leben sichern soll. Parallel dazu leiden die Kinder an emotionaler Obdachlosigkeit. Niemand lehrt sie, wie man ein gutes Leben führt und wie man respektvoll mit anderen umgeht. Sie erfahren nichts über Liebe, Mitgefühl und über die Verbundenheit mit der Natur. Die daraus resultierende innere Verlassenheit ist es, die viele dieser Kinder in den Selbstmord oder den Amoklauf treibt.

Vor einigen Jahren las ich etwas über ein Forschungsprojekt, für das wieder einmal Primaten den Kopf hinhalten mussten. Man sonderte junge Affen von ihren Familien ab. Sie wurden optimal mit Nahrung versorgt, erhielten aber keinerlei „zwischenmenschliche" Zuwendung. Alle starben nach einiger Zeit.

Wir Menschen sind soziale Wesen. Wir können oft nicht miteinander, aber wir können gar nicht ohne einander – ob uns das nun passt oder nicht. Die Familie ist die kleinste Zelle einer Gesellschaft. Sich ihrer Bedeutung richtig bewusst zu werden, kann dazu führen, ihr wieder mehr Wert beizumessen. Der Lohn der Mühe: weniger Stress durch mehr Rückhalt und Geborgenheit.

Verbundenheit mit dem Leben

Wenn Sie sich nicht sicher sind, was ich mit „Verbundenheit mit dem Leben" meine, dann befinden Sie sich bestimmt in guter Gesellschaft. Die meisten denken vermutlich, dass es jetzt spirituell und / oder religiös wird. Das ist tatsächlich so, dennoch habe ich keine Lust, dem Kind einen anderen Namen zu geben, nur damit diese Ausführungen nicht milde belächelt und übersprungen werden. Irgendwer sagte einmal, dass manche Menschen über eine Wahrheit stolpern, aufstehen und weitergehen, als wäre nichts geschehen. Glücklicherweise haben wir ja immer die Wahl zwischen der „Affen-Trinität" (nichts sehen, nichts hören, nichts reden) und einem offenen Bewusstsein mit kindlicher Neugier und wissenschaftlicher Experimentierfreude – auch für ungewohnte Ansichten ...

In vielen Teilen unserer Erde müsste ich mich nicht so abstrampeln, über Transzendenz zu reden, weil dieses Wissen dort zur Allgemeinbildung gehört. Auch bei den „ungebildeten Wilden" vergangener Zeiten hätte ich ein offenes Ohr gefunden, denn sie kannten die Angst der Isolation vom Leben nicht, weil sie sich nicht als etwas von der Welt Getrenntes erlebten. Für die Indianer Amerikas beispielsweise gehört alles Belebte und (scheinbar) Unbelebte im Universum zu einer einzigen großen Familie. Tiere, Felsen, Gestirne und sogar der Wind werden von den Natives als Familienmitglieder bezeichnet. Mit dieser Anschauung entfällt die Angst aus einer fehlenden Verbindung mit dem Leben, die Erich Fromm als die Mutter aller Ängste bezeichnete.

In zahlreichen spirituellen Traditionen spricht man von der „Täuschung des Getrenntseins". Täuschung deshalb, weil wir nach deren Ansicht in Wirklichkeit niemals getrennt von allem anderen sind. Unser Verstand gaukelt uns das vor und entsprechende

Geistesschulungen und Einsichtsübungen sollen unseren getrübten Blick wieder klären und uns eine unverstellte Schau auf die Dinge ermöglichen. An dieser Stelle wird der Wert meditativer Erkenntnisse besonders deutlich. Der bereits erwähnte Betrunkene, der an einem Park vorbeikommt, an dessen Gitterstäben rüttelt und brüllt: „Lasst mich hier raus", ist ein schönes Bild für unser Desaster. Noch ein nettes Bild bietet die Zen-Geschichte „The goose is out" mit der Grundfrage: „Wie kommt die Gans in die Flasche?" Die Lösung lautet: gar nicht, denn die Gans war nie draußen.

Das ganze Leben ist ein komplexes Zusammenspiel. Seine Entsprechung findet dieses Zusammenspiel auch auf der körperlichen Ebene. Stellen Sie sich Ihren Organismus vor, Ihre Zellen. Jede weiß genau, was sie zu tun und zu lassen hat. Normalerweise. Fällt sie aus dem Verbund und ist nicht mehr in den natürlichen Regelkreis eingebunden, entartet sie und mutiert zur Krebszelle. Der Mediziner Dr. Lewis Thomas äußert sich ehrfürchtig über die Komplexität dieses Zusammenwirkens. In seinem Buch *„Das Leben überlebt. Geheimnis der Zellen"* sinniert er, dass er sich lieber ins Cockpit einer Boing 747 setzen würde, ohne etwas vom Fliegen zu verstehen, als für das einwandfreie Funktionieren seiner Leber verantwortlich sein zu müssen.

Irvin Yalom ist Professor (Emeritus) für Psychiatrie und Begründer der Existenziellen Psychotherapie. Nach seiner Auffassung ist *Isolation* einer der vier Grundkonflikte unseres Lebens. Es geht dabei zwar auch um die Isolation von anderen Menschen, aber vor allem um die Isolation vom Leben. Yalom nennt sie „die Trennung von der Welt". In seinen Theorien beschreibt er, dass jeder Mensch das Bedürfnis nach Kontakt und Schutz in sich trägt und den tief verwurzelten Wunsch, Teil von etwas Größerem zu sein.

Ich könnte diesem Thema ein eigenes Buch widmen. Warum ich hier etwas ausführlicher geworden bin, hängt mit meiner Überzeugung der Wichtigkeit von Verbundenheit zusammen, mit etwas, das „größer ist als wir selbst". Diese Angebundenheit können wir im Zusammen-Sein mit Menschen und Tieren erleben, in der Natur, beim Lesen eines gutes Buches oder beim Anhören eines

Beethoven-Konzertes. Dieses Gefühl unter dem ganzen Alltagsgerümpel immer wieder zu suchen und herzustellen, sollte Teil der eigenen Stressbewältigung sein.

Nachdem ich nun hinreichend Ihren Intellekt bedient habe, werde ich das Thema abschließen, indem ich mittels einer Geschichte das *Gefühl* von Verbundenheit in Ihnen lebendig werden lasse. Es handelt sich dabei um eine Beobachtung des Mediziners Paul Pearsall auf Hawaii.

Wenn sich die Menschen am Strand versammeln, um Wale zu erspähen, vollzieht sich das unter einem Heidenspektakel. Es wird gegessen, getrunken, im Wasser geplanscht, gelacht und gekreischt. Dann plötzlich taucht ein Wal auf und das Geschrei nimmt noch um einige Dezibel zu. Bis zu dem Moment, wo sich die mächtige Schwanzflosse des Säugers langsam aus dem Meer erhebt, immer höher steigt, einen Moment lang in der Luft zu stehen scheint, um dann wie im Zeitlupentempo wieder im Meer zu versinken. Plötzlich sind alle still. Jeder hält einen Moment lang den Atem an. Keiner sagt ein Wort oder rührt sich. Alle sind gebannt – vom Mysterium berührt. Die langsam wieder einsetzenden Gespräche sind ehrfurchtsvoll und leise.

> *Die goldene Spur war aufgeblitzt, ich war ans Ewige*
> *erinnert, an Mozart, an die Sterne.*
> *Ich konnte wieder für eine Stunde atmen, konnte leben,*
> *durfte da sein, brauchte nicht Qualen zu leiden,*
> *mich nicht zu fürchten, mich nicht zu schämen. (...)*
> *Mir war plötzlich die Tür zum Jenseits aufgegangen,*
> *ich hatte Himmel durchflogen und Gott an der Arbeit*
> *gesehen, hatte selige Schmerzen gelitten und mich*
> *gegen nichts mehr in der Welt gewehrt, mich vor nichts*
> *mehr in der Welt gefürchtet, hatte alles bejaht,*
> *hatte an alles mein Herz hingegeben.*
>
> *Hermann Hesse, Der Steppenwolf*

Wer könnte diesen Zustand der vollkommenen Verbindung besser beschreiben als (Sie ahnen es bereits) Hermann Hesse.

Haben Sie bei dieser Schilderung tief durchgeatmet; die Verbundenheit zum Leben einen Moment lang gespürt? War da ein langes, tiefes seufzendes „Jaaahh"?

Das alte Wissen aller Kulturen unserer Erde sagt, dass dieser Zustand der normale und ganz natürliche Zustand unseres Seins ist. Er sollte es zumindest sein, aber wir haben ihn auf dem Altar unserer Fortschrittshörigkeit und unserer wahnhaften Gigantomanie geopfert.

Isolation kann krank machen und sogar töten – sagen die Wissenschaftler. Der Bezug zum Thema Stress – vor allem im fortgeschrittenen Stadium, das mit der Reduzierung sozialer Kontakte einhergeht – ist unübersehbar. Aus diesem Grund:

- Überprüfen Sie Ihre sozialen Kontakte. Wen können Sie nachts um zwei Uhr anrufen?
- Verschwenden Sie Ihre Lebenszeit und -kraft nicht an Personen, die Ihnen nichts bedeuten, und konzentrieren Sie sich auf Ihre wirklichen Freunde.
- Setzen Sie sich mit Ihrer Familie auseinander. Überprüfen Sie, wo Sie selbst mehr Schwierigkeiten bereiten als bereinigen. Wo können Sie vergeben, wo sich um mehr Verständnis bemühen?
- Ziehen Sie sich von Zeit zu Zeit zurück. Genießen Sie Stille und Natur und verbinden Sie sich mit deren heilender und stärkender Kraft.
- Sagen Sie den Menschen, die Ihnen etwas bedeuten, dass das so ist und wofür Sie sie mögen, bewundern oder lieben.

Dieses Unterkapitel enthält keine Übungsanleitungen. Verbundenheit kann man nicht „erlernen"; sie ist eher ein Impuls, der nur tief in Ihnen selbst entstehen kann. Wenn das, was ich versucht habe, jenseits von Worten zu transportieren, Sie erreicht hat, dann werden meine Worte wie Samen sein, die, wenn Sie darüber nachdenken und sie in sich bewegen, in Ihnen aufgehen werden, wie Blumen.

Dem Tun einen Sinn geben

> *Wir werden ins Leben geworfen*
> *und stehen dann der Aufgabe gegenüber,*
> *ohne Wegweiser eine Richtung im Leben zu finden.*
>
> *Doris Kirch*

Wenn Sie glauben, dass ich mich nun mit Ihnen auf das dünne Eis der Frage nach dem Sinn des Lebens begebe, dann muss ich Sie leider enttäuschen. Das haben vor mir bereits andere jahrhundertelang durchgekaut, und sie sind zu derart unterschiedlichen Ergebnissen gekommen (sofern diese Philosophien überhaupt zu einem Ergebnis geführt haben), dass ich dem nichts hinzufügen werde. Die Frage nach dem Sinn des Lebens ist sowohl eine philosophische als auch eine psychologisch-spirituelle. Antworten darauf zu suchen würde Ziel und Rahmen dieses Buches sprengen.

Ich möchte mich hier auf den Zusammenhang zwischen Stress und der Sinnhaftigkeit unseres Tuns beziehen – wenngleich die Frage nach dem letztendlichen Sinn auch hier immer etwas mitschwingt.

Solange wir nicht die Haltung buddhistischer Mönche verinnerlicht haben, die Erfüllung in ihrem Schaffen finden, unabhängig davon, womit sie sich beschäftigen, brauchen wir einen Sinn in unserem Tun. Vermutlich hat das jeder von uns schon erfahren. Es gibt zahlreiche psychologische Untersuchungen, die alle zu dem Schluss führen, dass es in unserer inneren Natur liegt, uns selbst und das, was wir tun und erleben, in einen größeren, zusammenhängenden, erkennbaren Bezugsrahmen einzuordnen, damit wir unsere Handlungen darauf gründen können. Was wir wahrnehmen, versuchen wir in ein vertrautes Erklärungssystem einzupassen, und wenn das Wahrgenommene nicht ins Muster passt, fühlen wir uns hilflos, irritiert, verärgert und unzufrieden.

In früheren Zeiten war das mit der Orientierung einfacher. Da setzte der Klerus die Normen für Verhalten, Regeln und Sinn. Alles, um was es ging, war „gottgefällig" zu sein, zum Ruhme des Herrn. Die Frage nach Sinn erübrigte sich, da die Antwort bereits frei Haus geliefert wurde, bevor sie jemand stellen konnte.

Heute sind die meisten Sinngebungen verschwunden. Wir leben in industrialisierten Großstädten einer entmystifizierten Welt ohne ein religiös-spirituell begründetes kosmisches Sinngefüge und losgelöst von der Verbindung zu natürlichen Zyklen. Und das, was von dem einstigen Sinn der Arbeit geblieben ist, ergibt für uns schon lange keinen Sinn mehr.

Das war die schlechte Nachricht – und ihr folgt wie immer die gute auf dem Fuße: Wir können lernen, uns selbst Sinn zu geben. Und wieder ist es Dichter Hesse, der uns auf die Sprünge hilft, indem er uns darauf hinweist, dass das Leben genau so viel Sinn hat, wie wir ihm zu geben imstande sind. Diese Aussage erscheint zunächst wie eine harte Nuss. Deshalb lassen Sie mich ein Beispiel dafür geben, wie sie praktisch gelebt aussehen kann. Eine Freundin von mir, ausgebildete Akademikerin, wurde vom Arbeitsamt in ein Call-Center der Telekom gesteckt. Tagein, tagaus kam sie mit dicken Ohren und schwerem Herzen nach Hause. Es war für sie kaum auszuhalten, den ganzen Tag lang von morgens bis abends von unzufriedenen Kunden angemault und angeschrieen zu werden. Als alleinerziehende Mutter von drei Kindern konnte sie es sich nicht leisten zu kündigen. Da sie die Situation also nicht ändern konnte, beschloss sie, ihren Umgang damit zu ändern. Als sie die Situation analysiert hatte, verspürte sie auch Mitgefühl mit den Anrufern, die in der Regel allen Grund hatten, wütend zu sein. Ihr wurde klar, dass sie jedem dieser armen Menschen helfen konnte, ihren Tag wieder besser zu machen, indem sie ein Problem für sie löste. So ging sie von diesem Tag an mitfühlend mit den Anrufern um, hörte ihnen geduldig zu und zeigte

Verständnis für deren Verärgerung. Sie sah sich als gute Fee, die den Menschen ihre Harmonie für den Alltag zurückgab, und ging abends mit einem Gefühl der tiefen Befriedigung nach Hause.

Wir haben schon ausführlich darüber gesprochen, dass wir in jeder Situation die Wahl haben, wie wir damit umgehen. Hier bestand die Wahl darin, dem eigenen Tun eine Sinnhaftigkeit zu geben. Es heißt, dass der, der an der Erreichung seiner eigenen Ziele arbeitet, schnell erschöpft sein wird, und dass der, der zum Wohle anderer arbeitet, über grenzenlose Energien verfügen wird. Verstehen Sie mich richtig: Zum Wohle anderer zu arbeiten bedeutet nicht, sich von ihnen für deren Ziele instrumentalisieren zu lassen. Keinesfalls geht es dabei um ein unaufgearbeitetes Heiler-Helfer-Syndrom. Es geht darum, das Leben anderer Menschen aus einer inneren Haltung des tiefen Mitgefühls heraus verbessern zu wollen. Es gibt nur wenige Menschen, die über solch eine altruistische Haltung verfügen, aber der Buddhismus zum Beispiel kennt Übungen, mit denen Mitgefühl und Liebe kultiviert werden können. Die Basis bildet immer eine autarke Persönlichkeit, die in Übereinstimmung mit ihren inneren Werten handelt.

> *Es schuften drei Bauarbeiter beim Bau einer Kirche. Der erste wird gefragt, was er da tut, und er antwortet: „Na, Steine schleppen!" Der zweite entgegnet auf dieselbe Frage: „Ich arbeite hier, um meine Familie zu ernähren." Der dritte schaut zum Himmel und sagt stolz: „Ich arbeite an einem Gotteshaus zu Ehren unseres Herrn."*
>
> *Quelle unbekannt*

Was ist die höhere Oktave Ihres Tuns?

Stress kann durchaus auch durch einen Mangel an Sinn entstehen. Ich hatte einmal einen Mann in der Beratung, der sich auf der Arbeit völlig verausgabte. Er merkte selbst, dass er keine Bremse mehr hatte, machte laufend unbezahlte Überstunden und nahm sich noch Akten mit nach Hause. Von seiner Firma und seiner Wirksamkeit dort hatte er keine hohe Meinung. Umso mehr stand er seinem eigenen Treiben widerwillig-fasziniert gegenüber und erkannte, dass er Hilfe brauchte, um diesen Mechanismus zu stoppen.

Ein tieferes Eingehen auf seine Situation und deren Hintergründe förderte schließlich ein Wertesystem zu Tage, das so löchrig war wie ein Schweizer Käse. Weder aus seinem Privatleben noch aus seiner Arbeit zog er Sinn und wirkliche innere Befriedigung. Eine Überkompensation der Leere. Die Aktivität seines wilden Kreuzrittertums fraß so viel von seiner Zeit und seiner Lebensenergie, dass er gar nicht mehr zu der Ruhe kam, die man braucht, um die Frage nach Sinnhaftigkeit des eigenen Seins und Tuns zu stellen.

Bei der Geschichte mit der Call-Center-Frau klang es bereits an: Es geht uns gut, wenn wir etwas für andere tun. Etwas Nützliches zum Leben anderer beizutragen gibt unserem Dasein und unserem Wirken einen tieferen Sinn. Ein guter Freund von mir, Single in einer Großstadt, fährt an freien Tagen Lebensmittel für die „Tafel" und zieht eine tiefe Befriedigung daraus, neben seinem täglichen Broterwerb – den er auch nur als solchen betrachtet – etwas Sinnvolles zum Leben anderer beizutragen.

> *Ich glaube, dass trotz des offensichtlichen Unsinns*
> *das Leben dennoch einen Sinn hat,*
> *ich ergebe mich darein,*
> *diesen letzten Sinn mit dem Verstand*
> *nicht erfassen zu können,*
> *bin aber bereit, ihm zu dienen,*
> *auch wenn ich mich dabei opfern muss.*
> *Die Stimme dieses Sinnes höre ich in mir selbst,*
> *in den Augenblicken, wo ich wirklich und ganz lebendig*
> *und wach bin.*
>
> *Hermann Hesse, Mein Glaube*

Vom „Ich muss" zum „Ich möchte"

Dass viele Menschen ihre Arbeit eher als Joch denn als Beitrag zum Heil sehen, drückt sich auch in ihrer Kommunikation aus. So höre ich die meisten Menschen davon reden, was sie noch tun „müssen". Unbewusst nähren wir mit dieser Ausdrucksweise unseren inneren Stress, denn etwas tun zu „müssen", setzt uns immer unter Druck. Letztendlich „müssen" Sie nämlich gar nichts. Sie „müssen" weder zur Arbeit noch „müssen" Sie Ihre Steuererklärung machen. Sie tun das, weil Sie es „wollen"! Sie gehen zur Arbeit, weil sie mit dem Geld ihre Familie ernähren, einen gewissen Wohlstand pflegen, ein Auto unterhalten und sich Hobbys gönnen „möchten". Sie „möchten" nicht auf der Straße leben und aus Mülleimern essen. Deshalb brauchen Sie Geld und deshalb gehen sie arbeiten. Sie „müssten" es nicht – wenn Sie bereit wären, die Konsequenzen daraus zu tragen, aber das „möchten" Sie nicht. Ähnlich verhält es sich mit der Steuererklärung. Sie „müssen" sie nicht machen. Aber Sie haben keine Lust auf Ärger mit dem Finanzamt und sie „hätten gerne" einen aufgeräumten Schreibtisch. Sie „müssten" das nicht tun – aber Sie „möchten" die Konsequenzen einer Unterlassung nicht tragen.

Achten Sie auf Ihre Kommunikation. Vermeiden Sie das „Müssen". Sie „müssen" gar nichts. Ist das nicht ein wunderbar befreiender Gedanke?

So finden Sie die richtige Methode

Wenn Sie sich dazu entschieden haben, künftig ein gelasseneres Leben zu führen, dann stellt sich erst einmal die Frage nach dem Weg, der meistens mit der Suche nach einer passenden Entspannungs- oder Meditationsmethode beginnt. Der Markt der Anbieter und der Angebote ist groß und schier unüberschaubar. Da gibt es zahllose bekannte, aber auch verschiedene exotische Praktiken, die vor allem eines gemeinsam haben: das Versprechen, Ihnen bereits auf Erden das Himmelreich zu bieten. Das macht die Unterscheidung für den Laien schwer. Die Frage nach der „richtigen" Methode ist jedoch von elementarer Bedeutung, denn sie sollte zu Ihnen und zu Ihrer derzeitigen Lebenssituation passen.

Probieren – aber nicht zu oft

Manchmal müssen wir ein wenig herumprobieren, bis wir gefunden haben, was wirklich gut für uns ist. Das ist nicht nur mit Beziehungen so, sondern auch mit Methoden zur Stressbewältigung und Entspannung. Wechseln Sie wenn nötig, aber wechseln Sie nicht vorschnell. Bedenken Sie, dass sich die Wirkung einer Methode erst nach einiger Zeit intensiven Übens entfaltet.

Sie kennen vielleicht den inneren Schweinehund beim Joggen. Bis zu einem bestimmten Kilometerstein schleppt man sich qualvoll dahin, bis der Körper begriffen hat, dass er aus dieser Situation jetzt nicht herauskommt, und sich fügt. Und dann läuft es plötzlich im wahrsten Sinne des Wortes „wie geschmiert". Beim Meditieren und Entspannen ist das ähnlich.

Lassen Sie sich nicht von Ihrem Arzt verführen

Wie wichtig es ist, sich mit der Frage der passenden Methode auseinanderzusetzen, erleben wir häufig, wenn Menschen durch Ärzte zu uns geschickt werden. Was für sich genommen ein Gewinn für alle Seiten darstellen könnte, gerät nicht selten zum „Debakel" – vor allem für das schwächste Glied der Kette, den Patienten. Denn meistens hat der Arzt in völliger Unkenntnis der entspannungstechnischen Sachlage bereits die „richtige" Methode für ihn ausgewählt. So stehen die Personen eines Tages vor uns und sagen entschieden, dass sie zum Beispiel Autogenes Training erlernen wollen (sollen). Sie lassen sich von uns trotz Vorgespräch und einfühlsamer Intervention nicht von dem abbringen, was ihr Behandler für sie entschieden hat.

Am liebsten verordnen Mediziner Autogenes Training. Sie haben schon viel Positives darüber gehört oder einen inspirierenden Artikel im letzten Ärzteblatt gelesen. In der Regel passt diese Entspannungstechnik jedoch fast nie zur Person und/oder ihrer Situation. Die meisten Zeitgenossen sind nämlich bereits derart gestresst und überfrachtet, dass sie völlig überfordert damit sind, sich hinzulegen und innerhalb der nächsten drei Sekunden von 100 (oder 1.000) auf null herunterzuschalten. Es bewährt sich in der Regel, zunächst mit einem „aktiven" Verfahren zu beginnen, um dann später – wenn es passt – zum Autogenen Training überzugehen.

Die in den letzten Jahren zunehmende Offenheit der Ärzte für die Wirkung von Stressbewältigungs- und Entspannungsverfahren ist durchaus begrüßenswert und wir freuen uns darüber, dennoch wäre es uns lieber, wenn man es uns als Spezialisten für diesen Fachbereich überlassen würde, gemeinsam mit den Betroffenen herauszufinden, was im Moment das Beste für sie ist.

Zum Abrunden des zuvor Gesagten hier noch ein lebendiges Beispiel aus jüngster Zeit. Eine Frau wurde aus der Psychiatrie an uns überwiesen. 23 Jahre alt, Arbeitsplatz mit extrem hohem Stresspotenzial, Burn-out, Psychopharmaka. Sie sollte das Autogene Training erlernen, aber wir rieten davon ab, weil wir befürchteten, dass sich die Symptome durch die spontan erzwungene Ruhe eher verschlimmern als verbessern würden. Wir hatten Glück: Die Methode brachte ihr gar nichts – aber diese Aktion hätte auch nach hinten losgehen können. Ich erlaube mir die frustrierte Bemerkung, dass in solchen Fällen in der Regel entweder die Methode oder der Kursleiter Mist waren – wenn es ganz dicke kommt: beide.

Ich hoffe, dass bis hier bereits deutlich geworden ist, warum es lohnenswert für Sie sein kann, sich Gedanken über die für Sie passende Methode zu machen, bevor Sie enthusiastisch durchstarten. Ich werde jetzt gleich verschiedene Faktoren auflisten, die Ihnen die Wahl erleichtern. Zuvor jedoch noch ein Wort zum Thema „richtige" und „falsche" Methode.

Ich habe mich in den letzten zwanzig Jahren intensiv mit der Fähigkeit des menschlichen Körpers zur Selbstheilung, speziell mit dem Phänomen der Spontanremission (Spontanheilung) beschäftigt. Die Erkenntnis, die ich daraus gewonnen habe, ist: Die Voraussetzung für eine Spontanheilung scheint dann gegeben zu sein, wenn ein bestimmter Mensch mit einer bestimmten Symptomatik zu einer bestimmten Zeit mit einem bestimmten Behandler und einer bestimmten Methode zusammentrifft.

Auf unser Thema bezogen bedeutet das, dass Sie hier nicht eine grundsätzliche Frage nach einer passenden oder unpassenden Methode stellen sollten, sondern die Frage nach der *für Sie passenden* Praktik zu *dieser Zeit* und in Ihrer *ganz speziellen Lebenssituation*[7]. Mit dem Wandel des Lebens ergeben sich manchmal auch neue Präferenzen. Bleiben Sie wachsam für Ihre Bedürfnisse zum jeweiligen Zeitpunkt.

Faktor 1: Freude

Stressbewältigung und Entspannung sind kein Überlebenstraining. Sie sollten vor allem Freude machen, wenn sie wirkungsvoll sein sollen, denn Sie werden auf Dauer nur das regelmäßig üben, was zu Ihnen passt und Ihnen angenehm ist.

Freude sollten Sie jedoch nicht mit oberflächlichem Spaß vergleichen. Mit Freude meine ich eine tiefe innere Befriedigung. Solch ein Gefühl hat mehr Bestand als Spaß, denn der vergeht manchmal schneller, als er gekommen ist. Aber auch mit der Freude ist das so eine Sache, denn zeitweise vergeht manchmal auch diese – vor allem, wenn einem die Methode noch nicht in Fleisch und Blut übergegangen ist und wir noch nicht in ihren wohltuenden Auswirkungen baden können. Es ist ganz normal, dass auch Frust oder Widerwillen mal vorbeischauen.

Es braucht dann einiges Fingerspitzengefühl, um die Ursache für diese Emotionen herauszufinden. Zum einen kann es sein, dass die praktizierte Methode einfach nicht zu Ihnen und Ihrer Situation passt, dass sie einfach nicht „Ihr Ding" ist. Zum anderen ist es nicht ungewöhnlich, dass sich gerade in der ersten Zeit das Ego dagegen wehrt, seine Vormachtstellung in Ihrem Leben zu verlieren. Es säuselt Ihnen dann ein, dass die Übung blöd ist, es entführt Sie in Gedanken an tausend Plätze, an denen Sie gerade lieber wären als hier, und es peinigt Sie mit Langeweile, Unlust, Jucken oder Schmerzen. Es hört sich vielleicht etwas pervers an, aber solche Erscheinungen können erste Erfolge ihrer meditativen Übungen anzeigen. Müssen sie jedoch nicht. Ein erfahrener Meditationslehrer kann Ihnen behilflich sein, herauszufinden, womit Sie es gerade zu tun haben und wie Sie mit der Situation umgehen.

---

7   Eine breite Auswahl an Methoden finden Sie auf meiner „Anti-Stress-Box".

Faktor 2: Dynamik

Auch hundert Jahre Meditation machen aus einem Löwen kein Schaf. Es gibt Menschen mit sanftem, ruhigem Gemüt und solche mit einem eher temperamentvollen, von Tatendrang geprägten Charakter. Welcher Typ Sie auch sind, Sie sollten Ihr Temperament bei der Wahl der Technik oder Meditation berücksichtigen. Glücklicherweise kann Ruhe durchaus auch in der Aktivität gefunden werden. Sie sollte es sogar. Fallen Sie nicht dem Unglauben anheim, die Definition von Meditation würde lauten, sich den Hintern auf einem Kissen platt zu drücken. Dem ist nämlich nicht so: Es gibt stille und aktive Methoden der Entspannung und Meditation. Der Mystiker Osho (Prof. Chandra Mohan Jain, 1931–1990) vertrat die Ansicht, dass der westliche Mensch derart mit überholten Konventionen der Vergangenheit und mit Existenzängsten der Gegenwart und Zukunft überfrachtet sei, dass er zunächst eine Reinigung, eine Befreiung – eine *Katharsis* – durchlaufen müsse, bevor er einen gedankenfreien Entspannungszustand erreichen könne. Aus dieser Erkenntnis entwickelte er die Meditationen *Kundalini*, die über vier Phasen von der Aktivität in die Ruhe führt, und die *Dynamische*, deren fünf sehr lebendige Phasen eine befreiende Wirkung auf Körper und Geist haben. Er selbst bezeichnete die beiden als „Vorübungen" zur Meditation.

Zu „dynamisch" rechne ich hier auch verschiedene Bewegungsmeditationen, wie zum Beispiel Yoga, Tai Chi und Qigong. Man kann sie zwar nicht als *ausgesprochen* dynamisch bezeichnen, aber auch ihnen ist zu eigen, dass sie Körper und Geist über die Bewegung in Ruhe und Einklang bringen. Marathonläufer, die ich kenne, haben in gemeinsamen Gesprächen erstaunt festgestellt, dass ihr Geisteszustand während des Laufens mit dem verschiedener stiller Meditationen vergleichbar ist.

Faktor 3: Zielsetzung

Bevor Sie damit beginnen, nach einer Methode Ausschau zu halten, sollten Sie sich fragen, was Ihre Ziele sind. Wollen Sie entspannen oder meditieren? Ich spreche in diesem Buch mal von Entspannung und mal von Meditation. Der Unterschied zwischen beiden liegt, vereinfacht gesagt, in dem, was Sie erreichen möchten. Entspannungsverfahren sind meistens medizinisch intendiert und dienen dazu, Körper und Geist über die indirekte Einflussnahme auf die Körperfunktionskreisläufe in Ruhe und Harmonie zu bringen. Bekannte Techniken dafür sind unter anderem: Autogenes Training, Progressive Muskelentspannung, Qigong, Klangschalen-Meditation, Meditation der vier Himmelsrichtungen.

Meditation verfolgt andere Ziele. Hier geht es um den kontemplativen, spirituellen Aspekt der Begegnung mit der eigenen Seele, den Austausch mit Gott (bzw. mit „dem Höchsten") und um eine Schulung des Geistes, zum Beispiel zum Vertiefen von Mitgefühl.

Bekannte Techniken: Stilles Sitzen (Zen-Meditation, Vipassanâ-Meditation), christliche Kontemplation, Tonglen, Metta-Meditation, Geh-Meditation, Achtsamkeit im Alltag.

Faktor 4: Alltagstauglichkeit

Die Pobacken zusammenkneifen, als Übung der Progressiven Muskelentspannung, das können Sie unbemerkt überall tun. Wenn Sie sich mit gekreuzten Beinen auf einem Bahnsteig niederlassen, um das stille Sitzen zu üben, wird die Sache schon pikanter. Mit anderen Worten: Es gibt Methoden, die Sie praktisch überall anwenden können, und andere, die bestimmte Voraussetzungen zum Ausüben brauchen. Oft hängt das mit der vorgegebenen Körperhaltung der jeweiligen Technik zusammen.

Wenn Sie also den Anspruch haben, eine Übung zu finden, die Sie fast überall und praktisch in jeder Körperhaltung ausüben können (wie das zum Beispiel bei der Progressiven Muskelentspannung und bei Achtsamkeitsübungen der Fall ist), dann sollten Sie dies bei Ihrer Wahl berücksichtigen. In meiner ebenfalls beim Mankau Verlag Anfang 2010 erscheinenden CD-Box finden Sie Anleitungen für verschiedene Meditationen und Entspannungstechniken, die es Ihnen ermöglichen, Ihren Favoriten herauszufinden.

Faktor 5: Umfang

Vielleicht möchten Sie unbedingt etwas lernen, das Ihre Gelassenheit fördert, aber Sie haben entweder nicht den Nerv, nicht die Zeit oder nicht die Möglichkeit, einen 10-Wochen-Kurs zu besuchen. Viele Entspannungsmethoden oder Meditationen können auch an einem Wochenende oder sogar nur an einem Tag erlernt werden. Manchmal bekommt man Skripte oder CDs mit nach Hause, die das Einüben erleichtern können, manchmal ist nicht einmal das nötig. Voraussetzung für diesen Weg ist, dass Sie ein guter Autodidakt sind, denn als Einzelkämpfer müssen Sie auf den Rückhalt, den Austausch und die Motivation einer Gruppe und eines Gruppenleiters vor Ort verzichten. Hier hat unser Technik-Zeitalter mal einen klaren Vorteil, denn via Telefon oder E-Mail wird uns hier und da die Möglichkeit geboten, mit dem „Seminarleiter" oder Berater wenigstens virtuell in Verbindung zu bleiben.

Faktor 6: Erlernbarkeit

Manche Methoden erlernen Sie spielend in kurzer Zeit, bei manchen brauchen Sie gar nichts lernen, wie zum Beispiel bei Phantasiereisen oder Klangschalen-Meditationen. Bei Yoga, Tai Chi, Qigong oder buddhistischen Geistesschulungen ist das hingegen nicht der Fall. Hier sollten Sie kundig angeleitet werden. Berücksichtigen Sie auch das bei der Suche nach dem passenden Verfahren.

Faktor 7: Unabhängigkeit

Manche Methoden erlernen Sie einmal und brauchen zur weiteren Ausübung weder einen Lehrer noch eine CD oder andere Hilfsmittel. Das ist zum Beispiel beim Autogenen Training der Fall, wo die Entspannungsformeln leicht einprägbar sind und man sie sich im Geiste vorsprechen kann. Genau dies ist übrigens auch das Ziel des Autogenen Trainings. Andere Techniken, wie zum Beispiel die unter Faktor 6 genannten, bedürfen eines Anleitenden, der im Bedarfsfall korrigierend eingreifen oder Fragen klären kann.

Es gibt Meditationen, die geradezu prädestiniert dafür sind, in besondere Bewusstseinzustände zu geraten. Das ist zwar nicht „gefährlich", aber ich weiß aus der eigenen Erfahrung meiner Anfänge, dass ich es hilfreich und beruhigend fand, eine erfahrene Lehrerin in meiner Nähe zu wissen.

Entspannungsverfahren, die unabhängig von Lehrer oder CD oder sonstigen Hilfsmitteln ausgeübt werden können, sind beispielsweise Reiki und Autogenes Training.

Faktor 8: Vorerfahrungen

Es ist durchaus ein Unterschied, ob Sie in der Disziplinierung Ihres Geistes bereits geschult sind oder ob Sie das erste Mal mit Ihrer eigenen inneren Stille konfrontiert werden. Eine erfahrene Fachkraft wird dies erfragen, bevor Sie eine Empfehlung für eine Methode ausspricht. Bestimmte Verfahren wird sie nur Personen mit entsprechenden Vorerfahrungen ans Herz legen.

Faktor 9: Grundstimmung

Grundgestimmtheit ist im Grunde ein Euphemismus für *psychische Verfassung*. Was Sie zu Ihrer Stressbewältigung tun können, hängt in besonderem Maße davon ab, wie stark Ihre psychische Belastung gerade ist. Ist sie hoch, dann sollte von Praktiken zur Vertiefung der inneren Stille besser Abstand genommen werden. Es liegt in der Natur vor allem der stillen Verfahren, dass während des Praktizierens Inhalte aus dem Unterbewusstsein aufsteigen können. Nicht umsonst wird Meditation verschiedentlich auch als „sanfte Psychotherapie" bezeichnet. Wer sich zurzeit gerade stark belastet fühlt, dem erscheinen solche Prozesse manchmal nicht sanft. Deshalb sollte man sie möglichst vermeiden und eher mit leichten körperbetonten Entspannungsmethoden beginnen, zum Beispiel Kundalini-Meditation, Atem-Meditation, Yoga, Tai Chi, Qigong, Progressiver Muskelentspannung oder Feldenkrais.

Spezialistenwissen nutzen

Kurse und Seminare – professionelle von semiprofessionellen Angeboten unterscheiden

Im Vorstehenden klang es bereits an: Für jemanden, der nicht direkt vom Fach ist, ist es nicht einfach, aus der Fülle der Angebote in Sachen Stressbewältigung etwas zu finden, das sein Geld wirklich wert ist bzw. das in der Lage ist, wirklich adäquat zu helfen. Ein Kurs oder ein Seminar sind natürlich immer nur so gut wie derjenige, der es anbietet. Deshalb widme ich mich jetzt mehr der Person des Anbieters als dem Angebot selbst.

Auf dem großen Markt der Anbieter sind nur wenige Spezialisten in diesem Fachbereich zu finden. Dafür aber jede Menge andere, die gemerkt haben, dass sich ein Markt für Stressbewältigung bildet, und die einen Teil vom großen Kuchen abhaben wollen. Wenn Sie heute (Juni 2009) den Begriff „Stressbewältigung" googeln, bekommen Sie deutschlandweit 382.000 Einträge. Vor zwei Jahren war es nur ein Bruchteil davon – und ich orakle: In einem Jahr wird die Zahl der Einträge noch einmal rasant angestiegen sein. Wenn Sie schauen, was sich im Internet auf den ersten Plätzen tummelt, dann sind das durchweg kommerzielle Seiten, deren Betreibern es in keiner Weise um das Thema geht, sondern ausschließlich ums Geldverdienen. Und Ahnung in Form von tiefgreifendem Wissen und Erfahrung brauchen Sie da nicht zu erwarten. So freut sich also mancher Geschäftemacher, endlich eine Nische gefunden zu haben, die noch nicht vollständig besetzt ist, bastelt sich aus Lebenshilferatgebern etwas zusammen und tritt selbstbewusst in den Markt ein. Sie als Klient können das Who-is-who nicht auf den ersten Blick erkennen.

Auch akademische Grundausbildungen oder Titel garantieren nicht zwangsweise Qualität. Was nutzt Ihnen ein Diplom-Psychologe oder -Pädagoge, wenn er nie eine grundlegende Ausbildung in Sachen Stressbewältigung, Entspannung und Meditation absolviert hat? Es reicht nicht aus, wenn seine einzige fachspezifische Qualifikation in diesem Bereich in einem Wochenend-Crash-Kurs besteht. Dadurch, dass Begrifflichkeiten nicht geschützt sind, können Sie von außen nicht erkennen, ob ein „Entspannungspädagoge" oder „-lehrer" oder „-trainer" oder „-therapeut" für die Erlangung dieses Titels ein Wochenende oder anderthalb Jahre aufgewendet hat, wie zum Beispiel die Absolventen der „Stressbewältigungs- und Entspannungstherapie (DFME)".

Diese Situation hat viele Personen mit fundierten Ausbildungen verärgert, und aus dem Bedürfnis heraus, sich gegen die weniger solide ausgebildeten Mitbewerber abzugrenzen, hat sich im Jahre 2006 eine Arbeitsgruppe innerhalb der seinerzeit existierenden Deutschen Gesellschaft für Meditationskultur e.V. (DGMK) zusammengesetzt, um erstmals Qualitätskriterien für dieses noch junge Spezialgebiet zu entwickeln. Die Leitfrage lautete: „Welche

Qualifikation muss jemand haben, um ein kompetenter Kurs- und Seminarleiter und Berater bzw. Coach in diesem Fach zu sein?" In monatelanger Arbeit und im Zuge vieler hitziger, aber konstruktiver Debatten einigte man sich darauf, welche Einzelqualifikationen mit welchem Stundenaufwand zum Berufsbild eines „Stressbewältigungs- und Entspannungstherapeuten" gehören sollten.

Über folgende Kenntnisse und Fähigkeiten sollte jemand verfügen, dem Sie Ihr Stressproblem anvertrauen:

Methodenqualifikation:

Der Anbieter sollte ein breites Spektrum verschiedener Stressbewältigungs- und Entspannungstechniken und Meditationen beherrschen. Nur so ist er in der Lage, eine Methode auswählen zu können, die den Bedürfnissen und Anforderungen des jeweiligen Klienten entspricht, anstatt den Klienten an die einzige Methode anpassen zu müssen, die er beherrscht. Mindestanforderungen: Autogenes Training, Progressive Muskelentspannung, Körperwahrnehmungstechniken, Geführte Imaginationen, Visualisierungstechniken, dynamische Techniken, Atem-Meditationen, Selbstheilungs-Meditationen, stilles Sitzen im Stil des Zen.

Didaktisch-methodische Kompetenz:

Beim Vermitteln von Techniken zur Stressbewältigung und Entspannung kommt es nicht nur darauf an, *was* vermittelt wird, sondern auch *wie* es vermittelt wird. Ein kompetenter Kurs- und Seminarleiter kennt die Phasen der Seminararbeit, ist rhetorisch geschult und kann Gruppen- und Sachprozesse gekonnt lenken. Um eine professionelle Gruppenarbeit zu gewährleisten, sollte der Kursleiter eine Seminarleiterausbildung absolviert haben oder eine vergleichbare Kompetenz vorweisen können.

Einzelberatungskompetenz:

Kenntnisse in beratender Gesprächsführung sind unabdingbar, wenn es darum geht, dass Klienten aus möglichst wenigen Sitzungen einen möglichst großen Nutzen ziehen können. Jemand, der als Berater oder Coach arbeitet, muss dafür über eine Qualifikation in der personenzentrierten Gesprächstherapie nach Rogers oder eine vergleichbare Kompetenz verfügen.

Kompetenz in Stress- und Zeitmanagement:

Berater, Coaches sowie Kurs- und Seminarleiter sollten mit den Ursachen, Abläufen und Umgangsweisen von Stress vertraut und in der Lage sein, mit ihren Klienten wirksame individuelle Strategien zur Stressminderung erarbeiten zu können. Sie sollten also auch hier eine spezifische Qualifizierung erworben haben.

Berufserfahrung:

Es ist schon wahr: Jeder hat einmal angefangen. Sie können jedoch jede Menge Geld zum Fenster rauswerfen, wenn jemand zwar gut ausgebildet ist, aber noch keine oder wenig Berufserfahrung hat. Er kennt sich dann zwar mit Standardsituationen aus, aber die haben wir in der Praxisarbeit eher selten. Sehen Sie zu, dass Sie nicht derjenige sind, der die ersten Learning-by-doing-Erfahrungen seines Beraters finanziert.

Geistige Gesundheit:

Jetzt lächeln Sie vielleicht, aber so abwegig ist dieser Punkt gar nicht. Jeder, der in der Szene von „Heilern" und „Helfern" unterwegs ist, weiß, warum die meisten von ihnen diesen Job machen. Sie waren selbst krank und/oder hatten eine schwere Krise, und während dieser Zeit haben sie den Ruf des Himmels vernommen, fortan anderen bei der Bewältigung der Probleme zu helfen, an denen sie selbst leiden. Ich erinnere mich noch an das Abschlusstreffen meiner dreijährigen Heilpraktikerausbildung. Wir sprachen darüber, was wir nun mit unseren neu erworbenen Fähigkeiten anfangen würden. Aus unserer Gruppe von rund 15 Leuten sagte eine, dass sie als Nächstes eine Psychotherapeuten-Ausbildung in Angriff nehmen werde. Diese Frau war diejenige, von der jeder glaubte, dass sie „echt einen an der Waffel" habe.

Grundsätzlich ist durchlittenes eigenes Leid keine Kontraindikation für eine therapeutische Tätigkeit, aber es ist auch bekannt, dass viele der ambitionierten zukünftigen Helfer ihre eigenen Probleme nicht überwunden haben, bevor sie sich zum Heilsbringer für andere machen. Und noch etwas pfeifen die Spatzen von den Dächern: Den meisten ist das nicht einmal bewusst. Dadurch kann es passieren, dass unbewusst eigene Probleme auf die Klienten projiziert werden; sie werden vom Berater (von beiden Seiten unbemerkt) zur Heilung für dessen eigene Wunde benutzt. Die Rechnung geht meistens sicherlich auf, aber oft genug auf Kosten des Klienten.

Machen Sie auf der Stelle kehrt, wenn man Ihnen ständig ins Wort fällt, wenn der Berater oder Coach ständig von seinen eigenen Lebensgeschichten erzählt und Sie dabei scheinbar vergisst. Gehen Sie auch, wenn Sie das Gefühl haben, nicht ernst genommen, bewertet und beurteilt zu werden. Das gilt auch, wenn man Sie diagnostizieren und interpretieren will. Nichts davon wird ein geschulter Berater Ihnen bieten. Natürlich sind Sie nicht geschult darin, die entsprechenden Zeichen zu erkennen, aber es gibt einen guten Gradmesser, über den auch Sie verfügen. Es ist der gesunde Menschenverstand, gepaart mit einem gewissen Maß an Intuition – das so genannte *Bauchgefühl.* Das ist alles, auf was Sie sich verlassen können, aber manchmal ist das bereits sehr hilfreich. Wenn Sie mit einem unguten Gefühl aus einem Erstgespräch herausgehen, gönnen Sie sich lieber einen zweiten Besuch woanders. Sparen Sie hier nicht an der falschen Stelle.

Auch ein Sheriff braucht mal Hilfe – der Wert eines Stresscoachs

Manchmal frage ich mich, ob die Angewohnheit, allein mit allem fertigwerden zu müssen, eine typisch deutsche Einstellung ist. Unterhalte ich mich mit Kollegen, die Auslandserfahrung haben, bestätigen mir diese, dass in vielen anderen Ländern lockerer damit umgegangen wird, sich professioneller Hilfe zu bedienen. In Amerika beispielsweise gilt es schon seit Jahrzehnten nahezu als schick, einen Personal Trainer, einen Coach oder einen Therapeuten zu haben. Zumindest stört sich niemand an der Tatsache, dass sich jemand Unterstützung von einem Profi holt.

Auch ich möchte Ihnen ans Herz legen, solch eine Maßnahme beizeiten zu erwägen. Einen Coach zu haben ist für Menschen, die viel Verantwortung tragen (wozu ich auch die „Familienmanagerin" zähle), kein Luxus, sondern eine gesundheitliche Notwendigkeit.

Wobei wir wieder bei der Frage landen, wem man sich anvertrauen sollte und wem nicht. Grundsätzlich gilt für Coaches und Berater[8], was ich zuvor über Kurs- und Seminarleiter gesagt habe. Stecken Sie nicht frustriert den Kopf in den Sand, wenn sich beim ersten und vielleicht auch beim zweiten Versuch herausstellt, dass Sie und der Berater nicht kompatibel sind.

Sich einen Berater zu suchen ist keinesfalls ein Eingeständnis von Unfähigkeit. Wenn Sie Unternehmer sind, entwickeln Sie ja auch keinen Ehrgeiz, Ihre steuerlichen Angelegenheiten selbst zu erledigen, sondern nehmen sich dafür einen Steuerberater. Warum tun Sie das? Weil der Mann ein Spezialistenwissen hat, über das Sie nicht verfügen. Und weil er Erfahrung und Routine im Umgang mit diesen Dingen hat – was Ihnen insgesamt eventuellen späteren Ärger mit dem Finanzamt erspart. Apropos sparen: Dieses Vorgehen ist intelligent, denn es spart Nerven, Zeit und Geld – und schont damit Ihre psychische und körperliche Gesundheit.

So sollten Sie das auch sehen, wenn Ihnen die immer komplexer werdenden Anforderungen unseres Turbozeitalters über den Kopf wachsen. Ein Stress-Berater setzt sich täglich mit diesen Dingen auseinander. In Gesprächen, die mit der Zeit auch einen gewissen vertrauten Charakter haben können, schafft er es, Ihnen die nötige Distanz zum Geschehen zu verschaffen. So werden Sie in die Lage versetzt, Dinge in einem anderen Licht und aus einer anderen Perspektive zu sehen. Das wiederum ist manchmal nötig, um zu bestimmten Einsichten zu kommen, die wieder Lebendigkeit in festgefahrene Prozesse bringen.

Ein Coach hat auch keine Probleme damit, etwas zu tun, was in Ihrem Umfeld möglicherweise niemand wagen würde: Ihr Tun in Frage zu stellen. Er tut das nicht aus Besserwisserei. Provokation

---

8   Unterschied zwischen *Coach* und *Berater*:
Ein *Coach* ist jemand, der Ihnen keine Ratschläge gibt, sondern der Sie dabei unterstützt, selbst Lösungen für Probleme zu finden, indem er Ihnen hilft, Ihre inneren Ressourcen zu nutzen, und Ihrem Denken neue Wege öffnet.
Ein *Berater* ist ein Spezialist auf einem bestimmten Fachgebiet. Er gibt Ihnen Ratschläge für Vorgehensweisen, die auf seinem Wissen und seiner Erfahrung beruhen.
Im Idealfall vereint eine Sitzung beides, wobei in unserem Fall das Coaching überwiegen sollte. Der Einfachheit halber benutze ich in diesem Buch die beiden Begriffe synonym.

ist – sofern sie ein Stilett und keine Guillotine ist – eine Form von therapeutischer Intervention. Ihr Partner wird sich das eher verkneifen, weil er keinen Stress in der Beziehung haben möchte, Ihre Kinder sind noch zu jung für ein dezidiertes Feedback und Ihre Mitarbeiter möchten gerne ihren Job behalten.

Es gibt noch einen weiteren Punkt, der für einen Berater spricht, und der hat mit dem „Silvester-Syndrom" zu tun. Sie beginnen eines Tages hoffnungsfroh mit verschiedenen Maßnahmen zur Senkung des Stresses in Ihrem Leben. Ein paar Tage lang bleiben Sie motiviert bei der Stange, aber nach und nach gewinnt der alte Schlendrian wieder die Oberhand. Die Gewohnheitsenergie, wie der Zen-Meister Thich Nhat Hanh es nennt, ist so stark, dass sie uns heimlich, still und leise wieder in die alten Strukturen zurücklenkt. Auch wenn uns diese Strukturen leiden ließen – sie sind uns vertraut, und unbewusst zieht es uns immer zum Vertrauten hin, das uns eine behagliche Pseudo-Sicherheit vermittelt.

Ein Coach motiviert Sie, bei der Stange zu bleiben. Metaphorisch ausgedrückt ist er wie ein Scout, der den Weg durch den Dschungel kennt, weil er ihn schon viele Male gegangen ist. Er kann verhindern, dass Sie sich auf Nebenwegen verirren, Ihnen wieder aufhelfen, wenn Sie straucheln, und Sie stützen, wenn Sie unterwegs müde werden.

Und was die Kosten anbelangt: Der Preis, den Sie durch den Verlust an Lebensfreude und vielleicht durch einen Erschöpfungs-Zusammenbruch zahlen, ist entschieden höher als der, sich regelmäßig eine Stunde bei Ihrem Coach zu leisten, um Ihre Lebensfreude und Ihre Leistungsfähigkeit zu erhalten.

Der Tiger kennt seine Kraft: eigene Ressourcen nutzen

Wir haben in diesem Buch bislang darüber gesprochen, welche Möglichkeiten Ihnen zur Verfügung stehen, um Stress zu mindern und zu einer ausgewogenen Seins-, Lebens- und Arbeitsweise zu finden. Es ging dabei um Änderungen von Sicht- und Denkweisen, um die Haltung der Achtsamkeit, um verschiedene Strategien und Möglichkeiten zur Stressreduktion und um die Inanspruchnahme eines Coachs. Es ging also um Ressourcen. Nun werden wir uns weiteren Ressourcen zuwenden, nämlich Ihren Fähigkeiten, sich selbst zu reflektieren und zu motivieren, Gewohnheiten zu entwickeln und zu lernen. Auch diese Eigenschaften werden wir einsetzen, um dem Stress in Ihrem Leben wirkungsvoll zu begegnen.

Das Gute an sich selbst herausfinden

Wenn man jemanden dazu auffordert, seine positiven Eigenschaften aufzuzählen, dann herrscht meistens erst einmal betretenes, irritiertes Schweigen. Mit der Bemerkung, man solle sich ja nicht selbst loben, folgt dann eine eher zögerliche, wenig enthusiastische Aufzählung des einen oder anderen Merkmals. Ganz offensichtlich sind sich viele Menschen ihrer besonderen Fähigkeiten gar nicht bewusst, und wenn ihnen eine einfällt, dann haben sie ein Problem damit, diese selbstbewusst zu benennen. Das ist tragisch, denn jeder von uns hat Stärken, die er bewusst zum Erreichen bestimmter Ziele einsetzen kann.

Sie haben bereits erfahren, dass Stress etwas ist, das dem Gefühl des Ausgeliefertseins an etwas entspringt, das wir meinen, nicht beeinflussen können. Je weniger wir unsere Potenziale kennen und an sie glauben, desto weniger Selbstwertgefühl haben wir und desto geringer ist das, was Psychologen als „Selbstwirksamkeit" bezeichnen – und umso höher ist das Stressmaß, das wir empfinden. (Daraus resultiert ein Teufelskreislauf, denn der empfundene Stress versetzt uns in Anspannung, aus der heraus wir dazu neigen, die

Situation, in der wir uns befinden, wie auch uns selbst, ungünstig zu bewerten).

Selbstwirksamkeit ist ein feststehender Begriff, der in den 80er Jahren von dem kanadischen Psychologen Albert Bandura geprägt wurde. Sie ist ein Merkmal unserer Persönlichkeit und beschreibt die Überzeugung einer Person, mit Herausforderungen des Lebens aufgrund eigener Kompetenzen erfolgreich umgehen zu können. Die Untersuchungen von Bandura haben gezeigt, dass selbstwirksame Menschen mehr leisten können und gesünder sind als andere – und vor allem, dass sie besser mit Stress umgehen können. Das leuchtet ein, wenn man weiß, dass unser Denken und Handeln von unseren persönlichen Überzeugungen geprägt werden. Der Autohersteller Henry Ford sagte dazu einmal: „Egal, ob Sie glauben, dass Sie erfolgreich oder erfolglos sein werden – in beiden Fällen werden Sie vermutlich Recht haben." Damit beschreibt er sehr treffend, dass die Ergebnisse unseres Wirkens in der Welt darauf basieren, was wir uns zutrauen, was wir über uns glauben – für wie selbstwirksam wir uns halten. Eine positive Einstellung zu sich selbst fördert also die Motivation, sich unbekannten und komplexen Herausforderungen zu stellen und sie beharrlich zu bewältigen. Eine minderwertige Einstellung der eigenen Person gegenüber lässt uns eher initiativlos werden oder veranlasst uns zu frühem Aufgeben. Es ist nämlich eine Eigenschaft unserer menschlichen Spezies, dass wir, wenn wir die Wahl haben, nur das in Angriff nehmen, von dem wir glauben, dass wir es auch können. Sind wir also sicher, eine Krise erfolgreich meistern zu können, erhöht dies die Wahrscheinlichkeit, tatsächlich Erfolg zu haben. Der subjektive optimistische Glaube und die objektiven Fähigkeiten müssen dabei nicht unbedingt übereinstimmen. „Wer das Unmögliche nicht versucht, wird das Mögliche nie erreichen" ist ein Satz, den nur diejenigen klasse finden, die von ihren inneren Fähigkeiten überzeugt sind. (Was übrigens die Fähigkeit einschließt, mit vermeintlichen Niederlagen konstruktiv umzugehen.) Jede gemeisterte Herausforderung fördert den Glauben an die eigene Wirksamkeit, jeder empfundene Misserfolg hingegen mindert ihn, sofern dieser Misserfolg der eigenen „Unfähigkeit" zugeschrieben wird. Natürlich heißt es auch hier wieder, das Maß aller Dinge zu beachten und es nicht

David gleichzutun, sich eine Keule zu schnappen und in maßloser Selbstüberschätzung gegen Goliath anzurennen.

In diesem Zusammenhang ist die wissenschaftliche Erkenntnis interessant, dass wir dazu neigen, Herzklopfen, Schweißausbrüche, weiche Knie und Händezittern in herausfordernden Situationen als Schwäche zu werten. Erwiesenermaßen lässt die Überzeugung unserer Selbstwirksamkeit nach, sobald wir diese physiologischen Reaktionen bei uns wahrnehmen. So wird auch hier wieder einmal der Wert von Entspannungsmethoden deutlich: Wenn Sie Ihre Übungen regelmäßig machen, senkt das dauerhaft Ihre Stressreaktionen, was Sie wiederum dabei unterstützt, gelassener an Herausforderungen heranzugehen und sie besser zu meistern.

Die Ursachen dafür, warum der eine ein besseres Gefühl der Selbstwirksamkeit hat als der andere, liegen vermutlich in der genetischen Disposition sowie in den Erfahrungen der Kindheit und Jugend.

Wie groß unsere innere Überzeugung ist, auf die Geschehnisse unseres Lebens erfolgreich Einfluss nehmen zu können, hängt mit unserem Selbstbild zusammen. Offenbar lässt dieses Bild bei den meisten Menschen ziemlich zu wünschen übrig. Deshalb möchte ich Ihr Selbstbild mit Ihnen gemeinsam von seinem Staub und seinen Spinnweben befreien, die sich in Jahrzehnten der Bewertungen durch Ihre Mitmenschen, eigene „Nach-unten-Vergleiche" mit anderen, innere Antreiber und unbewusst übernommene Glaubenssätze dort abgelagert haben.

Übung
Setzen Sie sich in einer ruhigen Stunde hin und beantworten Sie sich selbst schriftlich die folgenden Fragen:

1. Welches sind meine positiven, förderlichen Eigenschaften mir selbst gegenüber?
2. Welches sind meine positiven, förderlichen Eigenschaften in meinem Verhalten anderen gegenüber?
3. Welches sind meine besten körperlichen/physischen Eigenschaften?

4. Wo liegen meine Stärken im Denken?
5. Wo liegen meine Stärken im Fühlen?
6. Wo liegen meine Stärken im Handeln?

Wenn Sie einen ganzheitlichen Ansatz bevorzugen, können Sie das Gleiche hinterher noch einmal mit Ihren Schwächen machen. Aber hier geht es grundsätzlich darum, den Fokus auf das Ihnen innewohnende Potenzial zu richten. Wir sind uns unserer Schwächen in der Regel mehr bewusst als unserer Stärken. Deshalb wird der unverzerrte, klare Blick auf Sie selbst Ihr Gefühl der Selbstwirksamkeit verbessern, und das Gefühl vermehrter Einflussnahme auf das Geschehen wird den empfundenen Stress in Ihrem Leben senken.

Gewohnheiten zu Verbündeten machen

Wussten Sie, dass über 90 % dessen, was Sie täglich tun, aus Gewohnheiten besteht? Wenn Sie unter Stress leiden, dann bedeutet das, dass viele Ihrer Gewohnheiten mit dazu beigetragen haben, in diesen Zustand zu kommen. Nun kommt wie gewohnt das Positive an der Sache: Wenn Sie in der Lage sind, sich schädliche Gewohnheiten anzutrainieren, sind Sie auch dazu in der Lage, sich förderliche Gewohnheiten anzueignen – und damit wollen wir uns im Folgenden beschäftigen.

Unser Hirn ist im Grunde recht einfach und ökonomisch strukturiert. In jeder Situation sucht es im Archiv nach, ob diese oder eine ähnliche bereits bekannt ist, und falls es auf Wege trifft, die schon einmal erfolgreich begangen wurden, betritt es genau diese Pfade. Das ist in etwa mit Skilanglauf vergleichbar, wo die Sportler meistens in den schon vorhandenen Spuren im Schnee fahren. Erwiesenermaßen greift unsere oberste Steuerinstanz vor allem dann auf „Bewährtes" zurück, wenn sie unter Druck gerät – wie zum Beispiel unter Stress. Die Unsicherheit und Unwägbarkeit der Situation lässt unser Hirn nach irgendetwas Vertrautem suchen, das Sicherheit verheißt. Dass es sich dabei oft nur um eine Pseudo-

Sicherheit handelt, bleibt in der aktuellen Situation meist unberücksichtigt. Selbst wenn ein Teil unserer denkenden Instanz sich dem eigenen inszenierten, unheilvollen Handeln zuschaut, sind wir nicht in der Lage, ihm Einhalt zu gebieten. Wir ziehen in der Regel die sich am Horizont abzeichnende Katastrophe den Opfern vor, die im Hier und Jetzt zu erbringen wären. Obwohl diese Opfer nicht einmal groß wären. In unserem Zusammenhang würde es schlicht „durchhalten" heißen. Der vietnamesische Zen-Meister Thich Nhat Hanh spricht in diesem Kontext von Gewohnheitsenergie. Wir haben uns an bestimmte innere – und zum Teil auch äußere – Abläufe derart gewöhnt, dass es uns immer wieder auf die alten Pfade zurückdrängt. Bereits hier wird deutlich, dass dem Problem mit dem viel beredeten „gesunden Menschenverstand" nicht beizukommen ist, denn die Kraft des Denkens für sich genommen reicht nicht aus, um eine Veränderung herbeizuführen. Wir kennen das alle vom Silvester-Syndrom: Wir nehmen uns eine positive Verhaltensänderung felsenfest vor, und nach spätestens drei Wochen haben es die guten Vorsätze kölnischem Wasser gleichgetan – sie sind verduftet. Wenn zum Beispiel das Wissen um die Schädlichkeit von Rauchen und die Einsicht in die Notwendigkeit, damit aufzuhören, reichen würden, um sich dauerhaft von den Glimmstängeln fernzuhalten, gäbe es entschieden weniger Raucher. Die Praxis zeigt aber, dass das nicht der Fall ist.

Ein Entschluss zur Veränderung für sich genommen genügt also nicht. Es geht darum, über einen längeren Zeitraum hinweg neue Verhaltensweisen aufzubauen. Nur langfristig ist es möglich, eine neue solidere Basis zu errichten, neue Wurzeln zu bilden. Berücksichtigen Sie dabei auch, dass Zustände von Angst, Unzufriedenheit und Zerrissenheit viel mehr aufreiben als das unermüdliche Arbeiten an positiven Veränderungen.

Neue Gewohnheiten aufzubauen geschieht durch beständiges Wiederholen bestimmter Gedankengänge und Taten. Ich möchte noch einmal auf meine damalige Hundetrainerin zurückkommen, die über meinen Vierbeiner sagte: „Wenn er's viertausendmal gemacht hat, dann hat er's verstanden!"

Sich daran zu gewöhnen, Dinge auf eine bestimmte Art und Weise zu tun, ist wie das Trainieren eines Muskels: Damit er kräftig und leistungsfähig wird und bleibt, ist eine fortlaufende Aktivierung erforderlich. Es geht dabei meistens nicht einmal um irgendwelche komplexen Dinge, sondern um so einfache Sachen, wie zum Beispiel seine E-Mails zur zweimal am Tag abzurufen anstatt jede halbe Stunde, oder auf der Arbeit keinen Bohnenkaffee mehr zu trinken. Leichter gesagt als getan, weiß auch der Volksmund, wenn er uns bescheinigt: Der Mensch ist ein Gewohnheitstier. Hier möchte ich noch einmal auf Thich Nhat Hanh zurückkommen, dessen Metaphern ich an vielen Stellen als sehr hilfreich empfinde. Er sagt, dass alle Charaktereigenschaften und Gewohnheiten als Samen in uns angelegt sind. Familiär, gesellschaftlich bedingt oder aus purer Bequemlichkeit haben wir uns angewöhnt, bestimmte Samen zu gießen und zu düngen. Bei guter Pflege können sich einige Samen zu stattlichen Herkulesstauden entwickeln, denen nur noch schwer beizukommen ist. Der Zen-Meister rät uns, die Pflanzen, die wir als nicht förderlich für uns erkannt haben und die uns nicht guttun, einfach nicht weiter zu beachten, sie nicht weiter zu gießen. Wir sollen uns stattdessen um die Samen und kleinen Pflänzchen kümmern, die für ein glücklicheres, gesundes Leben von Vorteil für uns sind. Mir persönlich hilft dieses Bild sehr, es zwingt mich nicht zur Unterdrückung von Teilen in mir oder zu irgendeiner anderen Form von innerer „Kriegsführung". Sie sind nun einmal da und sie können auch bleiben, aber ich gieße sie nicht mehr. So werden allmählich die Samen zu Segen spendenden Pflanzen heranwachsen, die mich stärken und beglücken.

Kommen wir nun zu der Frage des *Wie*; *wie* schaffen Sie es, neue, förderliche Gewohnheiten aufzubauen? Es gibt einige Punkte, die Sie dabei berücksichtigen sollten:

Packen Sie „übersichtliche Päckchen", gehen Sie mit kleinen Schritten vor.

Sie haben schon erfahren, dass Misslingen vorprogrammiert ist, wenn Sie zu hoch und zu groß ansetzen. Auch wenn Sie inzwischen gelernt haben, dass es nur Resultate und keine Niederlagen gibt – so richtig motivieren tut ein Misserfolg auch nicht.

Finden Sie heraus, welche Veränderungen
Ihnen am leichtesten fallen und beginnen Sie damit.
Kein vernünftiger Bergsteiger fasst als erstes Kletterziel den
Mount Everest ins Auge. Wählen Sie zunächst kleine Hügel, bis
Ihr Vertrauen in Ihre Fähigkeit zu Veränderungen wächst. Dann
haben Sie genug realistische Zuversicht und Erfahrung, um auch
komplexere Korrekturen umzusetzen.

Bleiben Sie bei aller Planung immer flexibel.
Beißen Sie sich nicht in einmal gefassten Strategien fest. Planen
heißt bekanntlich, den Zufall durch den Irrtum zu ersetzen. Wenn
sich eine Vorgehensweise nicht bewährt, fühlen Sie sich frei, sie
durch eine andere zu ersetzen.

Experimentieren Sie; lernen Sie aus Erfahrungen.
Bleiben Sie offen, locker und neugierig. Notieren Sie sich Ihre
Erfahrungen und lassen Sie diese bei künftigen neuen Gewohn-
heitsbildungen einfließen. Je mehr Sie sich selbst auf die Schliche
kommen, desto mehr lernen Sie, nicht mehr dem alten Schlemihl
anheimzufallen.

Inspirieren Sie sich fortlaufend.
Von etlichen Künstlern ist bekannt, dass sie eine Muse hatten, die sie zu Höchstleitungen anspornte. Der Wert einer Muse
liegt in ihrer Fähigkeit zur Inspiration. Sehen auch Sie zu, dass Sie
sich vor allem in der ersten Zeit der Veränderungen laufend inspirieren. Viele hält das Lesen inspirierender Bücher zum Thema bei
der Stange, andere gönnen sich lieber einen Coach oder besuchen
regelmäßig eine Meditationsgruppe. Mancher schmückt Wohnung
und Arbeitsplatz mit inspirierenden Dingen, wie zum Beispiel einer
Buddha-Figur, Edelsteinen, einem Bonsai oder Ähnlichem. Überlegen Sie sich, was Ihnen helfen kann, nicht wieder in alte Gewohnheiten zurückzufallen.

Stellt sich jetzt noch die Frage, wo, also in welchen Bereichen
Sie anfangen können, neue Gewohnheiten auszubilden, die Ihnen
helfen, Stress zu mindern.

Hier sind ein paar Anregungen dazu, die sich in der Praxis bewährt haben. Ruhen Sie sich jedoch nicht darauf aus, sondern setzen Sie sich in einer ruhigen Stunde hin, durchforsten Sie Ihre bisherigen Gewohnheiten und finden Sie diejenigen heraus, die Ihren Stress eher fördern, als ihn zu senken.

Überlegen Sie sich dann zu jedem der gefundenen Punkte Maßnahmen, wie sie zu ändern sind.

Gewöhnen Sie sich an,
- Entscheidungen zu treffen
- zu planen
- Probleme zu lösen
- feste Erholungszeiten einzubauen
- zu entschleunigen
- regelmäßig Entspannungstechniken zu üben
- gesünder zu leben
- sich Ziele zu setzen

Den Wert dieser Punkte werden wir uns nun im Einzelnen etwas näher anschauen.

Gewöhnen Sie sich an, Entscheidungen zu treffen

Eine Freundin von mir sagte einmal, dass der wahre Preis für eine Sache das ist, auf das wir verzichten müssen, um das zu bekommen, was wir wollen. Mit anderen Worten: Wenn wir uns *für* etwas entscheiden, bedeutet das immer auch, uns *gegen* etwas anderes zu entscheiden. Vielleicht schieben wir Entscheidungen gerne vor uns her, weil es uns schwerfällt, uns von einer Alternative zu verabschieden. Vielleicht hängt es aber auch damit zusammen, dass wir natürlich nur das Beste für uns wollen und wir Angst davor haben, irgendwann zu erkennen, dass wir das schlechtere Los gezogen haben. Dennoch: Es zahlt sich aus, Entscheidungen nicht auf die lange Bank zu schieben. Tun wir es doch, zieht uns das viel Energie ab, vermehrt das Grübeln und sorgt für ungute Gefühle im Bauch. All das können Sie sich nicht leisten, wenn Sie ohnehin schon stark unter Druck stehen.

Bevor wir eine Entscheidung treffen, sollten wir in Ruhe Für und Wider abwägen. Wenn es sich um eine vielschichtige Situation handelt, kann da ganz schön etwas an verschiedenen, zu berücksichtigenden Aspekten zusammenkommen. Die können wir alle unmöglich zur gleichen Zeit in unserem Hirn parat haben. Bestätigt wird diese Aussage durch die Hirnforschung. Sie attestiert uns die Fähigkeit von lediglich zirka sieben verschiedenen Aspekten, die wir zur gleichen Zeit im Fokus haben können. Mit mehr ist das Steuerorgan unseres Körpers schlicht überfordert. Das spricht wieder einmal dafür, die Dinge zu externalisieren, indem wir sie zu Papier bringen. Am besten ist es, die Entscheidungsfindung zu systematisieren. Dafür bietet sich eine einfache Tabelle an, in der wir die verschiedenen Parameter darstellen können, um sie anschließend zu bewerten, denn nicht jedes Kriterium hat den gleichen Stellenwert.

Schreiben Sie sich also im ersten Schritt alle Alternativen zur Situation auf; im zweiten Schritt gewichten Sie diese und der dritte Schritt dient der Auswertung und damit der Entscheidungsfindung.

Ich gebe Ihnen hier ein Beispiel für den Umgang mit solch einer Tabelle. Nehmen wir an, eine Familie überlegt, ob sie in ihrer derzeitigen Wohnung bleiben oder umziehen soll. Die Familienmitglieder sind sich auch nicht sicher, ob es besser wäre, auf dem Land oder in der Stadt zu leben.

Die Alternativen und die Prioritäten wurden aufgelistet und gewichtet. Eine ruhige Umgebung ist ein wesentliches Kriterium, während die Verkehrsanbindung nur am Rande von Bedeutung ist.

Zunächst wird nun folgende Bewertung vorgenommen: 1 ist mäßig, 2 gut und 3 sehr gut.

Zunächst wird in jedes Feld eine 1, 2 oder 3 eingetragen. Da die Prioritäten aber von 8 bis 1 verschieden gewichtet wurden, wird jede dieser Zahlen mit ihrem Prioritätswert multipliziert und unter dem Ausgangswert eingetragen. Am Schluss werden die Werte jeder Alternative zusammenaddiert.

	Ruhige Lage	Ausstattung	Eigener Garten	Unabhängigkeit	Lärmbelästigung	Kostenfaktor	Infrastruktur	Verkehrsanbindung	Σ
Prioritätswert	8	7	6	5	4	3	2	1	
Derzeitige Wohnung	1 8	2 14	1 6	1 5	1 4	2 6	1 2	1 1	46
Wohnung in der Stadt	1 8	3 21	0 0	1 5	1 4	2 6	3 6	3 3	53
Haus in der Stadt	2 16	2 14	2 12	2 10	1 4	1 3	3 6	3 3	68
Wohnung auf dem Land	3 24	2 14	0 0	1 5	2 8	3 9	1 2	1 1	63
Haus auf dem Land	3 24	2 14	3 18	3 15	3 12	1 3	1 2	1 1	89

Fazit: Ein Umzug steht dringend an und der Favorit ist das Haus auf dem Land. So hätten Sie das innerhalb Ihres Gehirns nicht hingekriegt, oder?

Gewöhnen Sie sich an, zu planen

Es gibt gute Gründe dafür, sein Handeln zu planen. Sich unüberlegt in blinden Aktionismus zu stürzen, kann zwar kurzfristige Erfolge bringen, langfristig jedoch rächt sich diese kurzsichtige Strategie. Erstens brennt die Geschwindigkeit dieser Anstrengungen innerlich aus und zum zweiten sind die Ergebnisse oft von eher mäßiger Qualität, da die Aktion nicht genügend durchdacht und durchfühlt war. Nicht selten müssen die Resultate dieser temporeichen und unausgereiften Handlungen dann später wieder ausgebügelt oder nachgearbeitet werden. Über ungeplanten Aktionismus wird auch gesagt, dass man damit bedeutende Siege auf Nebenschauplätzen erringen kann, und genau das wird dann zum Problem. Denn auch wenn es sich nur um einen unbedeutenden Sieg handelt: Das Gehirn verbucht ihn stumpf als Erfolg. Und alles, was so toll funktioniert hat, tun wir dann immer wieder – unabhängig davon, ob es der jeweiligen Situation angemessen ist oder nicht. Der Psychologe Paul Watzlawick nannte diese „Aktions-Anerkennungs-Feedbackschleife" eines der bedeutendsten Katastrophenrezepte des Menschen, weil deren Wirkung darin besteht, immer nur mehr desselben hervorzubringen, anstatt sich der jeweiligen Situation anzupassen. So führen schnelle Erfolge unbemerkt dazu, unseren Stresspegel weiter anzuheben.

Planen bedeutet deshalb, zunächst einmal etwas Zeit zu investieren, um am Ende nicht nur mehr Zeit, sondern vor allem auch Nerven gespart zu haben.

Wenn Sie aufmerksam waren, ist Ihnen vermutlich nicht entgangen, was hier von Ihnen erwartet wird: gehirntechnisch bedingte Automatismen durch bewusste (geplante) Handlungen zu ersetzen.

Die folgenden beiden Schritte werden Ihnen helfen, den Leidenskreislauf zu durchbrechen, der darin besteht, sich ständig für wenig hilfreiches Agieren zu belohnen und dadurch mehr desselben hervorzubringen.

1. Setzen Sie ein Stopp!

Wieder einmal ist es Achtsamkeit, die Sie brauchen, um nicht gewohnheitsmäßig im eigenen bewusstlosen Funktionieren zu verschwinden. Setzen Sie ein Stopp genau an der Stelle zwischen dem Stressgefühl angesichts zu leistender Aufgaben und dem Impuls, sich blindlings darauf zu stürzen. Im Tun innezuhalten, sich auf die Situation zu besinnen, in der Sie sich gerade befinden, und in Ruhe die mögliche weitere Vorgehensweise zu überlegen, befreit Sie davon, sich im Strudel der Unbewusstheit zu verlieren. Jedes Stopp bringt Sie auf Ihrem Weg zu einem selbstbestimmten Leben einen weiteren Schritt voran. Wenn Sie diesen Stopp-Punkt verpasst haben, sind Sie schon wieder dem Papageien gleich geworden, der mit den Worten „Jetzt geht's rund!" in den Ventilator flog.

2. Belohnen Sie sich.

Wenn es Ihnen gelungen ist, ein Stopp zu setzen und nicht wie gewohnt in Aktionismus zu verfallen, dann nehmen Sie dies bewusst zur Kenntnis und belohnen Sie sich für Ihre Achtsamkeit. (Belohnung ist übrigens kein Synonym für Schokolade. Ein bewusstes Gefühl des Stolzes, über die Trägheit des eigenen Systems triumphiert zu haben, ist kalorienarm und erfüllt seinen Zweck voll und ganz, wenn Sie es so richtig auskosten.)

Aus lernpsychologischen Gesichtspunkten ist die Belohnung von besonderer Bedeutung, denn das Gehirn merkt sich alles, was wir als gelungene Aktion betrachten. Es freut sich angesichts seiner erfolgreichen Strategie und ist ganz wild darauf, diese angenehme Situation bei jeder sich bietenden Gelegenheit erneut herbeizuführen. Da wir ja hier darüber reden, wie Sie Gewohnheiten nutzen können, machen Sie sich an dieser Stelle die Lernfunktion Ihres Gehirns bewusst zunutze. Ab sofort lassen Sie nicht mehr zu, dass Ihre Steuerzentrale als Erfolg verbucht, was Ihnen tatsächlich eher schadet als nutzt. Von jetzt ab bestimmen Sie selbst, was sich Ihr Headquarter als gelungen auf die Fahne schreiben darf. Sie programmieren Ihr Gehirn sozusagen bewusst um und nutzen dessen Lernfunktion dafür, seine Automatismen für das einzusetzen, was wirklich hilfreich für Sie ist.

Zusammengefasst noch einmal die Argumente, die für selbstbestimmtes Organisieren sprechen:

* *Planen beruhigt Gedanken und Gemüt:* Planen schafft Platz im Kopf. Wenn Sie eine Strategie entwickeln, geben Sie Ihren zahllosen, im Kopf herumschwirrenden Gedanken ein Gerüst. Die Gedanken über die anstehenden Aufgaben werden nicht nur weniger, sie werden auch ruhiger und klarer, was sich wiederum entspannend auf das Gemüt auswirkt.

* *Planen schont zeitliche und energetische Ressourcen:* Wenn Sie planen, müssen Sie weniger nacharbeiten und Ihre Handlungen führen eher zu den gewünschten Resultaten, als wenn sie nicht strukturiert wären.

- *Sie sind Herr der Lage:* Das Wichtigste ist vermutlich, dass Sie Herr der Lage sind, wenn Sie planen. Es geht dabei um Ihre Ziele, Ihre Ressourcen, Ihre Gedanken und Gefühle – was wiederum das bei Stress vorherrschende Gefühl der Ohnmacht reduziert. Deshalb ist es auch nicht von übermäßiger Bedeutung, ob sich ein bestimmter Plan im Nachhinein als gut oder schlecht herausstellt: Selbst ein schlechter Plan ist besser als gar keiner.

Gewöhnen Sie sich an, Probleme zu lösen

Probleme zu bagatellisieren, vor sich herzuschieben oder zu verdrängen, schafft ein hohes Maß an Stress. Gerade bei Gestressten besteht offenbar die Neigung, so mit ihnen umzugehen. Dabei stellt sich die Frage, ob es die Probleme waren, die das Gefühl des Stresses heraufbeschworen haben, oder ob der Umgang mit ihnen den Stress verursacht hat. Vielleicht ist es auch etwas von beidem.

Erinnern Sie sich daran, was wir eingangs über unsere Einflussnahme auf unser Leben sagten: Wenn es ein Problem gibt, dann können wir entweder unsere Einstellung dazu ändern (und damit haben wir uns hinreichend auseinandergesetzt) oder wir ändern die äußeren Umstände – und damit werden wir uns jetzt beschäftigen.

Ein Problem zeigt immer einen Handlungsbedarf an. Lösen Sie es nicht, können Sie dabei zusehen, wie Ihre Lebensenergie und -freude in irgendwelchen unsichtbaren Kanälen versickern. Mir scheint, dass es oft negative Erwartungshaltungen in Form von „Das klappt ja sowieso nicht" oder „Was kann ich schon daran ändern?" sind, die Menschen davon abhalten, sich aktiv der Lösung eines Problems zuzuwenden. Dabei kann das ein sehr befreiender Akt sein. Hinzu kommt, dass bereits der Begriff *Problem* psychisch negativ besetzt ist. Und da wir unbewusst danach trachten, alles Unangenehme (wie auch *scheinbar* Unangenehme) zu vermeiden, wird in diesem Zuge auch gerne die Auseinandersetzung mit Problemen verdrängt. Im Verdrängen sind wir wahre Meister und bedienen uns dazu verschiedener Taktiken:

- Wir tun so, als gäbe es gar kein Problem. Wir verschließen die Augen, indem wir – wie Vogel Strauß – einfach den „Kopf in den Sand stecken".
- Wir banalisieren die Situation, indem wir sie als unbedeutend abwerten.
- Wir streiten ab, die Fähigkeit zur Lösung des Problems zu besitzen.
- Wir stellen das Problem grundsätzlich als unlösbar hin.

Manchmal sind wir uns der Verdrängung selbst nur halb bewusst. Ein guter Gradmesser dafür, ob alles in Ordnung ist, sind unser körperlicher Zustand und unser Befinden. Wenn Sie sich wirklich als glücklich, erfüllt und zufrieden betrachten und Sie sich bester Gesundheit erfreuen – und Ihre Umwelt Ihre Einschätzung teilt – scheint wirklich alles in bester Ordnung zu sein. Sofern eine organische Erkrankung ausgeschlossen werden kann, sind bereits häufige Unlust, Müdigkeit oder Missgestimmtheit auf der psychischen und Rückenschmerzen, Magenprobleme und Bluthochdruck auf der körperlichen Seite deutliche Anzeichen dafür, dass etwas nicht stimmt.

Die meisten Menschen, mit denen ich in der Beratung zu tun hatte und habe, waren sich jedoch ihrer Probleme durchaus bewusst, hatten aber Angst vor der Auseinandersetzung damit. Denn die Auseinandersetzung mit einer Situation erfordert, Gegebenheiten ins Gesicht zu schauen, eventuell Prioritäten zu setzen und unter Umständen sogar (schmerzliche) Entscheidungen zu treffen. Was zum Beispiel bedeutet es für eine Mutter von drei Kindern, die seit ihrer Berufsausbildung Hausfrau war, sich von dem Vater ihrer Kinder zu trennen, mit dem sie schon lange unglücklich ist? Es wird unter Umständen bedeuten, einen Kriegszustand mit dem Partner einkalkulieren zu müssen, die Kinder psychisch schwer zu belasten, möglicherweise das Haus zu verlieren, kein Auto mehr zu haben und dass alle Beteiligten in der Zukunft den Gürtel deutlich enger schnallen müssen. Ich will damit sagen, dass manche Entscheidungen zur Lösung von Problemen Fern- und Nebenwirkungen auch für andere haben können. Es ist nicht immer einfach, ein Problem zum Besten für alle Beteiligten zu lösen. Die Lösung bedeutet also manchmal auch, sich selbst harte Fragen zu stellen. Insofern ist es verständlich, dass wir uns alle von Zeit zu Zeit vor der Lösung von Problemen drücken möchten.

Bevor ich eine mögliche Fünf-Schritte-Strategie zum Problemlösen vorstelle, möchte ich Ihnen empfehlen, auch hier wieder einmal eine Änderung Ihrer bisherigen Sichtweise vorzunehmen. Denken Sie mehr lösungs- und weniger problemorientiert. Wenn Sie lösungsorientiert vorgehen, entspricht das einer zukunftsweisenden, zielführenden Handlungsweise. Es ist zwar wichtig, Ursachen zu analysieren, aber wenn dieser Ansatz die Haupttriebfeder ist, kann das dazu führen, sich in unnützen und unangebrachten Schuldfragen zu verstricken. Die beste Art, ein Problem zu behalten, ist, sich in dessen Analyse festzubeißen. Zudem sind die Ursachen für Probleme manchmal derart komplex oder so tief im eigenen Unterbewusstsein vergraben, dass wir sie sowieso nicht vollständig ergründen werden.

Andererseits muss ein Problem wirklich identifiziert werden, bevor man eine angemessene Lösung dafür finden kann. Es geht also wieder einmal um den Weg der Mitte.

Ich empfehle Ihnen auch hier, dem Problem und seiner Lösung schriftlich zu Leibe zu rücken.

Fünf Schritte zum Lösen von Problemen:

1. Problem formulieren
Formulieren Sie das Problem mit Ihren eigenen Worten. Versuchen Sie dabei, sich so kurz wie möglich zu fassen, um das, worum es geht, präzise auf den Punkt zu bringen. Widerstehen Sie der Neigung, sich aus Angst vor dem Problem in blinden Aktionismus zu stürzen, ohne sich darüber klar zu sein, worin das Problem eigentlich besteht.

2. Problem analysieren
Seit wann besteht dieses Problem? Womit hat es begonnen?

3. Lösungen ausarbeiten

Machen Sie ein wildes, kreatives Brainstorming, zu dem Sie – wenn es passt – die beste Freundin oder den Freund hinzubitten. Schreiben Sie alle Lösungsansätze auf, auch wenn sie zunächst verrückt klingen. Manchmal braucht man Chaos, um daraus eine folgerichtige Logik entwickeln zu können.

4. Maßnahmen einleiten

Nun schlägt die Stunde der Wahrheit, denn das Einleiten von Maßnahmen erfordert manchmal, Schwerpunkte zu setzen und Entscheidungen zu treffen. Dennoch: Erfolg buchstabiert man: T-U-N.

5. Erfolg nachprüfen

Sie wissen es ja schon: Unser Hirn lechzt nach Belohnung. Es erhöht Ihr Selbstbewusstsein, Ihr Gefühl von Selbstwirksamkeit und es senkt Ihren Stress, wenn Sie bewusst wahrnehmen, dass Sie ein Problem erfolgreich bewältigt haben. Wenn Sie gut waren, dann klopfen Sie sich ruhig hin und wieder ordentlich auf die Schulter. Eigenlob stinkt? Ich frage mich heute noch, wer diesen blödsinnigen Satz erfunden hat.

Sollte Ihre Strategie nicht zum Erfolg geführt haben, dann beginnen Sie unverdrossen wieder bei Punkt 1.

Gewöhnen Sie sich also an, den Stier bei den Hörnern zu packen. Eine gute Strategie dafür haben Sie jetzt parat.

Gewöhnen Sie sich an, feste Erholungszeiten einzubauen

In Stressratgebern wird immer wieder der „Termin mit mir selbst" beschworen. Zugegeben, das ist nichts zündend Neues, aber ein sehr guter Tipp. Sich immer nur vorzunehmen, etwas für sich zu tun, führt nie zum Ziel. Diesem Vorsatz müssen schon konkrete Taten folgen, wenn etwas für uns dabei herauskommen soll.

Ich habe mir zum Beispiel angewöhnt, die Woche am Freitag nach dem Mittagessen mit einem ausgedehnten Waldspaziergang abzuschließen und im Anschluss daran mit meiner Freundin Tee trinken zu gehen. Ob Sie es glauben oder nicht: An schwierigen

Tagen schiele ich auf den Kalender, wann endlich Freitag („Wald-tag") ist. Ich freue mich die ganze Woche darauf und der Gedanke an dieses „dekadente" Freizeitvergnügen motiviert mich auch an belastenden Tagen zum Durchhalten.

Ebenso sollten Sie sich festen Freiraum für Ihre persönlichen Wohlfühltermine schaffen. Solche Wohlfühltermine können mit der Familie zusammenhängen, sollten sie aber nicht zwangsweise. Wer ständig unter Dauerbeanspruchung steht, braucht zwischen-durch auch mal Auszeiten, die er ganz mit sich alleine verbringt. Ich formuliere das so, dass ich zwischendurch auch mal meine eigenen Gedanken denken und meine eigenen Gefühle fühlen möchte.

Vielleicht treffen Sie sich jeden zweiten Donnerstagnachmittag mit einem Freund in der Sauna, mit Freunden zur regelmäßigen Doppelkopfrunde oder mit dem Junior zum Skaten. Richten Sie Familienabende ein und markieren Sie diese freie Zeit in Ihrem Kalender.

Ein schönes Beispiel für eine gelebte Work-Life-Balance erlebte ich bei einem bekannten freiberuflichen Unternehmer, mit dem ich zu einer Arbeitssitzung verabredet war. Zur Mittagszeit brach er ab, lud mich dazu ein, mit in die Küche zu kommen, und dann kochte er in aller Seelenruhe Mittagessen für uns. Er erklärte mir, dass er viel arbeite. Aber an Markttagen würde er sich auf sein Fahrrad schwingen und zum Markt fahren, um frisches Gemüse zu kaufen. Er hat es sich angewöhnt, das Mittagessenkochen zu einem der „heiligen Rituale" seines Tages zu machen.

Gewöhnen auch Sie sich an, zu bestimmten Zeiten „nicht zur Verfügung zu stehen". Natürlich dürfen Sie in Ausnahmefällen da-von abweichen – aber auch nur dann.

Verfallen Sie nicht dem Irrtum, zu glauben, Sie hätten keine Zeit für „freie Zeit". Jeder, der diese Empfehlungen umsetzt, wird Ihnen bestätigen, dass er am Arbeitsplatz oder im Haushalt ge-nauso viel schafft wie vorher. Ich selbst staune auch immer wieder darüber, wie effizient ich mich nach einer ausgiebigen Ruhepause über anstehende Aufgaben hermachen kann. Mit neuem Elan und einem frischen Geist schaffe ich dasselbe in der halben Zeit.

Noch drei Tipps dazu:

- Bemessen Sie Ihre Erholungszeiten nicht zu knapp. Wer stark unter Druck steht, für den reichen zwei Stunden Spaziergang zwischendurch nicht aus.
- Fangen Sie auch hier mit kleinen Schritten an und dehnen Sie Ihre selbstbestimmte Zeit allmählich immer mehr aus, bis Sie das Gefühl einer ausgewogenen Work-Life-Balance erreicht haben.
- Durchforsten Sie Ihr Leben danach, wo, wie und wann Sie feste, regelmäßige Zeiten für Ihre Erholung einbauen können.

Gewöhnen Sie sich an, zu entschleunigen

Es ist nutzlos, den Rhythmus des Lebens forcieren zu wollen. Die Kunst des Lebens besteht darin zu lernen, allem und jedem die Zeit zu lassen, die er braucht.

Carlo Petrini, Gründer von Slow Food

Wenn ich sehe, mit welchem Tempo ich oft arbeite, und wenn ich dann am Ende eines 14-Stunden-Tages mit dem Gefühl zurückbleibe, zu wenig geschafft zu haben, dann wird mir manchmal angst und bange. Dann merke ich deutlich, dass es Zeit ist, wieder mal die Notbremse zu ziehen. Dass ich als Fachfrau für Stressbewältigung so etwas sage, verwundert Sie vielleicht. Aber es ist realistisch. Ich möchte mit diesem Buch keine unangebrachten Erwartungen an das Himmelreich auf Erden in Ihnen wecken, was die Bewältigung von Stress in Ihrem Alltag anbelangt. Ich möchte die Situation, in der wir alle uns befinden, ungeschminkt darstellen, aber auch aufzeigen, dass es Möglichkeiten gibt, gut damit umzugehen. Realistisch zu sein heißt auch, zu sehen, dass wir immer wachsam bleiben müssen, um nicht im Sog von Druck und Geschwindigkeit unseres Lebens im 21. Jahrhundert unterzugehen. Selbst wenn Sie glauben, das Umsetzen der Anregungen in diesem Buch und das regelmäßige Praktizieren von Meditation und Entspannungstechniken würden Sie zum gehörnten Siegfried machen, dann bedenken Sie, dass auch er eine verwundbare Stelle hatte. Natürlich sind wir gewappnet, aber eine erfolgreiche Stressbewältigung ist nicht gleichbedeutend damit, fortan quasi automatisch allem Stress des Lebens trotzen zu können. Erfolgreich seinen Stress zu bewältigen bedeutet, ein Gefühl für das Gleichgewicht der Dinge erlangt zu haben und über die Fähigkeit zu verfügen, diese Balance immer wieder herzustellen.

Ein Teil dieser Strategie ist die Entschleunigung. Ich musste übrigens über das schmunzeln, was ich zu Tage beförderte, als ich dem Begriff der Entschleunigung einmal nachging: Der Begriff *Stress* stammt aus dem England des 19. Jahrhunderts. Er entstand dort im Zusammenhang mit den Bestrebungen, Eisenbahnen mit einer Geschwindigkeit von mehr als 10 km/h (!) zu verbieten. Das entsprach dem vorherrschenden Gefühl von Zeit, während unser Zeitgefühl im 21. Jahrhundert durchaus dem der Hochgeschwindigkeitszüge entspricht. Immerhin brachte es der schnellste Zug der Welt auf satte 581 km/h. Gut, das war eine Testfahrt, aber selbst im Linienverkehr katapultiert man Sie in Frankreich mit TGV-Geschwindigkeiten von 320 km/h von Lyon St. Exupéry nach Aix-en-Provence. Spaßeshalber habe ich dazu die folgende Pi-mal-Daumen-Berechnung angestellt: In den letzten 200 Jahren haben wir uns alle zehn Jahre um rund 30 km/h beschleunigt; das bedeutet: innerhalb eines Menschenlebens (angenommene 80 Jahre) von der Wiege bis zur Bahre um 240 km/h. Respekt! Mir scheint, dass die Beschleunigung unseres Lebens der Beschleunigung auf den Gleisen in nichts nachsteht.

Wenn ich hier über Entschleunigung rede, dann meine ich damit nicht Entschleunigung als Selbstzweck. Ich plädiere dafür, ein rechtes Maß zu bewahren. Und zwar nicht die Geschwindigkeitsmaße von Schnellzügen, Datenleitungen oder Produktionsprozessen, sondern die unseres 280 Millionen Jahre alten Instinkthirns, das mit diesen rasanten Entwicklungen nicht mitgehalten hat. Ich sehe eine der Hauptursachen unseres täglichen Stresses darin, dass wir uns selbst eine Gesellschaft und ein Leben gestaltet haben, das unsere kognitiven menschlichen Fähigkeiten längst überholt hat. Das Tempo unserer modernen Industriegesellschaft hat eine Eigendynamik entwickelt, die wir mittlerweile in alle Bereiche unseres Lebens hineintragen. Wir reiben uns dabei auf, der von uns selbst geschaffenen Geschwindigkeit hinterherzuhecheln. Aber wir werden sie nie erreichen, denn wir sind Menschen und menschliche Entwicklung vollzieht sich in evolutionären, langen Zyklen. Das bedeutet, dass wir lernen müssen, mit der von uns geschaffenen Welt adäquat umzugehen, damit sie uns nicht umbringt. Darin, dass wir derzeit noch nicht dazu in der Lage sind, sehe ich die Hauptursache von Stress mit all seinen Konsequenzen. In unserem selbst erschaffenem Wahn von immer schneller, immer höher, immer besser – und immer billiger – richten wir uns selbst zugrunde. Es wird Zeit, dass wir zur Besinnung kommen – und einer der Schritte dorthin ist die Entschleunigung unseres Alltags. Gemessen am Gesamtdesaster scheint diese Strategie unbedeutend, aber das ist sie nicht. Immer mehr Menschen haben das Bedürfnis, diesem Wahnsinn Einhalt zu gebieten. So haben sich in den vergangenen Jahrzehnten ganze „Slow"-Bewegungen gebildet, in Deutschland unter anderem die „Slow-Food"-Organisation. Es geht dabei gleichermaßen um die Erhaltung unserer Umwelt und faire Erzeugerbedingungen wie um Zeithaben und Genießen.

Deshalb verinnerlichen Sie sich den Satz: *„Mach langsam!"* Kleben Sie sich Post-it-Zettel an prominente Stellen, im Auto, an den Rand des Spiegels oder des Computermonitors. Durchforsten Sie Ihr Leben nach Möglichkeiten, bestimmte Dinge oder Erledigungen langsamer, bewusster – und vor allem achtsamer – anzugehen. Sie merken, auch hier kommt der Achtsamkeit wieder einmal eine besondere Bedeutung zu. Vielleicht beginnen Sie damit, langsamer zu Ihrem Auto zu gehen, wenn Sie vorhaben, wegzufahren. Oder Sie üben Gelassenheit im Supermarkt.

Ich stelle immer wieder fest, wie sehr das E-Mailen zur Beschleunigung beiträgt. Selbst wenn ich meine E-Mails nur dreimal am Tag abrufe, spüre ich während des Arbeitens am Computer den Druck möglicher neu eingehender Nachrichten. Dann brauche ich Kraft und Konzentration, um dem Druck, nachzuschauen, nicht nachzugeben. Dieser wahrgenommene Druck erhöht das Gefühl von Stress und damit das Arbeitstempo. Sitze ich an Feiertagen am Computer, spüre ich diesen Druck nicht, weil ich weiß, dass derzeit sowieso nichts Wichtiges hereinkommt. Zum Umgang mit der E-Mail-Flut finden Sie übrigens hilfreiche Tipps auf meiner Internetpräsenz www.der-stresscoach.de/stressfrei.html.

Gönnen Sie sich den Luxus von Zeit, von Gelassenheit. Planen Sie für Termine und Aktionen mehr Zeit ein, als Sie dafür benötigen. Es geht dabei nicht um Trödeln, um Schluffig- oder Lahmarschig-Sein, sondern darum, den Dingen die Zeit zu geben, die sie in einem umfassenden Sinn von Umgang mit sich selbst, anderen und der uns umgebenden Natur brauchen.

Übung
Überlegen Sie sich, welche Maßnahme zur Entschleunigung Sie im Berufs- oder Privatleben ab sofort umsetzen. Sobald Sie das Gefühl haben, dass Ihnen die Verlangsamung an dieser Stelle in Fleisch und Blut übergegangen ist, suchen Sie sich ein weiteres Objekt zur Reduzierung des ihm innewohnenden Tempos.

Fahren Sie damit fort und Sie werden feststellen, dass diese Übungen zu einer inneren Haltung werden, die Ihnen Ruhe und Gelassenheit in all Ihren Tätigkeiten beschert. Irgendwann ist es keine Übung mehr und Sie müssen auch nicht mehr ständig daran denken – Sie haben sich daran gewöhnt, Dinge auf eine ruhige Art zu tun. Aber bleiben Sie wachsam dafür, wo die Sie umgebende Hektik wieder nach Ihnen greift und versucht, Sie in die alten Bahnen zurückzudrängen.

Gewöhnen Sie sich an,
regelmäßig Entspannungstechniken zu üben

> *Wieso glauben Sie, dass Arbeit und Meditation*
> *zwei verschiedene Dinge sind?*
>
> Dr. Akong Tulku Rinpoche

Glauben Sie, dass es für die ganze Woche ausreicht, wenn Sie sich montags siebenmal hintereinander die Zähne putzen? Natürlich glauben Sie das nicht. Sie können das Zähneputzen nicht „speichern". Mit Entspannungstechniken und Meditation verhält es sich ähnlich. Sie können Entspannung und Gelassenheit nicht speichern und bei Bedarf abrufen, ebenso wenig, wie Sie „vorschlafen" können, wenn Ihnen lange Nächte bevorstehen. Deshalb sollten Sie Ihre Übungen so selbstverständlich in den normalen Tagesablauf integrieren wie das Zähneputzen. In verschiedenen Ländern unserer Erde, wie zum Beispiel in China und Japan, ist es selbstverständlich, vor Arbeitsbeginn und in den Mittagspausen Qigong oder Tai Chi zu üben. Es würde eine deutliche Beeinträchtigung der Lebensqualität dieser Menschen bedeuten, wenn ihnen das plötzlich versagt würde, denn die Übungen sind integraler Bestandteil ihres Lebens.

Wir sollten es ihnen gleichtun, und ich hege die zarte Hoffnung, dass sich diese Erkenntnis in den nächsten Jahren auch durchsetzen wird. Vielleicht wird man dann auch bei uns immer mehr Manager sehen, die in der Mittagspause das Jackett ausziehen, um im Park ihre Übungen zu machen.

Wir westlichen Menschen betrachten Meditation und Entspannungstechniken als etwas von uns Getrenntes, für das wir zusätzliche Zeit und Mühe aufwenden müssen. Solange wir das so sehen, werden diese Übungen in der Tat eine Bürde für uns sein. Für eine effektive Stressbewältigung bedeutet das, dass wir lernen müssen, solche Übungen zu einem integralen Lebensbestandteil zu machen. „Nette Theorie", denken Sie jetzt vielleicht, und in der Tat, am Anfang erfordert dieser Prozess vor allem eins: Disziplin zum Durchhalten. Da gibt es gar nichts zu beschönigen. Solange Sie das Wohlgefühl solcher Übungen noch nicht vollständig durchdrungen hat, sind die Übungen möglicherweise nur etwas, um das Sie sich jetzt noch zusätzlich zu Ihrer ohnehin schon hohen Belastung kümmern müssen. Über diesen Zeitraum können Ihnen die bereits angesprochenen Möglichkeiten zur Inspiration hinweghelfen. Andererseits stellen sich die Erfolge solcher Übungen, wenn sie regelmäßig durchgeführt werden, erstaunlich schnell ein.

Ich kann mich noch genau an den Tag erinnern, als aus meinem „Ich *muss* noch meine Übungen machen" ein „Ich *möchte* noch meine Übungen machen" wurde. Freunde wollten mich spontan zu einer gemeinsamen Aktivität abholen. Ich hatte bereits einen anstrengenden Arbeitstag hinter mir, freute mich über die willkommene Abwechslung und war schon drauf und dran, mir meine Jacke zu schnappen und mitzugehen, um mich Hals über Kopf in die nächste Aktivität zu stürzen. Doch dann war da plötzlich eine kleine Flamme in mir. Klein, aber unübersehbar. Sie brannte ruhig und klar mitten in meinem Bewusstsein. Und plötzlich überkam mich das Bedürfnis nach Zentrierung und innerer Ruhe. Ich sagte meinen Freunden, dass sie schon vorgehen sollten, ich käme in einer Dreiviertelstunde nach. Es war eine wunderbare Meditation und ich verlebte noch einen ebenso wunderbaren Abend mit meinen Freunden. Diese bewusste Sehnsucht nach Zurückgezogenheit, innerer Stille und Klarheit hat mich seit diesem Tag nicht mehr verlassen.

Wenn Sie sich angewöhnen, Ihre Übungen zum selbstverständlichen Bestandteil Ihres Lebens zu machen, werden Sie überrascht sein, wie schnell aus dem „Müssen" ein „Möchten" wird. Für die relativ kurze Zeit der Überwindung, Disziplin und Mühe werden Sie ein Leben lang belohnt.

Gewöhnen Sie sich an, gesünder zu leben
Diesem Thema widme ich weiter unten noch ein gesondertes Kapitel. Speichern Sie an dieser Stelle schon einmal ab, dass Sie auch hier förderliche Gewohnheiten aufbauen können.

Wenn Sie das Thema besonders interessiert, können Sie auch zum Kapitel „Der Tiger sorgt für seinen Körper" vorspringen und anschließend wieder hier weiterlesen.

Gewöhnen Sie sich an, sich Ziele zu setzen
Auch an das Setzen von Zielen können und sollten Sie sich gewöhnen. Mit der Bedeutung der Zielsetzungen haben wir uns in diesem Kapitel bereits ausführlich beschäftigt. Wenn Sie möchten, lesen Sie diese Ausführungen noch einmal nach und kommen danach wieder hierher zurück.

Lernen von Vorbildern

Das Leitbild meiner Arbeit und dieses Buches ist der Tiger. Eingangs erklärte ich auch, warum das so ist: weil er über einige Eigenschaften verfügt, von denen wir in der Stressbewältigung etwas lernen können. Ich habe mir diese Eigenschaften sozusagen zum Vorbild genommen.

Die Idee, von Vorbildern zu lernen, ist nicht neu. In der Pädagogik spricht man von „Wahrnehmungslernen" und im Business von „Modelling of Excellence". Bereits 1928 veröffentlichte der Schriftsteller Napoleon Hill (1883–1970) das Buch *„Denke nach und werde reich"*, in welchem er über einen Zeitraum von 20 Jahren die Erfolgsrezepte der berühmtesten und reichsten Amerikaner zusammengetragen hatte. Heute, über 80 Jahre später, ist dieses Buch immer noch ein Renner. Nach wie vor suchen wir nach Vorbildern, die uns zeigen, wie wir erfolgreich in dieser Welt bestehen. In dem Bestreben, ebenfalls Erfolg und Reichtum zu erlangen, eignen sich die Leser heute noch die Art und Weise, Dinge zu betrachten und mit ihnen umzugehen, an.
Von Vorbildern zu lernen bedeutet keineswegs, sich zu deren Abziehbild zu machen, eine „billige Kopie" von ihnen zu werden. Es bedeutet eine zeitweilige Identifizierung mit einer Person zum Erreichen bestimmter Ziele, und es kann auch bedeuten, die eigenen Kompetenzen anzureichern. Außerdem ermöglicht es, einen

gewissen Abstand von der Situation zu bekommen, in der man gerade steckt. Und wie mein Beispiel des Tigers zeigt, muss es sich auch nicht unbedingt um eine menschliche Person handeln. Von den Indianern Nordamerikas weiß ich, dass sie sich im Zuge ritueller Handlungen in bestimmte Tiere versetzt haben, um sich deren Eigenschaften, wie zum Beispiel Schnelligkeit, Klugheit, Kraft oder Ausdauer, anzueignen. Wären Sie nicht auch gerne mal ein Igel, wenn alle nach Ihnen greifen?

Als ich vor zwei Jahren die Ehre hatte, fünf Tage lang zu Füßen des Dalai Lama zu sitzen und Unterweisungen zu empfangen, haben mich dessen unerschütterlicher Gleichmut, die Konzentrationsfähigkeit und die stille Heiterkeit tief berührt. Wenn ich in meinem Leben in Situationen komme, in denen ich nicht sicher bin, wie ich mich verhalten soll, frage ich mich oft, was Seine Heiligkeit tun würde. Das gibt mir Sicherheit und Orientierung in meinem Tun.

Es müssen jedoch weder Tiere noch hochstehende Persönlichkeiten sein, die uns als Vorbilder dienen. Wenn Sie sich in Ihrem Alltag, im Beruf oder in der Freizeit umschauen, werden Sie zahlreiche Menschen entdecken, die sich als Vorbild für die verschiedensten Dinge eignen. Mich beeindruckt zum Beispiel immer die Freundlichkeit der Verkäuferin an der Käsetheke meines Supermarktes. Sie ist nicht mehr die Jüngste und sicherlich auch nicht die Leichteste. Es fällt ihr bestimmt nicht leicht, den ganzen Tag hinter der Theke herumzulaufen. Dennoch habe ich sie noch nie missmutig erlebt. Sie ist immer von Herzen freundlich, weiß, dass ich meistens hungrig bin, wenn ich abends nach der Arbeit noch einkaufen komme, und hält immer eine ansehnliche Probe von einem leckeren Käse für mich parat. Ich bewundere diese Frau dafür. Ähnlich geht es mir auch mit Kellnerinnen und Kellnern in Cafés, die sich den ganzen Tag lang die Hacken abrennen, sich von unfreundlichen Kunden anblubbern lassen müssen und dennoch lächeln und höflich bleiben.

Als ausgebildete Sterbebegleiterin bin ich oft mit Menschen in Kontakt gekommen, die zum Teil besonders tragische Verluste erlitten haben. Die sanfte Würde und tiefe Weisheit, mit der manch einer von ihnen mit seinem Schmerz umging, war mir in der Verarbeitung eigener Verluste eine hilfreiche Stütze.

Manchmal sind es Unfallopfer mit schweren körperlichen Beeinträchtigungen, die nicht aufgeben, sondern sich im Sport oder in Tätigkeiten im Dienste der Leidenslinderung anderer engagieren, deren unerschütterliche Kraft, tägliche Beeinträchtigungen zu überwinden, ich auch gerne hätte.

Ein befreundetes Ehepaar ist für mich ein Vorbild dafür, wie es in Anbetracht wirklich schwieriger beruflicher Umstände stets geduldig und liebevoll mit seinen Kindern umgeht, selbst wenn beide Elternteile müde und deprimiert sind.

Wann immer Sie solch eine Person sehen, die etwas von den Eigenschaften verkörpert, die Sie auch gerne hätten, dann machen Sie so etwas wie ein inneres Polaroid-Foto davon und stellen Sie dieses Bild auf den „Kaminsims Ihrer Stressbewältigung". Vielleicht gesellen sich hier auch noch Buch-, Comic- oder Filmheldinnen und -helden dazu und irgendwann verfügen Sie über eine umfangreiche Legion hilfreicher Freunde.

Sie werden feststellen, auch die Gewohnheit, von anderen zu lernen, ist eine der Stressbewältigungsstrategien, die durchaus kreativ sein und Freude machen können.

Setzen Sie sich in einer ruhigen Stunde hin und überlegen Sie sich, welche Ihrer Eigenschaften einer Verbesserung bedürfen beziehungsweise welche Sie sich gerne aneignen würden, und fragen Sie sich dann, wer (oder was) für Sie die Verkörperung dieser Eigenschaften darstellt.

Erste und weitere Schritte

Wenn Sie dieses Buch zu Ende gelesen haben, werden Sie vermutlich hoch motiviert zur Tat schreiten wollen. Bereits an dieser Stelle beginnt Ihre Stressbewältigung tatsächlich, nämlich damit, dass Sie Ihren Aktionsdrang in konstruktive Bahnen lenken. Das bedeutet zunächst einmal, ihn zu zügeln. Ich werde Ihnen helfen, schrittweise vorzugehen, damit Sie Ihr „Haus der Stressbewältigung" nicht auf eine Düne setzen.

Die folgenden Grundsätze für eine effiziente Stressbewältigung im Auge zu behalten, ist schon die halbe Miete:

- Bauen Sie Gewohnheiten auf. Was nicht zur Gewohnheit wird, geht in der Regel wieder verloren.
- „Versuchen" Sie nicht, sondern „tun" Sie es. Wer immer nur beginnt, kommt niemals ans Ziel.
- Machen Sie nicht alles auf einmal. Gehen Sie mit kleinen Schritten vor; beginnen Sie mit einfachen, überschaubaren Maßnahmen.
- Bündeln Sie Ihre Kräfte auf das Wesentliche.
- Behalten Sie Ihre Ziele im Auge.
- Definieren Sie Ihre Ziele machbar. (Nicht: „Ich lebe ab jetzt gesünder", sondern: „In dieser Woche trinke ich nur noch maximal zwei Tassen Kaffee pro Tag.")
- Definieren Sie Ihre Schritte, bevor Sie sie tun.
- Sorgen Sie für fortlaufende Inspiration, um dranzubleiben.

Vielleicht haben Sie während des Lesens dieses Buches schon einige Ideen aufgegriffen, mit denen Sie den Weg Ihrer Stressbewältigung beschreiten. Falls Sie sich jedoch nicht sicher sind, wie und womit Sie beginnen können, habe ich hier einen Einstiegs-Vorschlag für Sie:

Die erste Woche

1. Achtsamkeit entwickeln

a) Lesen Sie zur Vertiefung noch einmal das Kapitel über Achtsamkeit – das Herz der Stressbewältigung.

b) Putzen Sie sich ab sofort jeden Morgen *achtsam* die Zähne. Nehmen Sie alles wahr, was in der Zeit des Zähneputzens wahrzunehmen ist: Ihre Körperhaltung, die Zahnbürste, das Zahnfleisch, Ihre Bewegungen, den Schaum und so weiter. Bleiben Sie mit Ihrem Bewusstsein voll und ganz bei dieser Aktivität. Schweifen die Gedanken ab, dann holen Sie sie emotionslos zur Tätigkeit zurück.

c) Halten Sie ab sofort inne, bevor Sie eine Tür öffnen. Atmen Sie einmal tief durch, bevor Sie die Klinke herunterdrücken. Das

Gleiche gilt auch für die Autotür. Halten Sie einen Moment inne, bevor Sie die Autotür aufschließen, atmen Sie durch, besinnen Sie sich auf sich selbst und fahren Sie dann mit Ihrer Tätigkeit fort.

d) Üben Sie Achtsamkeit beim Essen. Bevor Sie mit Ihrer Mahlzeit beginnen oder bevor Sie ein Glas Wasser oder eine Tasse Tee oder Kaffee trinken, halten Sie wieder kurz inne, atmen tief durch und fahren dann mit Ihrer Tätigkeit fort.

Wenn Sie am Ende eines Tages feststellen, dass Sie „nur" einmal achtsam waren, dann tadeln Sie sich nicht dafür. Loben Sie sich, denn das ist bereits ein Anfang. Das meine ich durchaus nicht sarkastisch, denn Wege zur Veränderung eingefahrener Angewohnheiten sind wirklich Wege der kleinen Schritte. Bleiben Sie beharrlich am Ball!

2. Nichtstun I und Nichtstun II üben

Dies ist wohl die beliebteste Übung der Welt: *Nichtstun!* Die Übung *Nichtstun I* wird künftig Ihren Arbeitstag einleiten. Die Übung *Nichtstun II* hingegen wird ihn beenden. Sie dauern jeweils zwei Minuten und es geht um nichts anderes, als einfach stillzusitzen und das Ein- und Ausströmen des Atems wahrzunehmen. Sonst nichts. Vor allem nicht denken. Nur den Atem beobachten.

Sie üben *Nichtstun I* nun täglich, bevor Sie mit Ihrem Tagewerk beginnen und *Nichtstun II*, um Ihren Feierabend damit einzuleiten.

Diese einfachen Übungen lehren Sie auf Dauer, ein besseres Gespür für das Umschalten vom *Tun*-Modus in den *Sein*-Modus zu bekommen.

3. Tagesplan

Ab jetzt besteht Ihre letzte Amtshandlung des Arbeitstages (vor der Übung „Nichtstun II") in der Planung der Tätigkeiten des kommenden Tages. Schreiben Sie alles auf, was am nächsten Tag zu tun ist. Unterteilen Sie aufwändige Vorhaben in ihre nötigen Teilschritte. So haben Sie alles organisiert und den Kopf frei für die letzten entspannten Stunden des Tages. Im Laufe des folgenden Tages streichen Sie alle Punkte ab, die Sie erledigt haben.

Denken Sie zwischendurch immer wieder mal daran, sich zu motivieren. Folgende Dinge, Aktivitäten oder Strategien stehen Ihnen dafür zur Verfügung:

Bücher
Lesen Sie inspirierende Bücher zum Thema. Besonders hilfreiche Bücher können Sie mehrmals lesen. Sie werden feststellen, dass Sie ständig etwas Neues dabei finden, was Ihnen zuvor entgangen war. Manche Dinge bewerten Sie auch anders, nachdem sie einmal Eingang in Ihr Bewusstsein gefunden haben.

Kurse
Buchen Sie einen Entspannungskurs Ihrer Wahl. Eine feste Gruppe mit regelmäßigem Austausch ist ein guter Antrieb, dabeizubleiben.

Austausch
Thematisieren Sie die Themen Stress, Stressbewältigung und Entspannung in Ihrer Familie, am Arbeitsplatz und unter Freunden. Sie werden feststellen: Jeder hat etwas dazu zu sagen. Sensibilisieren Sie, aber machen Sie sich dabei nicht zum Guru. Suchen Sie einen Austausch, bei dem jeder zu seinem Recht kommt.

Umfeld einbeziehen
Wenn Sie Ihr Umfeld ab heute mit neuen Augen betrachten, fällt Ihnen vielleicht auf, wo im Familienalltag, im Beruf oder in der Freizeit Dinge stressfreier gestaltet werden könnten. Regen Sie behutsam Veränderungen an – die dann auch wieder Ihnen persönlich zugutekommen. Achten Sie auch hier darauf, Ihre Mitmenschen mit Ihrer Begeisterung nicht zu überfordern.

Klo-Meditationen
Mit dieser Übung habe ich mir bereits einen Namen gemacht. Aber sie ist weniger witzig, als Sie glauben. Denn das Klo ist einer der wenigen Orte – an manchen Tagen der einzige – wo wir ein paar Minuten gänzlich ungestört in Stille verbringen können. Passionierte Klo-Zeitungs-Leser wissen das. Nutzen auch Sie diese

stillen Minuten für die eine oder andere Übung, die Sie in diesem Buch finden. Gut geeignet sind Atemübungen, Autogenes Training und Muskelentspannungssequenzen.

Coach
Gönnen Sie sich einen Coach, der Sie so lange begleitet, bis Sie das Gefühl haben, dass Ihr Leben so weit wie möglich entstresst ist.

Gegenstände
Gibt es Gegenstände, Bilder oder Ähnliches, die Sie mit Entspanntheit in Verbindung bringen? Dann hängen oder stellen Sie sie dort auf, wo Sie leben und arbeiten. Jeder Blick darauf wird Sie an Ihren Weg zu mehr Gelassenheit erinnern.

Der Tiger hat ein Gefühl
für den richtigen Zeitpunkt

Zeit – eine Frage von Quantität, Qualität und Organisation

> *Wie würden Sie die Sache beurteilen,*
> *wenn Sie nur noch einen Tag zu leben hätten?*
>
> Doris Kirch

Der falsche Umgang mit Zeit ist wie ein Brandbeschleuniger im Großfeuer von Stress. Nie haben Menschen mehr Zeit zur Verfügung gehabt als in unserem Zeitalter und dennoch hat jeder das Gefühl, zu wenig davon zu haben. Von „Zeitknappheit" ist die Rede. Immer wieder stellen wir jedoch in der Stressberatung fest, dass durchaus ausreichend Zeit zur Verfügung steht – es mangelt nur an einer vernünftigen Einteilung dieser Zeit. Dass diese Aussage wahr ist, wird Ihnen jeder bestätigen, der gelernt hat, den Umgang mit der Ressource Zeit in den Griff zu kriegen.

Wer im Stress ist, hat immer auch ein Problem damit, seine Zeit vernünftig zu managen. Sie glauben mir nicht? Dann beantworten Sie einmal die folgenden Fragen:

	ja	nein
Haben Sie klare Vorstellungen bezüglich Ihrer beruflichen Ziele?	O	O
Haben Sie klare Vorstellungen bezüglich Ihrer persönlichen Lebensziele?	O	O
Verrichten Sie Ihre täglichen Aufgaben nach Prioritäten?	O	O
Delegieren Sie ausreichend?	O	O

Können Sie sich abgrenzen?	O	O
Verzetteln Sie sich leicht?	O	O
Sind Sie am Ende eines Tages oft frustriert, weil Sie wieder nicht alles geschafft haben, was Sie sich vorgenommen haben?	O	O
Haben Sie tagsüber öfter mal die Möglichkeit, eine kleine Entspannungspause einzulegen?	O	O
Bündeln Sie Arbeiten (z.B. Telefonieren, Behördenkram, E-Mail-Schreiben, Besorgungen machen?)	O	O
Haben Sie das Gefühl, jede neue Aufgabe, die auf Sie zukommt, sofort erledigen zu müssen?	O	O
Verfügen Sie über genügend Zeitpuffer für unvorhergesehene Aufgaben?	O	O
Schieben Sie oft Dinge vor sich her?	O	O
Berücksichtigen Sie bei Ihren täglichen Verrichtungen die Hochs und Tiefs Ihrer Leistungskurve?	O	O
Führen Sie in der Regel die Aufgaben zu Ende, die Sie täglich beginnen?	O	O
Dauern Ihre Telefonate und Gespräche meistens viel länger als geplant?	O	O

Diese Ja/Nein-Fragen haben zwar etwas von Entweder-oder, aber es geht mir hier darum, eine deutliche Tendenz darzustellen.

Auswertung: Addieren Sie die fett gedruckten „Stress"-Punkte. Maximal sind 15 Punkte zu erreichen. Das Ergebnis gibt Ihnen Aufschluss über Ihren Umgang mit Zeit, denn die Fragen stehen alle im Zusammenhang damit, wie Sie Ihre Zeit erleben und mit ihr umgehen.

Das ganze Thema Zeitmanagement hier aufzurollen würde den Rahmen dieses Buches sprengen. Dennoch: Auch komplexe Sachverhalte können systematisiert und zusammengefasst werden, und genau das habe ich im Folgenden getan. Die essenziellen Strategien werden Ihnen dabei helfen, den Stress, der durch Zeit„mangel" entsteht, künftig deutlich zu vermindern oder sogar zu vermeiden.

Die Grundregeln des Zeitmanagements

Erfolg durch Selbstdisziplin
Nach dem Lesen dieser Ausführung wissen Sie, wie Sie mit Ihrer Zeit umgehen können, um Stress zu vermeiden. Das Wissen jedoch nutzt Ihnen nichts, wenn Sie dem keine Taten folgen lassen. Ohne Selbstdisziplin erreichen Sie gar nichts. Bleiben Sie deshalb fest in Ihrem Entschluss und konsequent bei der Umsetzung. Was am Anfang vielleicht Zeit raubend und etwas umständlich erscheint, wird ganz schnell zu einer selbstverständlichen Angewohnheit, über die Sie später nicht mehr nachdenken werden. Der Wert eines Zeitmanagements wird so rasch eine angenehme Wirkung in Ihrem Leben zeigen, dass Sie es als inneres Bedürfnis empfinden werden, auf diese ökonomische Art und Weise mit Ihrer Zeit umzugehen. Das wiederum macht es leicht, die nötige Selbstdisziplin und Konsequenz aufzubringen. Bedenken Sie, dass Stress in erster Linie nicht durch die Dinge entsteht, die man erledigt, sondern durch die, die man *nicht* erledigt.

Zu Beginn: Ist-Zustand analysieren
Solange Sie nicht wissen, womit und wie Sie Ihre Zeit verbringen, können Sie sie auch nicht planen. Sie brauchen Klarheit darüber, wo Sie stehen, weil Sie nur daraus ableiten können, wo Sie den Hebel der Verbesserungen ansetzen können.

Deshalb steht am Beginn eines Zeitmanagements zunächst eine Analyse des Ist-Zustandes. Dazu protokollieren Sie eine Woche lang, was Sie tun, wann Sie etwas tun und wie Sie es tun. Beobachten Sie die Gestaltung Ihrer beruflichen Zeit und Ihrer Freizeit. So werden Sie sich der verschiedenen Gewohnheiten, Verhaltensmuster und inneren Antreiber bewusst, die Sie dazu veranlassen, Dinge auf eine bestimmte Weise zu tun. Wie ich schon sagte, besteht der größte Teil unseres Handelns aus Gewohnheiten. Mit Hilfe der Analyse finden Sie heraus, wo der Schuh drückt. Das wiederum versetzt Sie in die Lage, Stress fördernden Umgang mit Zeit Schritt für Schritt zum Positiven zu verändern.

Den Zeitdieben auf der Spur

Im Zeitmanagement gibt es etwas, das *Zeitdiebe* genannt wird. Es geht dabei weniger um Personen, als um die Frage, wo in unserem Leben und bei unserer Arbeit unbemerkt Zeit versickert. Beobachten Sie im Rahmen Ihrer Selbsterforschung also auch,

* durch wen oder was Sie gestört werden
* wann Sie unterbrochen werden
* wie lange die Unterbrechung dauert
* was der Anlass für die Unterbrechung ist

Sie werden die Erfahrung machen, dass die meisten Unterbrechungen nicht wirklich wichtig sind. Sie werden auch feststellen, dass es Menschen gibt, die mit jeder Kleinigkeit angelaufen kommen oder eine E-Mail schicken. Bitten Sie diese Personen, ihre Anliegen zu sammeln, damit Sie sie in einem Durchgang zügig bearbeiten können.

Die Angewohnheit des Tages- und Wochenplans

Leiten Sie Ihren Tagesplan aus einem Wochenplan ab, den Sie jeweils am Ende der einen Woche für die nächste Woche erstellen. Das gestattet Ihnen einen größeren Überblick und mehr Flexibilität.

Wir können nie alles hundertprozentig im Griff haben, aber darum geht es auch nicht. Je besser Sie planen, umso sicherer werden Sie das erreichen, was Ihnen wirklich wichtig ist. Außerdem haben Sie den Kopf frei und werden so zum Gestalter statt zum Spielball der Geschehnisse. Lassen Sie sich bei Ihrer Planung von folgenden Fragestellungen leiten:

1. Welche Ziele möchte ich in dieser Woche erreichen?
2. Welche Ziele sind mir am wichtigsten?
3. Welche Schritte werde ich unternehmen, um diese Ziele zu erreichen?

4. Wie viel Zeit wird die jeweilige Aufgabe in Anspruch nehmen?
5. Wann werde ich was tun?
6. Habe ich genug Zeitpuffer für Unvorhergesehenes und für mein persönliches Wohlergehen eingeplant?

Gewöhnen Sie sich an, Ihre Tagesplanung immer am Ende des jeweiligen Tages für den nächsten Tag zu machen. So machen Sie sich den Kopf frei. Ihr Unterbewusstsein richtet sich indes auf die definierten morgigen Aufgaben aus. Es könnte sein, dass es auf der Fahrt nach Hause, über Nacht oder am nächsten Morgen plötzliche überraschende Lösungen oder Ideen dazu parat hat.

Kein Plan ohne Ziel

Steigen Sie in Ihr Auto und fahren los, ohne zu wissen, wo Sie eigentlich hinwollen? Vermutlich nicht. Wenn Sie nicht wissen, wohin Sie wollen, brauchen Sie auch keinen Plan. Mit anderen Worten: Wenn Sie im Berufs- oder Privatleben etwas erreichen möchten, werden Sie dabei umso erfolgreicher sein, je klarer Sie Ihre Ziele definiert haben und umso zielstrebiger Ihre Pläne für den Weg dorthin sind. Sonst bleiben die meisten Träume Schäume. Da sich die meisten Menschen über ihre Ziele nicht klar sind, verlieren sie sich nicht selten in planlosem Aktionismus, der nirgendwo hinführt, außer geradewegs in den Stress.

Richten Sie sich also in Ihren Zielen aus. Wie Sie das machen, haben Sie bereits in den Ausführungen über Aufgaben und Ziele erfahren. Lesen Sie dort noch einmal nach.

Setzen Sie Prioritäten

Wenn Sie wissen, was Sie wollen, dann wissen Sie auch, was von Ihren Tätigkeiten wirklich wichtig ist, und können ihnen den entsprechenden Grad an Priorität zuordnen. Tun Sie das nicht, können Sie sich schnell in Belanglosigkeiten verlieren, da wir unbewusst dazu neigen, lieber das zu tun, was uns gerade interessiert oder was uns Spaß macht.

Verteilen Sie Ihre täglichen Aufgaben nach folgendem Schema:

- *Priorität A:* besonders wichtig. Das sollten Sie umgehend und möglichst selbst erledigen.
- *Priorität B:* wichtig. Hat noch etwas Zeit und könnte auch delegiert werden.
- *Priorität C:* unwichtig. Was Sie Ihren beruflichen und persönlichen Zielen nicht näher bringt, verwerfen Sie.

Jede Sache, die an uns herangetragen wird, zieht unsere Aufmerksamkeit auf sich und erweckt das Gefühl von Dringlichkeit. Aber nicht immer ist das, was uns dringlich erscheint (die meisten Dinge sind es ohnehin nicht) auch wirklich wichtig für unsere Ziele. In der Hetze des Alltags kann uns hier schon einmal die Übersicht abhanden kommen. Auch hier empfiehlt sich eine Kategorisierung:

- *Wichtig und dringlich:* sofort selbst tun
- *Wichtig und nicht dringlich:* für später einplanen
- *Dringlich, aber nicht wichtig:* delegieren
- *Nicht wichtig und nicht dringlich:* Ablage „P" (Papierkorb)

Planen Sie realistisch

Wir packen uns in der Regel mehr auf, als wir bewerkstelligen können, und wenn wir das Unmögliche nicht erreichen, halten wir uns für Versager. Damit es bei Ihnen nicht so weit kommt, verplanen Sie künftig nur noch 50 % Ihrer Zeit. Der Rest verteilt sich auf so genannte *Zeitpuffer* für Unvorhergesehenes und auf Zeiten für Pausen und Regeneration. In Untersuchungen wurde festgestellt, dass wir am effizientesten sind, wenn wir im Rhythmus *eine Stunde Arbeit – zehn Minuten Pause* arbeiten. Wenn wir das konsequent durchziehen würden, kämen wir auf 80 Minuten Pause am Tag statt der üblichen einmaligen 30-minütigen Mittagspause.

Berücksichtigen Sie Ihre Leistungskurve

Wann sind Sie am leistungsfähigsten? Die meisten Menschen haben ihre produktivste Zeit am Vormittag. Nach 13 Uhr sinkt der Pegel rapide ab, um zwischen 16 und 20 Uhr noch einmal anzusteigen. Auch wenn das die Regel ist: Sie ist nicht bei allen Menschen gleich. Deshalb finden Sie heraus, wann üblicherweise Ihr Tageshoch und wann Ihr Tagestief erreicht ist.

Planen Sie im Einklang mit Ihrer Biokurve: Legen Sie die wichtigsten Tätigkeiten in die Zeiten der täglichen Hochphase und erledigen Routinearbeiten, soziale Kontaktpflege oder den Abruf der täglichen E-Mails in der leistungsschwächeren Phase. Auf diese Weise tragen Sie den Bedürfnissen Ihres Körpers Rechnung, stärken damit Ihre Gesundheit und erreichen Ihre Ziele angenehmer und mit weniger Reibungsverlusten.

Planen Sie Mußezeiten ein

Die meisten Menschen tragen in ihren Terminplaner ausschließlich geschäftliche und private Termine ein. Termine für Pausen, Mußezeiten und regelmäßige Entspannungsübungen hingegen fallen in der Regel unter den Tisch. Da sie im Terminkalender nicht auftauchen, sind sie praktisch nicht existent und werden deshalb auch nicht ausgeführt. Im Sinne einer praktisch gelebten Stressbewältigung sollten Sie sich angewöhnen, solche Termine fest mit einzutragen. Mußezeiten sind keine Zeitverschwendung. Sie dienen der körperlichen und geistigen Regeneration. Nach einer Pause können Sie erfrischt mit neuer Kraft in wenig Zeit erreichen, worauf Sie müde und ausgelaugt vielleicht lange herumgekaut hätten.

Stehen Sie nicht immer zur Verfügung

Ich erinnere mich bei diesem Punkt an meinen damaligen Chef, dessen Bürotür immer offen stand. Er fand es sehr teamorientiert, als Chef stets direkt für seine Leute ansprechbar zu sein. Er stand unter großen Druck, ein junges, innovatives Unternehmen aus dem Boden zu stampfen zu müssen. Dadurch, dass er den ganzen Tag mit Mitarbeiterfragen, Telefonaten, Mails und Ähnlichem beschäftigt war, kam er nicht mehr dazu, sich um die wesentlichen Dinge zu kümmern. Als er beschloss, seine Zimmertür künftig doch geschlossen zu halten und die Mitarbeiter Gesprächstermine mit seiner Assistentin absprechen mussten, war es bereits zu spät: Der Aufsichtsrat besetzte seine Stelle anderweitig. Vielleicht war das sein Glück, denn der Stress, dem er sich durch die ständige Zugriffsmöglichkeit auf seine Person ausgesetzt hatte, muss unerträglich gewesen sein.

Nehmen Sie sich die Freiheit, zeitweise nicht zur Verfügung zu stehen. Planen Sie Strategien und richten Sie sich Zeiten ein, die Ihnen ein wenigstens zeitweise unbehelligtes Arbeiten ermöglichen.

Bündeln Sie Routinearbeiten

Zerfasern Sie Ihre Tätigkeiten nicht, sondern konzentrieren Sie sich darauf, bestimmte Aktivitäten zu bündeln. Legen Sie die Telefonanrufe, das Erledigen von allgemeinem Bürokram oder das Abrufen und Beantworten von E-Mails jeweils zusammen.

Beschränken Sie sich auf das Wesentliche

Das ist der Punkt für Perfektionisten, die leicht dazu neigen, das Wesentliche aus den Augen zu verlieren und sich in Nebensächlichem zu verlieren. Bei umfangreichen Tätigkeiten ist es manchmal nicht einfach, den Überblick zu behalten, und oft tut man mehr als nötig. Ich bemerke diese Tendenz an mir, wenn ich eine Internetrecherche über etwas anstelle und meine Aufmerksamkeit sich unbemerkt von diesem und jenem gefangen nehmen lässt. Irgendwann merke ich, dass ich mich verzettelt habe, rufe mich zur Ordnung und bringe mich selbst auf das Wesentliche zurück, an dem ich gerade arbeite.

Was Sie ebenfalls auf das Wesentliche reduzieren sollten, sind Telefonate und Gespräche. Um als freundlicher, sozialkompetenter Mensch geschätzt zu werden, müssen Sie Ihre Zeit nicht mit sinnentleertem Social-Small-Talk verbringen. Weder als Zuhörer – noch als Redner.

Übrigens: Nichts verbraucht so viel Lebensenergie wie das Reden.

Ihre Ziel- und Prioritätenplanung wird Sie dabei unterstützen, sich auf das zu konzentrieren, was wirklich wichtig ist. Ansonsten hilft: achtsam sein!

Geben Sie Arbeiten ab

Einiges müssen Sie selbst erledigen – aber sicherlich nicht alles. Wer im Stress ist, vergisst vor lauter Hektik schon mal, dass er die

Bestellung für das Büromaterial nicht selbst aufgeben muss, dass er nicht jede eingehende E-Mail höchstpersönlich beantworten muss oder dass die Wäsche sehr wohl auch mal von dem Jüngsten aufgehängt werden könnte.

Entwickeln Sie ein wachsames Auge für Tätigkeiten, die Sie an andere abgeben können.

Schieben Sie nichts auf

Jeder von uns hat seine „blinden Projekte", Dinge, die man so überflüssig findet wie eine Steuererklärung. Aber – um bei diesem Beispiel zu bleiben – wir wissen zwar, dass wir sie erledigen müssen, verdrängen oder schieben sie aber mit Vorliebe vor uns her. Wir wissen ja alle, dass bei der Schieberei nicht Gutes herauskommt. Also geben Sie dem gehassten Objekt eine Daseinsberechtigung und nehmen Sie es als zu bearbeitende Aufgabe in Ihre Planung mit auf. Sie werden sehen: Es schläft sich besser danach.

Führen Sie einen Zeitplaner

Wenn Sie glauben, dass Sie all die vorstehenden Punkte im Kopf behalten können, dann befinden Sie sich im Irrtum. Erfolgreiche und gleichzeitig entspannte Menschen haben alle ihre diesbezüglichen Hilfsmittel. Wobei es keine Rolle spielt, ob Sie einen traditionellen Terminkalender, einen fortschrittlichen Terminplaner oder lieber einen elektronischen BlackBerry benutzen. Von Bedeutung ist nur, dass Sie damit Ihre Zeit gut organisieren, Projekte und Pläne im Überblick haben. Was im Planer steht, hält Ihnen den Kopf frei.

Ernährung, die Stress reduziert

Wie Sie schon erfahren haben, ist Stress ein multifaktorielles Geschehen, das mit äußeren Umständen, mit unserem Verhalten – aber auch mit dem Zustand unseres Körpers zusammenhängt. Das wird deutlich, wenn Sie sich vergegenwärtigen, dass er aus einzelnen Zellen besteht, die sich fortwährend neu bilden. Diese Zellen bauen sich aus dem auf, was wir an Nahrung zu uns nehmen. Der Satz „Du bist, was du isst" hat durchaus seine Berechtigung. Unser körperlicher Zustand wird also in hohem Maße durch das bestimmt, was wir ein Leben lang in uns hineinbefördern – er ist sozusagen das Produkt davon. Da wir unserem Körper fast nie das zukommen lassen, was er wirklich braucht, um seine Prozesse „vollkommen" ausführen zu können, bilden sich konstitutionsgemäß im Laufe unseres Lebens verschiedene Schwachstellen aus. Bestimmte Organsysteme oder Regelkreisläufe funktionieren nicht so einwandfrei, wie es eigentlich vorgesehen ist. Man könnte sagen, dass es den gesunden Menschen nur im Anatomiebuch gibt. Ein Gesundheitssystem sollte also darauf ausgerichtet sein, das Gleichgewicht, die Homöostase, im Körper aufrechtzuerhalten.

Die Schwachstellen des Körpers spielen auch in Bezug auf Stress eine bedeutende Rolle. Es gibt energetische Blockaden, die sich zwar noch nicht als Erkrankung manifestiert haben, die aber unser Befinden dennoch stark beeinträchtigen können. Wenn wir unter Druck stehen und uns parallel dazu körperlich schlecht fühlen, dreht dieser Zustand mächtig an der Stressschraube. Mit bestimmten Nahrungsmitteln können wir solche Schwachstellen ausgleichen – oder sie unbemerkt verstärken. Das bedeutet: Zum einen sollten wir unsere individuellen Schwachstellen kennen und zum anderen sollten wir wissen, wie wir uns ernähren können, um sie zu vermindern.

Stellt sich doch gleich die Frage: Und wer kann mir das sagen? Die Fachleute für fachgerechte Antworten auf diese Frage sind

Mediziner, Heilpraktiker und Ernährungsberater, die sich auf die Traditionelle Chinesische Medizin (TCM) spezialisiert haben. Das hört sich exotisch an, ist es aber keineswegs, weil die Prinzipien dieses jahrtausendealten Gesundheitssystems auf jeden Menschen und jedes Nahrungsmittel übertragbar sind.

Ganzheitlich ansetzen

In der TCM geht man davon aus, dass jeder Mensch ein Individuum ist, für das bestimmte Nahrungsmittel gesundheitsförderlich sind und andere wiederum nicht. Als Maßstab gilt hier nicht irgendeine generalisierte Nahrungsdoktrin, sondern der körperliche, geistige und seelische Zustand, in dem sich der jeweilige Mensch befindet. Praktisch bedeutet das: Ein Arzt oder Heilpraktiker, der mit TCM arbeitet, erstellt eine Diagnose über Ihren Grundzustand und aufgrund dieses Ist-Zustandes erhalten Sie eine *individuelle* Beratung darüber, welche Nahrungsmittel und -gewohnheiten für Sie persönlich gesundheitsfördernd sind und welche nicht. Um ein praktisches Beispiel zu geben: Wenn Sie unter einer „Leber-Qi-Stagnation" und einem „Leber-Blutmangel" leiden (wie die meisten Deutschen), dann sollten Sie auf fette Speisen, dunkles gebratenes Fleisch, scharfe Gewürze, Kaffee und Rotwein weitestmöglich verzichten – wenn Sie auf Ihren Stress auch über Ihren Körper Einfluss nehmen möchten. Sie müssen sich fortan nicht sklavisch danach richten, aber ich persönlich merke ziemlich schnell, wie viel besser es mir geht, wenn ich nach Zeiten der Nachlässigkeit wieder stringenter zu meinem förderlichen Ernährungsverhalten zurückkomme. Atmet meine Leber auf, tut meine Seele es ihr gleich.

Wie Sie sehen, unterscheidet sich dieser Ansatz sehr von dem der westlichen Ernährungsberatungen. Hier werden manisch Fette und Kohlehydrate, Vitamine und Mineralstoffe gezählt, während man die energetische Komponente der Ernährung vollständig außer Acht lässt. Diese Stoffe spielen in der TCM praktisch keine Rolle. Wenn – um bei unserem Beispiel zu bleiben – Organ und Regelkreislauf der Leber intakt sind, können Sie so viel Butter und Eier essen, wie Sie wollen, und Sie werden nie Cholesterinprobleme haben. Ebenso werden Sie auch kein Übergewicht haben, wenn alles im Gleichklang ist, weil die Fähigkeit des Körpers zur Selbstregulation aufrechterhalten und unterstützt wird. Denn wenn das der Fall ist, gibt es auch keine Heißhungerattacken mehr, die nichts weiter als die Folge *energetischer* Mangelzustände im Körper sind.

Laut medizinischen Statistiken werden die Deutschen immer fetter. Und das, obwohl uns immer größer werdende Schwadronen von studierten „Oecotrophologen" von morgens bis abends einhämmern, dass Zucker und Fett dick machen, kalt gepresste Fette den raffinierten vorzuziehen sind und dass Rauchen ungesund ist. Manchmal habe ich den Eindruck, dass die Fettleibigkeit proportional zur Anzahl der Ernährungsberater steigt. Was nutzt Ihnen denn dieses Wissen, wenn eine energetisch unterversorgte Milz verzweifelt versucht, an Energie zu kommen, und Ihnen dadurch ohne Unterlass Heißhunger auf Süßes signalisiert. Wie viel Kraft müssen Sie aufwenden, um diese deutliche Stimme *permanent* zu unterdrücken? Wenn Sie ohnehin durch Stress geschwächt sind, kann Ihnen niemand verübeln, wenn Sie diese Kraft einfach nicht mehr zusätzlich aufbringen können. Das Problem ist also in diesem Fall nicht der Zucker, sondern eine geschwächte Milz. Die Ernährungsempfehlung sollte also nicht darin bestehen, jemanden zur Vermeidung von Süßem zu „zwingen", sondern seine Milz zu stärken und parallel dazu seinen Stress zu senken. Dann hört der Heißhunger nach den Sweeties ganz von alleine auf.

Wie Sie sehen, geht die TCM viel differenzierter mit unserem Körper und der Frage der Ernährung um. Kopfschütteln der TCM-Ärzte und -Heilpraktiker angesichts tausender Berichte der westlichen akademischen Forschung, die den gesundheitsfördernden Effekt bestimmter Ernährungsrichtungen belegen. Da gilt zum Beispiel als medizinisch erwiesen, dass Milchprodukte und Fleisch ungesund sind und man sich ausschließlich von rohen tierproduktfreien Nahrungsmitteln ernähren sollte.

Und dann gibt es ebenso viele Forschungsberichte, die genau das Gegenteil beweisen. So kann für den einen „Nektar" sein, was für den anderen Gift ist: Der eine sollte viele Südfrüchte zu sich nehmen, der andere sollte sie besser meiden.

Es gibt zahllose Ernährungsratgeber, aber diese Bücher sind oft oberflächlich, denn sie beschränken sich auf das Zählen von Vitaminen, Kohlehydraten, Fetten und Ähnlichem. Häufig schließen sie von ein paar Menschen auf alle anderen, ohne sich mit den grundlegenden Gesetzmäßigkeiten des Funktionierens von Mensch und Natur auseinanderzusetzen.

Stress hat ebenso mit unserer körperlichen Verfassung zu tun, wie mit unser seelischen und unserer geistigen. Wenn Sie Ihr Stressgeschehen ganzheitlich angehen möchten, dann empfehle ich Ihnen, sich einen Spezialisten für Traditionelle Chinesische Medizin zu suchen und sich nach einer individuellen Diagnose eine Ernährungsberatung nach den Richtlinien der Fünf-Elemente-Ernährung angedeihen zu lassen. So können Sie *Ihre Nahrungsmittel zu Ihren Heilmitteln werden lassen* – wie es bereits der Arzt Hippokrates im Altertum postulierte.

Essen als meditativer Weg

Im Zuge der Industrialisierung und Denaturierung unseres Lebens kommt uns bedauerlicherweise das Gefühl für die feineren Aspekte unserer Ernährung immer mehr abhanden. Jenseits von Kalorienparanoia und Vitaminwahn sollten wir uns aber auch bewusst sein, *wie* wir essen und welche Einstellung wir zu unserer Nahrung haben.

Spirituelle Traditionen raten uns, das Essen aus seiner täglichen Banalität herauszulösen und ihm wieder die Bedeutung eines heiligen Abendmahls zukommen zu lassen. Dort heißt es, dass wir durch unsere Gedanken und Gefühle feinstoffliche Elemente der Nahrung aufnehmen können. Aber selbst derjenige, dem diese spirituelle Einstellung fremd ist, wird nachvollziehen können, wie er durch seine Einstellung zur Nahrung ein tieferes Verständnis seiner Beziehung zur Natur (zurück)gewinnen kann. Denn es ist die Natur, unsere Erde, die uns unsere Nahrung schenkt.

Der Körper kann Nahrungsmittel viel besser verarbeiten, wenn in Ruhe gegessen wird und wir uns auf den Vorgang der Nahrungsaufnahme konzentrieren. Denn bereits beim Anblick einer Speise beginnt unser Körper damit, genau die Säfte zu produzieren und bereitzustellen, die er zur Verstoffwechselung genau dieser Nahrungsmittel benötigt. Damit unser Körper den Vorgang der Verbrennung und Verstoffwechselung vollständig vollziehen kann, sollten wir ihm die entsprechende Ruhe gönnen. Wir sollten beim Essen nicht oder nur wenig reden, nicht lesen oder uns mit anderen Dingen beschäftigen – und vor allem nicht heiß diskutieren oder gar streiten. Unsere Gedanken nehmen nämlich Einfluss auf unsere Verdauungssäfte: Kummer und Ärger bringen sie zum Versiegen. So kann die Verbrennung nicht ausreichend vollzogen werden, mit der Folge, dass sich unverarbeitete Stoffe im Körper ablagern und für Übergewicht und Arterienstopfung sorgen. Außerdem können wir nicht alle Energien und Nährstoffe aus der Nahrung aufnehmen, die für uns wichtig wären.

> *Ich möchte die Geschichte einer Speise kennen.*
> *Ich möchte wissen, woher die Nahrung kommt.*
> *Ich stelle mir gerne die Hände derer vor, die das,*
> *was ich esse, angebaut, verarbeitet und gekocht haben.*
>
> Carlo Petrini, Buono, pulito e giusto

Als wir über die Achtsamkeit im Alltag sprachen, haben wir uns Gedanken darüber gemacht, was von unseren täglichen Verrichtungen als meditative Übung „herhalten" kann. Aus den vorstehenden Gründen ist es nur natürlich, wenn wir die Nahrungsaufnahme ebenfalls dafür nutzen.

Essen Sie deshalb künftig in Ruhe! Machen Sie aus der Nahrungsaufnahme eine Meditation, eine „Celebration". Besinnen Sie sich für einen Moment dankbar auf die Gaben der Natur und auf die Menschen, die dafür gearbeitet haben, sie für uns verfügbar zu machen.

Die Qualität unserer Nahrungsmittel

Die globale Giga-Marktwirtschaft hat uns auch im Bereich der Nahrungsmittelindustrie und des Lebensmittelhandels werbestrategisch darauf konditioniert, alles zu jeder Zeit, an jedem Ort, zum selben (Billigst-)Preis bekommen zu müssen. Aus dem überquellenden Angebot an Nahrungsmitteln entsteht eine zeitgenössische *Kultur der Unkultur* aus:

- Konsum
- verordnetem Genuss („Man gönnt sich ja sonst nichts")
- irreführender Illusion („Du darfst")
- suggerierten Effekten („verleiht Flügel")

Das Kuriositätenkabinett des Technofood wird von den Wissenschaftlern ständig erweitert: Die Stichworte heißen *Fastfood, Functional Food, Food Design, Gentech-Food, Synthetik-Food, Food Engineering.*

Sie sorgen dafür, dass wir zunehmend auf den Tisch bekommen, was mit unserem „täglichen Brot" nicht mehr ansatzweise etwas zu tun hat. Ausgekocht wie ein hundertmal gewaschenes Geschirrtuch, künstlich gefärbt und aufgepeppt, x-mal in Plastik geschweißt, monatelang gelagert und tausende Kilometer weit transportiert. Kurz: zu Tode industrialisiert.

Das kann nicht das Material sein, aus dem das Material unseres Körpers entstehen soll. Denaturierte und künstliche Lebensmittel aus Massenproduktion, genmanipuliert, begast und bestrahlt, können keine natürliche Wirkung haben. Damit scheiden sie von vornherein für eine gesunde Lebensführung aus. Ich persönlich plädiere für einen verantwortungsvollen Umgang mit Lebensmitteln. Er sollte das Verhältnis zu Pflanzen und Tieren, die Nähe zur Umwelt, die Wahrung von Naturgesetzen – und spirituell ausgedrückt – auch das Erkennen des Schöpfungsprinzips verkörpern. Am ehesten ist das noch bei den Produkten gegeben, die man im Naturkosthandel kaufen kann.

Wie Sie inzwischen wissen, ist Achtsamkeit das Herz der Stressbewältigung. Achtsamkeit ist nicht nur in Bezug auf das angebracht, *was* wir essen und *wie* wir essen, sondern auch darauf, welche Qualität das hat, was wir zu uns nehmen. Und Achtsamkeit bezieht ebenfalls die Frage von Ökonomie und Ökologie mit ein. Es sollte uns nicht egal sein, dass unsere Umwelt vergiftet wird und dass Menschen dafür sterben, dass wir gebleichte Jeans tragen können. Mein Wohlbefinden hängt mit diesen Dingen zusammen und ich fühle mich besser, wenn ich, soweit ich kann, Dinge vermeide, die unserem Planeten und anderen Menschen schaden.

Rotwein-Meditation – Alkohol und Entspannung

Ohne moralisch zu werden, möchte ich dieses Kapitel mit einem Thema abschließen, das immer wieder einen Brennpunkt in der Stressbewältigung darstellt: Alkohol.

Manchmal höre ich: *„Ich brauche keine Meditation, ich entspanne mich abends mit einem Glas Rotwein*[9] *vor dem Fernseher."* Nichts gegen ein gutes Glas Rotwein am Abend – und Rotwein hat tatsächlich eine entspannende Wirkung. Allerdings nur für den Moment. Langfristig bewirkt er genau das Gegenteil: Er erhöht den inneren Stresspegel, anstatt ihn zu senken. Eine Erklärung dafür gibt uns ebenfalls die Traditionelle Chinesische Medizin. Sie haben ja bereits erfahren, dass nach deren Anschauung unsere Organe Gefäße für unsere Gefühle sind. Und Sie wissen auch schon etwas über die Leber. Wir müssen noch einmal auf sie zurückkommen, denn beim Thema Alkohol spielt sie bekanntermaßen eine bedeutsame Rolle. Die Leber ist verantwortlich für die körperlichen und seelischen Verdauungszustände – und sie reguliert die Spannung im Körper. Wenn wir uns gestresst fühlen, dann belastet das unsere Leber, denn sie hasst Druck und Stress. Ist sie einem Übermaß davon ausgesetzt, führt das, medizinisch ausgedrückt, zu ihrer Überhitzung; sie steht sozusagen unter Überspannung. Und da die Leber unseren inneren Spannungshaushalt regelt, führt diese Überspannung auf Dauer zu einer Verspannung des gesamten Körpers. Diese Überspannung wird auch als *Überhitzung* bezeichnet. Neben Stress gibt es noch etwas anderes, das zu einer Überhitzung der Leber führt – und das ist Alkohol.

Wenn wir also gestresst sind und unsere Leber ohnehin überhitzt ist, dann erhitzt der gemütliche Rotwein am Abend sie zusätzlich. Das wiederum erhöht langfristig die innere Spannung. Man setzt damit quasi einen Teufelskreislauf in Gang – der für viele Menschen unserer Gesellschaft im Alkoholismus endet.

---

9   Der Rotwein steht hier synonym für jede Art von Alkohol.

Um es noch einmal deutlich zu sagen:

Der Rotwein am Abend (beziehungsweise Alkohol generell) entspannt *kurzfristig*. *Langfristig* jedoch verstärkt er die Problematik der Verspannung und des Stresses.
Trinken Sie also ein Glas guten Rotwein am Abend mit Freunden – aber niemals, um sich zu entspannen!
Wenn Sie Ihrer gequälten Leber etwas Gutes tun wollen, dann genießen Sie einen gekühlten Grapefruit-Zitronen-Saft.

Immer schön geschmeidig bleiben – weniger Stress durch mehr Bewegung

Unser menschlicher Körper besteht zu rund 40 % aus Muskelmasse. Muskeln halten den Körper aufrecht und ermöglichen Mobilität. Sie kontrahieren, wenn Sie sich bewegen – aber unter bestimmten Umständen spannen sie sich auch bei Regungslosigkeit an, nämlich wenn Sie gestresst und gehetzt sind. Das wohl bekannteste Beispiel in diesem Zusammenhang sind Schachspieler. Beim Spiel sind ihre Muskeln durch den inneren Stress und die Aufregung derart angespannt, dass die Spieler in ihrer Freizeit spezielle Trainings- und Entspannungsprogramme durchführen müssen, um körperlich gesund zu bleiben. Beim Schreiben dieses Buches durfte ich höchstpersönlich die Erfahrung körperlicher Verspannung durch konzentrierte Bildschirmarbeit machen. Muskeln verspannen sich also auch ohne Bewegung, wenn Sie in herausfordernden Denkaufgaben stecken, bei anstrengenden Autofahrten oder wenn Sie emotional übererregt sind. Auch emotionale „Überspanntheit" überträgt sich direkt auf den Körper.
Werfen wir einen Blick in dessen Inneres, um die Zusammenhänge zwischen Stress, Muskeln und Bewegung besser zu verstehen. Lassen Sie mich dazu zunächst ein Bild aus dem sommerlichen Garten wählen: Wenn Sie beim Rasensprengen auf den Gartenschlauch treten, drückt er sich zusammen, was die Durchflussmenge stark verringern kann. Genau das passiert auch, wenn dauerkontrahierte Muskeln Blutgefäße zusammendrücken: Die

Durchblutung wird gestört. Besteht die Verspannung auf Dauer, breitet sie sich bis in die tiefsten Muskelschichten aus. Als Folge davon wird das Gewebe nicht ausreichend mit Nährstoffen und Sauerstoff versorgt und zusätzlich bleibt der Körper auf seinen Stoffwechselschlacken sitzen, weil diese nicht mehr ausreichend abtransportiert werden können. Das Resultat dieser Situation ist bekannt: Arterienverkalkung mit den möglichen Folgen Herzinfarkt oder Gehirnschlag. Eine weitere Komplikation dauerverspannter Muskeln sind mögliche Reiz-Irritationen der Nerven, die in Nervenentzündungen vor allem im Schulter-, Nacken- und Rückenbereich münden können. Wenn Muskeln ständig angespannt sind, befindet sich parallel dazu das sympathische Nervensystem in dauerhafter Kampfbereitschaft. In dieser Situation sind wir keine angenehmen Zeitgenossen, weil der hohe Hormonspiegel im Blut uns emotional überspannt, feindselig und aggressiv macht. In der Psychoneuroimmunologie wird dieser Zustand übrigens mit dem verstärkten Auftreten von Allergien in Verbindung gebracht, deren hochaggressive Reizungen in vielen Fällen ein Abbild der äußeren Situation einer Person darstellen: Der Körper befindet sich im Kriegszustand, denn sein Immunsystem schlägt sich rund um die Uhr mit Aggressoren (Allergenen) herum und versucht, diese zu „besiegen". Der Bezug zwischen Innen und Außen ist bei dieser Symptomatik nicht zu übersehen. Ich möchte das Thema hier nicht weiter ausführen, sondern nur den Impuls dazu geben, bei Allergien – die oft im Zusammenhang mit Stress zu beobachten sind – einmal die eigene innere Haltung, die Ansichten über andere und das eigene Wirken in der Welt ganz allgemein zu hinterfragen.

Bei vielen Menschen ist zu beobachten, dass sie gar nicht merken, wie sehr verspannt sie eigentlich sind. Da sie sich an diesen Zustand gewöhnt haben, empfinden sie ihn als „normal". Dauerhafter Stress führt unter anderem dazu, im Laufe der Zeit sein gesundes Körpergefühl immer mehr einzubüßen. So können Dauerverspannungen zur „Normalität" werden. Ein erfahrener Physiotherapeut kann Ihnen nach einer Massage sagen, ob Ihre Einschätzung über sich selbst mit der tatsächlichen Situation übereinstimmt.

Stress kann also zu Einschränkungen der Mobilität, zu Arterienverkalkung, zu Allergien und zu psychischen Belastungen führen. Das gesamte Geschehen hängt sehr eng mit dem Stresshormon Adrenalin zusammen, welches seiner ursprünglichen Funktion gemäß durch Kampf oder Flucht abgebaut werden sollte – also durch bewegungsintensive Tätigkeiten. Wie Sie bereits wissen, stehen uns in unserem zivilisierten Alltag häufig beide Möglichkeiten nicht zur Verfügung und deshalb müssen wir andere Wege zum Adrenalinabbau finden, wenn wir uns nicht im Daueralarmzustand befinden wollen.

Ein sehr bewährter Weg ist Bewegung. Ich spreche hier in erster Linie über ein angenehmes, regelmäßiges körperliches Bewegungstraining. Vorab: Glauben Sie nicht, dass es für eine effektive Stressbewältigung ausreichen würde, viermal in der Woche joggen zu gehen. Einen wirklich tiefgreifenden Erfolg werden Sie nur dann verbuchen, wenn Sie die anderen, in diesem Buch ebenfalls angesprochenen Strategien und Sichtweisen mit einbeziehen.

Inzwischen gibt es zahllose medizinische Untersuchungen über die wohltuenden positiven Auswirkungen von systematischem körperlichem Training. Neben zahllosen heilsamen physischen Auswirkungen gibt es noch ein paar Resultate, die ich hier aufführen möchte, in der Hoffnung, Sie damit ein wenig zu motivieren:

• Bessere Gehirndurchblutung
• Geringerer Hang zu Genussgiften
• Ausgleich hormoneller Schwankungen
• Stärkung des Immunsystems
• Anregung der Ausscheidungstätigkeiten
• Verminderung von Ängsten; Zunahme von Selbstvertrauen
• Verbesserte Tatkraft
• Weniger Schlafstörungen
• Reduzierte psychische Missstimmungen

Es geht nicht so sehr darum, für welche Bewegungs- oder Sportart Sie sich begeistern – wichtig ist, dass Sie überhaupt etwas tun. Diese Tipps werden Ihnen auf die Sprünge helfen:

Beginnen Sie mit kleinen Schritten

Auch hier gilt wieder: Beginnen Sie mit kleinen Schritten. In Büchern über Lauftraining steht beispielsweise, dass es ausreicht, mit 100 m anzufangen und das wöchentlich um weitere 100 m zu steigern.

Die Angewohnheit aufgebaut zu haben, an drei oder vier Tagen in der Woche jeweils 100 m zu laufen, ist für sich genommen bereits ein großer Erfolg!

Tun Sie sich mit Gleichgesinnten zusammen

Überwinden Sie den inneren Schweinehund, indem Sie sich mit anderen zusammentun. Vielleicht haben Sie auch die Möglichkeit, sich einer Betriebs-Sportgruppe innerhalb Ihres Unternehmens anzuschließen. Immer mehr Unternehmen kümmern sich um die Gesundheit ihrer Mitarbeiter und schaffen Möglichkeiten zu günstigen Teilnahmen an Maßnahmen zu körperlicher Fitness und Wohlbefinden.

Führen Sie einen Gesundheitskalender

Unterstützen Sie Ihre eigenen Aktivitäten, indem Sie wieder systematisch und planvoll vorgehen. Legen Sie sich am besten einen *Gesundheitskalender* zu, in den Sie Ihre Tätigkeiten eintragen. Dadurch, dass Sie Ihre Erfolge schwarz auf weiß vor Augen haben, motivieren Sie sich zusätzlich.

Bauen Sie das Bedürfnis nach Bewegung auf

Durchforsten Sie Ihren Berufs- und Lebensalltag: Wo können Sie sich mehr bewegen? Fahren Sie kurze Strecken mit dem Rad, nehmen Sie die Treppe, auch wenn ein Aufzug vorhanden ist.

Erste Hilfe bei Stress

Auszeit nehmen

In diesem Kapitel bekommen Sie das zu lesen, was Sie in einigen schlauen Ratgebern und auf verkaufstüchtigen Internetseiten zum Thema „Stressbewältigung" geboten bekommen. Skills! Das sind „Tricks", auf die Sie zurückgreifen können, wenn gar nichts mehr geht.

Bislang haben wir uns damit beschäftigt, wie Sie den Stress in Ihrem Leben mit Hilfe von wirkungsvollen, nachhaltigen Stressbewältigungs-Strategien verringern können. Dazu sind die folgenden Punkte im Wesentlichen nicht geeignet. Dennoch haben sie durchaus ihre Daseinsberechtigung, wenn es um kurzfristige Linderung geht. Manchmal wird einfach alles zu viel und dann ist es gut, einen Leitfaden zu haben, an dem man sich in Richtung Normalität entlanghangeln kann. Sollten Sie einwenden wollen, dass es sich dabei um Ablenkungsmanöver und Verdrängung handelt, dann gebe ich Ihnen Recht. Verdrängung ist nicht per se etwas Schlechtes, wenn sie a) bewusst geschieht und b) nicht zur Angewohnheit wird. Es gibt eben Tage, wo alle langfristigen Strategien unter der Last des Augenblicks verschüttet werden und man nicht die Kraft hat, adäquat mit einer Situation umzugehen. Dann ist es allemal besser, sich zurückzuziehen und Kraft zu sammeln, um am nächsten Tag mit neuer Energie seinen Weg fortzusetzen. Gönnen Sie sich solche Auszeiten nicht, landen Sie geradewegs im Burnout.

Erste-Hilfe-Maßnahmen
mit Stress-Rescue-Kärtchen

Ich möchte Ihnen empfehlen, die folgenden Punkte auf einzelne Karteikärtchen zu schreiben. Das sind dann Ihre Stress-Rescue-

Karten, die Sie im Notfall, wenn das klare Denken versagt, hervorholen und durchblättern können, um herauszufinden, welche Maßnahmen Ihnen im Moment dabei helfen, nicht von der Woge des Stresses verschlungen zu werden.

Ergänzen Sie die Kärtchen, wenn Ihnen noch mehr einfällt, was sich als hilfreich für Sie erweisen könnte, um Abstand von der momentanen Situation zu bekommen. Denn darum geht es: Abstand zu bekommen, um wieder klar denken und handeln zu können.

Atmen Sie

Stress kann einem schwer den Atem verschlagen. Wer gestresst ist, atmet nur unzureichend. Wie wichtig der Atem für unsere Gesundheit und unser Wohlbefinden ist, werden Sie bei den Atem-Übungen im Methodenteil dieses Buches noch erfahren. Suchen Sie sich dort Übungen aus, die Ihre Atmung vertiefen, wieder Ruhe in Ihr Hirn und Energie in Ihren Körper bringen.

Bewegen Sie sich

Wenn Sie stark unter Stress stehen, werden Sie merken, dass Sie in einem Zustand der körperlichen und geistigen Erstarrung feststecken. Es ist elementar wichtig, diese Starre abzuschütteln, um Ihr energetisches System wieder in Bewegung zu bringen. Also schreiben Sie sich verschiedene Stress-Rescue-Kärtchen für Zum-Sport-Gehen, Spazierengehen, Gartenarbeit, Radfahren, Fensterputzen. Vielleicht finden Sie den Tipp mit Haus- und Gartenarbeit nicht besonders originell. Ist er aber, weil Sie hier zwei Fliegen mit einer Klappe schlagen: Sie bewegen sich ausgiebig und können sich hinterher auch noch an den Früchten Ihres körperlichen Ausagierens erfreuen. Ordnung und Klarheit im Außen schaffen Ordnung und Klarheit im Innen. Außerdem haben Sie ja schon erfahren, dass Sie mit Bewegung Ihren Adrenalinspiegel senken. Wenn Sie schon ein Stressbewältigungs-Seminar besucht haben, dann sollten Sie verschiedene angeleitete dynamische Meditationen kennen, deren Einsatz hier sehr hilfreich ist.

Wasser – eine gesunde Lösung

Unser Körper besteht zu rund 75 % aus Wasser, das Gehirn sogar zu 90 %. Alleine diese Zahlen machen die besondere Bedeutung von Wasser für unseren Körper deutlich. Wenn ich im Coaching oder im Seminar die tägliche Wasser-Trinkmenge erfrage, erhalte ich oft nur die Antwort: „Viel zu wenig." Es ist so wenig, dass sich viele gar nicht trauen, direkt auszusprechen, dass sie am Tag – wenn überhaupt – nur ein Glas Wasser trinken. Das Gleiche, das Ihrem Auto passiert, wenn Sie ohne Kühlerwasser fahren, passiert mit Ihrem Körper: Er überhitzt (das bezieht sich vor allem wieder auf die Leber). Das Blut dickt ein, der Körper wird unzureichend mit Nährstoffen und Sauerstoff versorgt, die Energie kann nicht mehr zirkulieren – kurz gesagt: Das gesamte körperlich-psychische System verstopft, wird träge und ineffizient. Also hängen Sie sich erst einmal unter den Wasserhahn oder gönnen Sie sich ein bis zwei Flaschen klares, kühles Quellwasser als Lebenselixier.

Musik hören

Erwiesenermaßen hat Musik deutliche Auswirkungen auf unser Gemüt. Es geht dabei weniger um die Wahl, denn was dem einen sein Metallica, ist dem anderen sein Beethoven und dem dritten seine Meditationsmusik. Legen Sie die Musik ein, von der Sie wissen, dass Sie gut draufkommen, wenn Sie sie anhören. Vielleicht wird Ihre Seele weit oder Ihr Kopf wird einfach klar – auf jeden Fall werden Sie merken, dass die Klänge Ihre Stimmung heben.

Bewahren Sie Haltung

Es ist ein ebenso simpler wie wirkungsvoller Trick: Halten Sie Ihren Körper aufrecht. Wenn Sie sich schlecht fühlen, sinken Sie automatisch zusammen. Wenn die Ohren hängen, tut der Rest des Körpers es ihnen nach. Dieser Mechanismus, dass schlechtes psychisches Befinden den Körper schlapp macht, funktioniert auch entgegengesetzt: Wenn Sie Ihren Körper aufrecht halten, wirkt sich das erhellend auf Ihr Gemüt aus. Probieren Sie es aus!

Sprechen Sie sich aus

Greifen Sie zum Hörer und verabreden Sie sich mit einem Freund oder reden Sie auch nur am Telefon – aber reden Sie. Über seine Probleme zu reden erleichtert die Seele. Diese Weisheit ist zwar nicht neu, aber im Eifer des Gefechts übersieht man sie schon mal. Ein entsprechendes Kärtchen wird Sie daran erinnern. Haben Sie keine Angst, andere mit Ihren Problemen zu belasten. Jeder erwachsene Mensch sollte klar genug sein, selbst Grenzen zu setzen, wenn er es für nötig hält. Halten sich Geben und Nehmen in einer freundschaftlichen Beziehung die Waage, ist es auch für den Zuhörenden eine bereichernde Erfahrung, gebraucht zu werden und zu wissen, dass im Zweifelsfall auch ein Freund für einen selbst da ist.

Auch ein Sheriff braucht mal Hilfe

Nicht jeder von uns hat jemanden, vor dem er seine innersten Nöte ausbreiten möchte, und nicht jedes Thema eignet sich für jedes Ohr. Manchmal ist ja gerade die Person, die sich als Einzige für solch eine Aussprache eignen würde, Teil des Problems. Möglicherweise brauchen Sie gerade niemanden, der Sie tröstet oder der bestimmte Sachverhalte bemäntelt, sondern jemanden, der Ihnen professionell dabei hilft, andere Sichtweisen einzunehmen, das eigene Handeln und sich selbst konstruktiv in Frage zu stellen und der Ihr Potenzial, Probleme eigenständig lösen zu können, nutzt. In diesem Fall ist es Zeit für einen Termin bei einem/Ihrem Coach. Solch ein Termin mit einem Coach kann unter Umständen drei Monate auf der Couch ersparen.

Schreiben Sie sich die Seele frei

Vielleicht ist Ihnen aber auch nach einem stillen Gegenüber in Form eines leeren Blattes Papier oder eines Tagebuches. Ich möchte mich hier nicht wiederholen, denn wir hatten das Thema bereits, aber ich möchte Sie an dieser Stelle daran erinnern, diese hilfreiche Möglichkeit des schriftlichen Dialogs mit sich selbst in Betracht zu ziehen.

Praktizieren Sie Entspannungstechniken

Ob Sie es glauben oder nicht, es gibt Menschen, die in Stress-Ausnahmezuständen nicht auf die Idee kommen, die Entspannungsmethode anzuwenden, die sie einmal gelernt haben. Also gibt es dafür auch ein Kärtchen.

Strömen Sie

Die Technik *Jin Shin Jyutsu*, auch *Japanisches Heilströmen* genannt, kann Ihnen dabei helfen, tief zu entspannen und blockierte Energieflüsse wieder in Gang zu bringen. Grundlage für das Heilströmen ist die Erkenntnis, dass unser Körper durch eine belebende Kraft, Qi genannt, durchströmt wird, die sich durch bestimmte Energiepunkte im Körper verteilt. Stress fördert Blockaden in diesen Punkten. Das „Strömen" bringt das Qi wieder zum Fließen und stärkt so die Selbstheilungskraft. Die Methode ist denkbar einfach. Sie legen die Fingerspitzen für drei bis fünf Minuten auf bestimmte Punkte am Körper sanft auf. (Natürlich können Sie auch länger strömen, wenn das angenehm für Sie ist.) Anders als bei der Akupressur wird hier kein Druck ausgeübt. Beim Strömen können Sie sich in Stille auf sich selbst besinnen und bewusst atmen – aber auch Musik hören oder sogar fernsehen.

Hier sind ein paar Griffe, die Blockaden bei Stress auflösen:

- *Zeigefinger strömen:* Halten Sie den linken Handrücken nach oben und umschließen Sie den Zeigefinger mit der rechten Hand. Die Fingerspitzen der rechten Hand liegen leicht auf der Innenseite des linken Zeigefingers auf. Strömen Sie anschließend auch die andere Hand.

- *Mudra gegen Stress:* Führen Sie die Kuppen von Daumen und Zeigefinger je einer Hand zu einem Kreis zusammen. Die übrigen Finger bleiben leicht gebeugt. Fünf Minuten so halten.

- *Energiepunkt 17:* Sie finden den Punkt auf der Außenseite des kleinen Fingers kurz vor dem Handknöchel in der kleinen Kuhle. Legen Sie dort die Finger sanft auf. Strömen Sie dann auch die andere Hand.

- *Energiepunkt „Absoluter Frieden und Harmonie":* Sie finden den Punkt, wenn Sie die Hände über Kreuz in die Achseln legen. Die Daumen liegen auf der Körpervorderseite, die übrigen Finger am Schulterblattrand.

Eine einfache Sache, die mich immer wieder durch Ihre Wirkung verblüfft.

Bachblüten für emotionale Balance

Bachblüten sind energetische Pflanzenessenzen, die bei seelischen Verstimmungen eingesetzt werden können. Ihre Wirkung ist der von homöopathischen Mitteln ähnlich. Bachblüten balancieren seelische Ungleichgewichte aus. Bei Stress erweisen sich folgende Bachblüten als hilfreich:

- *Oak (Eiche)* bei Stress durch Unnachgiebigkeit: Wenn man sich mehr abverlangt, als man eigentlich leisten kann, wenn man sozusagen ans Kapital geht, statt von den Zinsen zu leben, muss man den sich sträubenden Organismus wie ein ermüdetes Pferd ständig zum Weitermachen zwingen. Menschen im Oak-Zustand können dabei eine Starre, ein übertriebenes Verantwortungsbewusstsein und einen Pflichtzwang an den Tag legen, der Verbissenheit, Dauerstress und Anspannung verursacht.

- *Rock Water* (Wasser aus einer heilkräftigen Felsquelle) bei Stress durch Asketentum: Wer sich seine Lebens- und Arbeitssituation so eingerichtet hat, dass er das Gefühl hat, von ihr aufgefressen zu werden, braucht viel Selbstdisziplin, um alle Anforderungen zu bewältigen. Wird Selbstdisziplin auf die Spitze getrieben, kehrt sie sich um in Zucht und Kasteiung. Wenn solch ein Verhalten über einen längeren Zeitraum praktiziert wird, erstickt es schleichend alle vitalen Impulse. Die Betroffenen werden zu freudlosen, verbissenen Misanthropen, um die jeder einen weiten Bogen macht. Die Bachblüte Rock Water führt zu einem gesunden Gefühl für die eigene Leistungsfähigkeit und bringt die vitalen Bedürfnisse zurück.

- *Vervain (Eisenkraut)* bei Stress durch Übereifer: In Stress gerät schnell, wer von einer Sache vollkommen überzeugt ist. Denn Enthusiasmus, wenn er übertrieben wird, führt immer zu innerer Anspannung. Vervain unterstützt dabei auf eine gesunde, lockere und tolerante Art, mit den Dingen umzugehen, von denen man zutiefst überzeugt ist.

Bachblüten können Sie in Apotheken kaufen. Achten Sie darauf, dass Sie die „Original Bachblüten" bekommen. In der Fachliteratur gibt es verschiedene Hinweise zu Dosierungen. Eine mögliche Form der Anwendung: zwei Tropfen in ein Glas Wasser. Über den Tag verteilt immer wieder mal einen Schluck nehmen. Führen Sie das fort, solange die Gemütsbelastung andauert. Überdosieren können Sie Bachblüten nicht.

Kräutertees, die beruhigen

In Reformhäusern, Kräuter- und Bioläden finden Sie eine Vielzahl von fertigen Teemischungen[10], die sich beruhigend auf Vegetativum und Psyche auswirken. Früher schmeckten die meisten Tees dieser Art wirklich scheußlich. Inzwischen gibt es jedoch sehr wohlschmeckende Varianten. Probieren Sie einfach das eine oder andere aus. Nutzen Sie die Heilkraft der Kräuter[11].

Die Sinne verwöhnen

Die Natur hat noch etwas ausgesprochen Angenehmes zu bieten: ätherische Öle. Das sind chemische Substanzen, die in Pflanzen enthalten sind, die meistens durch Dampfdestillation extrahiert werden und die man in vielen Bioläden käuflich erwerben kann. Die Essenzen haben, bedingt durch ihre chemischen Zusammensetzungen, ganz spezifische Düfte. Ihre Wirkung im Körper können sie über zwei Wege entfalten: Entweder werden die Inhaltsstoffe durch Bäder, Massageöle oder Lotionen von der Haut aufgenommen oder sie wirken durch Verdunstung in Duftlampen oder Diffusern über die Riechschleimhäute direkt im limbischen System unseres Gehirns. Da jede Pflanze und damit jedes ätherische Öl

---

10   Die meisten Tees werden inzwischen auch in der praktischen Beutelform angeboten.
11   Wenn Sie Kräutertees trinken, dann sollten Sie ca. alle sechs Wochen die Mischung wechseln. Kräuter sind Heildrogen, die nur über einen bestimmten Zeitraum angewendet werden sollten.

eine einzigartige chemische Zusammensetzung hat, sind auch die Wirkungen von Essenz zu Essenz unterschiedlich.

So wenden Sie ätherische Öle an:

- *Duftlampe:* 4 – 8 Tropfen je nach Raumgröße und Essenz.
- *Badezusatz:* 10 Tropfen Essenz in 100 ml Sahne auflösen und direkt vor dem Einsteigen ins Badewasser geben.
- *Massageöl:* 100 ml Basisöl (z. B. Jojoba- oder Süßmandelöl), 60 Tropfen Essenz (= 3 %ige Mischung).

Folgende Essenzen bewähren sich besonders, um Stress auszugleichen. Riechen Sie an einem Tester der entsprechenden ätherischen Öle, bevor Sie sie kaufen. So können Sie feststellen, ob Sie sich für deren speziellen Duft erwärmen können.

- *Majoran* ist das wohltuende „Erschlaffungselixier" schlechthin. Es entspannt Hirn und Muskeln gleichermaßen effektiv und hat einen unerwartet angenehmen, leicht krautig-frischen Duft.

- *Muskatellersalbei* wirkt krampflösend, beruhigend und gleichzeitig vitalisierend. In der Fachliteratur ist angeführt, dass die Essenz physisch und nervlich aufbauend wirkt. Der Duft ist für manche synthetikparfümkonditionierte Nase etwas gewöhnungsbedürftig, aber wenn Sie ihn mit anderen Essenzen mischen, verliert sich seine Dominanz.

- *Ylang-Ylang* ist das weiblichste aller Öle – dementsprechend duftet es süß und schwer. Ylang-Ylang löst Krampfzustände und beruhigt. Es wird unter anderem für seine erotisierende Wirkung geschätzt, was ich im Zusammenhang mit der Tatsache, dass Stress die Libido unterdrückt, für besonders erwähnenswert halte.

- *Bergamotte* wird aus den Fruchtschalen des Bitterorangenbaumes gepresst. Diesen Duft mag eigentlich jeder, denn er ist frisch, blumig-fruchtig mit einem leicht herben Unterton. Bergamotte ist das stimmungsaufhellendste aller ätherischen Öle. Es lässt den Alltagsstress vergessen und macht beschwingte gute Laune (wie alle anderen Zitrusdüfte auch).

Methodenteil:
Entspannungsmethoden
und Meditationen

In diesem Teil des Buches finden Sie einige bewährte Entspannungstechniken und Meditationen. Ich habe Übungen für Sie zusammengestellt, die hochgradig wirksam sind und gleichzeitig unkompliziert in Erlernbarkeit und Anwendung. Lassen Sie sich also nicht dazu verleiten, Einfachheit mit mangelnder Wirksamkeit zu assoziieren.

Probieren Sie nicht alles wild durcheinander, sondern bleiben Sie eine Zeitlang bei einer Übung. Je länger und tiefer Sie sich darauf einlassen, desto tiefgreifender sind die Resultate.

Das Übungs-Dreiergespann
für eine erfolgreiche Stressbewältigung

Wir haben uns bereits mit dem Thema Achtsamkeit als Herz der Stressbewältigung beschäftigt. Bei den nun folgenden drei Übungen *Achtsamkeit im Alltag*, *Body-Scan* und *Stilles Sitzen*, steht die Achtsamkeit im Mittelpunkt. In diesem Buch wurden deren Bedeutung und Aspekte immer wieder einmal beleuchtet.

Achtsamkeit im Alltag

Dynamik	Ebenso ruhig wie lebendig.
Körperliche Voraussetzungen	Keine.
Alter	Unbegrenzt.
Zeitaufwand	Keiner.
Körperhaltung/en	Liegend, sitzend, stehend, in Bewegung.
Besonderheiten	Keine.

Kurzfassung

Der Alltag als Weg. Wir machen alle Dinge, die mit unserem Leben zu tun haben, zu Meditationsobjekten, indem wir unsere ungeteilte Aufmerksamkeit auf das richten, was gerade geschieht und was wir gerade tun.

> *Wenn wir das Chaos der Welt reduzieren wollen,*
> *müssen wir zunächst lernen,*
> *das Chaos in unserem Bewusstsein zu reduzieren.*
>
> *Doris Kirch*

Keine Methode, keine Technik

Leben wäre einfach – wenn wir es nicht andauernd verkomplizieren würden. Üblicherweise haben wir weder eine Kontrolle über unsere Gedankenprozesse noch über unsere Gefühle. Alles stürzt unüberlegt und unreflektiert durcheinander und das verursacht ein massives Chaos. Für diese Unordnung im Hirn gibt es sogar einen Namen: *Entropie*. Den Großteil unseres Lebens verbringen wir damit, das Chaos irgendwie in Grenzen zu halten und dessen Folgen zu beseitigen. Mit dem Fühlen ist das nicht anders, denn das, was wir denken, führt zur Ausschüttung bestimmter Botenstoffe und Hormone im Körper. Ruhe im Hirn hingegen fühlt sich gut an.

Das können Sie sich nicht vorstellen? Dann lassen Sie doch einfach mal für einen kurzen Moment das Buch sinken und machen Sie sich bewusst, dass Sie atmen. Folgen Sie einen Moment lang Ihrem Atem und fühlen Sie ihn bewusst ein- und ausströmen. Nehmen Sie Ihre Körperhaltung wahr. Dann nehmen Sie wahr, dass Ihre Hände ein Buch halten.

In diesem Moment gibt es kein Gestern, kein Morgen oder irgendetwas, das nervt. Nur Sie. Und Ihren Atem. Und Ihre Hände, die ein Buch halten … Und, wie fühlt sich das an?

Das war eine Übung, eine Achtsamkeitsübung!

Aber war es nicht viel mehr als eine Übung? Handelt es sich dabei nicht vielmehr um eine *Haltung*? Eine Art zu sein? Eine bestimmte Art, etwas zu tun? Dass Sie gerade ein Buch lesen und atmen, haben wir zu einer Übung gemacht. Dabei ist das doch etwas ganz Selbstverständliches und Alltägliches. Und genau darum geht es bei der Achtsamkeit im Alltag: um tägliche profane Dinge. Wir nehmen sie als Übungsobjekte, um mit jedem Tag etwas aufmerksamer, ruhiger, zentrierter zu werden. Wir üben an der Wahrnehmung, wie wir eine Türklinke herunterdrücken oder einen Telefonhörer in die Hand nehmen, Ruhe in unserem Geist zu kultivieren.

Übung, Gedanken, Gefühle, Bewegungen, Reden sind nicht länger voneinander getrennt. Wir bringen unseren aufgeregten Affengeist immer wieder auf das zurück, was im Hier und Jetzt geschieht. Es geht genau nur darum, das Nächstliegende so achtsam wie möglich zu tun. Und wenn Sie sagen: „Ich muss doch an morgen denken, wenn ich meinen morgigen Arbeitstag plane", dann tun Sie dies. Jedoch nicht, während Sie Papiere von Ihrem Schreibtisch räumen oder Wäsche bügeln. Setzen Sie sich hin und denken Sie an morgen. Oder räumen Sie Papiere weg. Oder bügeln Sie Wäsche. Aber tun Sie immer nur eines auf einmal.

Das ist die Übung: völlig unspektakulär. Simple but not easy.

Diese Art, mit den Dingen des Lebens umzugehen, wird mehr und mehr zu Ihrer zweiten Natur. Zunehmend halten Ruhe und Klarheit Einzug in Ihren Geist. Aus dieser wachen Präsenz entstehen Reaktionen und Handlungen, die wohlüberlegt und durchfühlt sind und viel mehr im Einklang mit Ihrer inneren Natur stehen.

Mir begegnen immer wieder Menschen, die mir stolz davon erzählen, wie lange sie schon meditieren und welche wunderbaren Erlebnisse und Erkenntnisse sie dabei hatten. So auch ein Besucher letzte Woche: Er betrat das Fachzentrum, ohne sich die Schuhe abzuputzen, und stellte diese *vor* anstatt *in* das dafür vorgesehene Schuhregal. Mit einer lockeren Handbewegung warf er seinen Rucksack auf einen Stuhl. Der Rucksack fiel hinten wieder herunter und sein Inhalt verteilte sich auf dem Boden. Den angebotenen Tee balancierte er in der linken Hand, tauchte eilig mit rechts einen Löffel in das Honigglas und berichtete von seiner spirituellen Entwicklung, während er den (eine Honigspur über den Tisch hinter sich herziehenden) Löffel in seinen Becher plumpsen ließ.

Je mehr Sie selbst Achtsamkeit praktizieren, umso mehr werden Sie feststellen, wer sie ebenfalls praktiziert. Es zeigt sich an der Art und Weise, wie Menschen mit sich selbst, anderen und den gewöhnlichen Dingen des Alltags umgehen. Auf mich wirken Menschen, die Achtsamkeit üben, „aufgeräumt", mitfühlend und wirklich entspannt. Sie regen sich nicht gleich über alles auf, haben nicht gleich für alles eine Interpretation parat, sondern können Dinge auch einfach mal so stehen und geschehen lassen, während sie aufmerksam und präsent sind. Ich erinnere mich dabei an eine Situation, die ich einmal in einem buddhistischen Restaurant hatte. Ich hatte eine der Beeren der Tischdekoration gekostet, in der Annahme, dass diese essbar wären. Sie waren es nicht. Der Kellner, der das mitbekommen hatte, brachte mir daraufhin unmittelbar, freundlich lächelnd, ein Glas Milch, um meinen Magen zu schützen und zu verhindern, dass die Beere mir schaden könnte. Dieses Ereignis ist über zwanzig Jahre her. Das Restaurant gibt es heute nicht mehr. Die wunderbare Erinnerung an die Achtsamkeit dieses Mannes hingegen ist mir als schöne Achtsamkeitsgeste im Gedächtnis geblieben.

Ich komme noch einmal auf den Psychologen Mihályi Csikszentmihályi zurück, den Erfinder des Flow-Konzeptes. Er setzt in seinem gleichnamigen Buch „*Flow*" mit *Glück* gleich, und ich werde Ihnen zeigen, dass Achtsamkeit, Flow und Glück ein und dasselbe sind.

Wir sind unglücklich (oder gestresst), wenn das Chaos der Welt Einlass in uns findet und es Chaos in unserem Inneren schafft. Glücklich (oder *im Flow*) sind wir hingegen, wenn Ordnung in unserem Bewusstsein herrscht. Der Psychologe hat jahrzehntelang an dem Phänomen der „optimalen Erfahrung", wie er es nennt, geforscht und er hat erkannt, dass psychische Entropie vor allem dadurch verursacht wird, dass wir nicht im Hier und Jetzt leben, sondern dass wir uns unablässig damit beschäftigen, was gestern war und was morgen sein wird. (Wobei wir wieder bei der Tatsache sind, die Sie ja schon kennen, dass wir nicht offen für neue Einsichten sind, wenn wir zur Bewältigung des Hier und Jetzt ständig die Erfahrungen aus der Vergangenheit heranziehen.)

Im Flow-Zustand können wir unsere Aufmerksamkeit frei lenken, um ein persönliches Ziel zu erreichen. Wir sind so in eine bestimmte Tätigkeit vertieft, dass nichts anderes eine Rolle zu spielen scheint. In unserem Bewusstsein gibt es in diesen Momenten keine Unordnung, die beseitigt werden müsste; keine Bedrohung des Selbst, gegen das es sich verteidigen müsste. Wir gehen auf im Hier und Jetzt, in dem, was wir gerade tun. Diese Art der inneren Befreiung von Chaos kann man nicht erzwingen, sie ist eher eine unbeabsichtigte Nebenwirkung, wenn ein Mensch sich mit voller Hingabe einer bestimmten Sache widmet – sozusagen völlig in ihr aufgeht. Glück ist also ein Zustand, auf den man nicht warten muss, bis er irgendwann zufällig eintritt. Es liegt in unserer eigenen Macht, das Gefühl von Flow – von Glücklichsein – zu erzeugen. Dieses Glücklichsein ist ein Zustand der Stressfreiheit.

Er hängt auch mit dem zusammen, was wir schon besprochen haben: mit der Fähigkeit, unseren Bewusstseinsinhalten eine positive Bedeutung zu geben. Durch die Praxis der Achtsamkeit werden wir schneller darauf aufmerksam, wann wir uns wieder einmal das Leben schwer machen, indem wir in negativen Bewertungsmustern zu verschwinden drohen. Im Hier und Jetzt zu leben und Kontrolle über unsere Erfahrungen zu erlangen, verlangt Ausdauer und Disziplin, aber dass wir unser Glück selbst in der Hand haben, dürfte Motivation genug sein, die Übungspraxis durchzuhalten.

Im Buddhismus wird Achtsamkeit auch als „heiter gelassenes Gewahrsein" bezeichnet – das ist meine Lieblingsbezeichnung für diese innere Haltung. Achtsamkeit ist etwas anderes als Konzentration. Wir konzentrieren uns, wenn wir unseren Bewusstseinsfokus auf eine bestimmte Sache richten und alles andere dabei ausschließen. Achtsamkeit hingegen ist umfassendes Gewahrsein. Das bedeutet, sich aller Dinge in einem und um einen herum bewusst zu sein: was wir denken und fühlen, wie wir uns verhalten, der Menschen um uns herum und der Umwelt.

Achtsam zu sein bedeutet, aufmerksam und wach zu sein – Eigenschaften, die durchaus nicht nur in der Stille entwickelt werden können. Wenn wir achtsam sind, tun wir nur eine Sache auf einmal und sind mit vollem Herzen dabei.

> *Wahre Ruhe sollte in der Aktivität gefunden werden.*
> *Shunryu Suzuki (1905 – 1971)*

Praktische Hinweise zum Tun

Achtsamkeit im Alltag ist sozusagen eine *formlose* Übung im Gegensatz zum Body-Scan oder zur ebenfalls hier vorgestellten Methode der Sitzmeditation. Mit dem Doppelpack *formlose und formale Übung* können wir bereits innerhalb relativ kurzer Zeit deutliche positive Veränderungen in Richtung eines entspannteren Lebensgefühls wahrnehmen.

Das Wunderbare an der Achtsamkeit im Alltag ist, dass sie uns keine zusätzliche Zeit zum Üben abverlangt, da wir das zum Üben nehmen, was wir sowieso tun. So kann also jede Verrichtung, die wir in einer Haltung der Achtsamkeit ausführen, zur Übung werden: abwaschen, Auto waschen, ein Blumenbeet umgraben, den Kindern eine Geschichte vorlesen oder Musik hören.

Es klingt schon fast wie Ketzerei für unser erfolgsorientiertes Westler-Ohr, wenn ich sage, dass es auch nicht darum geht, dass das, was wir tun, irgendeinen „Zweck" erfüllen muss. Wir sind bereits von Kindheit an konditioniert darauf, dass jeder Einsatz, jede Mühe sich „lohnen" muss, ansonsten kommt unser Tun uns sinnlos vor. Aber genau diese Orientierung schafft die Sinnentleerung, vor der wir solche Angst haben. Man bringt uns nicht bei, Dinge um ihrer selbst willen zu tun. In Zen-Klöstern wird Mönchen diese unheilsame innere Haltung der Erfolgsorientierung dadurch ausgetrieben, dass man sie scheinbar widersinnige Dinge tun lässt, wie zum Beispiel das schon erwähnte Gräbenausheben, um sie anschließend wieder zuzuschütten. Es gibt in diesem Zusammenhang eine nette Geschichte über den Zen-Meister Shunryu Suzuki.

An einem dem Kloster nahegelegenen Fluss lag ein großer Felsbrocken. Suzuki teilte seinen Schülern mit, dass er diesen Stein gerne für seinen Zen-Garten haben würde. So machten sich die Schüler ans Werk, um ihrem Meister dessen Wunsch zu erfüllen. Tagelang schufteten sie zusammen mit Suzuki, doch der Felsbrocken bewegte sich keinen Zentimeter. Ein Mann, der dem Treiben von einer Brücke aus eine Zeitlang zugeschaut hatte, brüllte herunter, was sie denn dort treiben würden, und der Zen-Meister rief zurück: „Das wissen wir nicht!"

Natürlich blieben auch mir persönlich einige Lebenslektionen in dieser Hinsicht nicht erspart. Ich lebte noch nicht lange mit einem Mann zusammen, als ich beschloss, in dem verwilderten Grundstück hinter dem Haus einen Kräutergarten nach klösterlichem Vorbild mit buchsbaumeingefasstem Kreuzgang anzulegen. In mühevollem wochenlangem Ringen mit dem durch Brombeeren, Quecke, Giersch und Binsen durchwucherten Boden gelang es mir, einen wunderschönen Garten mit Kräutern und Rosen anzulegen. An einem warmen Sommerabend setzte ich mich in diesen Garten und betrachtete glücklich mein Werk, als mich plötzlich ein grausamer Gedanke durchzuckte: Wenn mein Freund und ich uns jemals trennen würden, könnte ich nichts von alledem mitnehmen, was ich hier im Schweiße meines Angesichts geschaffen hatte. Der Gedanke war nicht abwegig, denn die Beziehung war für uns beide nicht sonderlich glücklich und Haus und Grundstück waren sein Eigentum. Augenblicklich wandelte sich mein glückliches, zufriedenes Gefühl in Kummer und Befürchtung. Während ich diesen Schmerz zuließ, kamen andere Gedanken: Lebe im Hier und Jetzt! Es geht immer um das, was wir gerade tun. Und in der Tat: Das Erschaffen dieses wunderschönen Gartens war einfach wunderbar. Das Wühlen in der Erde, das Einsetzen der Pflanzen, selbst das Entfernen der allgegenwärtigen Beikräuter. Mir wurde klar, dass der jeweilige Moment das Einzige war, was mir wirklich gehörte. Eines Tages würde ich diesen Garten sowieso hier zurücklassen – allerspätestens am Tage meines Todes. Nichts gehört mir. Alles muss ich eines Tages loslassen. Das eine früher, das andere später.

Meinen Garten musste ich früher loslassen, aber ich konnte das mit einem ruhigen, freudevollen Gefühl tun, denn er hatte mir viele Stunden tiefer Freude und kreativen Schaffens geschenkt. Mein Freund hat nach der Trennung diesen Garten niemals mehr berührt, ihn aber auch nicht wieder eingeebnet. So steht mein Quell der Freude heute wie ein hoch überwuchertes Dornröschen-Schloss, wie ein Taj Mahal mitten im Land, als mein Mahnmal dafür, im Hier und Jetzt Freude an dem zu empfinden, was ich gerade tue.

Achtsamkeitsobjekte

Meinhard und die Abwaschmeditation
Ich hatte einen Freund zum Essen eingeladen. Die „Fressnarkose" nach dem leckeren Mahl verstärkte nicht gerade unsere Motivation, uns dem drohend vor uns aufgetürmten Abwasch zuzuwenden.

Aber dann hatte mein Freund die geniale Idee: „Lass uns doch eine Abwasch-Meditation daraus machen." Begeistert und schweigend machten wir uns an die Arbeit. Ganz versunken in das, was ich tat, tauchte ich die Hände in das warme Wasser, spürte die Zartheit der dünnen Gläser, die runde Festigkeit der Essteller, atmete tief durch, veränderte meine verkrampfte Haltung am Spültisch, legte Geschirr ins Wasser hinein, zog es wieder heraus, ließ es abtropfen – und schneller als gewohnt waren wir fertig – und völlig begeistert! Schade, dass es schon vorbei war.

Seit diesem Tag liebe ich den Abwasch. Er gibt mir Gelegenheit der Selbstbesinnung. Indem ich mich auf jeden Handgriff einlasse und aufgehe im Geschehen des Augenblicks, finde ich Ruhe und Gleichmut in meinem Hirn.

Alles ist gut und perfekt in diesem Moment. Nur das Geschirr und ich.

(Danke, Meinhard!)

Denken Sie immer daran, dass es beim Wahrnehmen um *Neutralität* geht! Widerstehen Sie dem Mechanismus, zu analysieren und zu werten. Verurteilen Sie sich nicht dafür, wenn Sie sich um Achtsamkeit bemühen, aber der Geist immer wieder auf Wanderschaft geht. Begegnen Sie ihm liebevoll und vor allem geduldig wie einem kleinen Kind, das weggelaufen ist und das Sie wieder auf den Weg zurückbringen. Sich eine Haltung der Achtsamkeit anzueignen ist ein Weg der kleinen Schritte. Auch wenn Sie manchmal das Gefühl haben mögen, drei Schritte vor und wieder zwei zurückzugehen, ist dies eine Form der Fortbewegung. Eine Bewegung, die unvermeidbar zum Ziel führt, wenn sie unbeirrt fortgeführt wird.

Tun Sie, was immer Sie tun – aber wenn Sie es tun, dann tun Sie es mit vollem Bewusstsein!

Doris Kirch

Am einfachsten ist es, mit dem Gewahrsein des Atems zu beginnen.

Achtsamkeits-Atmen

Dies ist die einfachste Übung: sich den ganzen Tag über immer einmal des Atems gewahr zu sein, wie er ein- und ausfließt. Indem wir unserem Atem folgen und die Achtsamkeit auf die Atmung mit unseren alltäglichen Aktivitäten verbinden, kann der Strom störender Gedanken allmählich zur Ruhe kommen.

Kleiner Tipp: Setzen Sie sich „Anker" im Alltag, um sich immer wieder an die Achtsamkeit und ans Atmen zu erinnern. Mein Handy zum Beispiel erinnert mich stets mit der Begrüßung aus dem Film *„Dinotopia": „Atme tief, finde Frieden"*, an die Achtsamkeit auf mein Atmen. Vielleicht haben Sie ähnliche nette Ideen für Ihren Bildschirmschoner oder für die Innenseite eines Küchenschrankes.

Achtsamkeit in Alltagsdingen

Ich war versucht, an dieser Stelle alles aufzuzählen, was Übungsobjekte im Alltag für Sie sein könnten. Aber ich frage einmal anders herum: Was würde sich *nicht* dafür eignen?

Beobachten Sie also bei all Ihren täglichen Verrichtungen Ihren Atem, nehmen Sie wahr, welche Gedanken und Gefühle dabei auftauchen. Wo lassen Sie sich von deren Strom mitreißen, und wo fällt Ihnen das auf und Sie stoppen das „Affentheater"?

Achtsamkeit gegenüber Verhaltensmustern

Eine überaus erkenntnisreiche Übung ist das Beobachten unserer Verhaltens-, Gedanken-, Gewohnheits- und Reaktionsmuster. Erst das bewusste Erkennen solcher mechanischen, oft Leid erzeugenden Programme unseres Bewusstseins macht selbstbestimmte Veränderungen möglich.

Achtsamkeit gegenüber Mitmenschen

Unser Verhalten gegenüber unseren Mitmenschen ist ebenfalls ein ertragreiches Übungsfeld. Vielleicht fällt Ihnen dann auf, wann Sie ein guter Zuhörer sind – und wann nicht. Wann kritisieren Sie andere und können sie nicht lassen, wie sie sind? Wo erteilen Sie ungebetene Ratschläge? Wo entschuldigen Sie zu viel? Wo können Sie auch einmal zurückstecken? In welchen Situationen sind Sie besonders hilfreich für andere?

Achtsamkeit gegenüber der Umwelt
Üben Sie auch mit Ihrem Verhalten gegenüber der Umwelt. Es ist nicht egal, ob Sie zwei Blatt Toilettenpapier oder einen halben Meter verwenden, ob Sie Ihr Haus voll durchheizen, wenn Sie den ganzen Tag über nicht da sind, ob Sie jeden Tag Fleisch essen, jeden Meter mit dem Auto fahren oder den Chlorreiniger dem ökologischen Präparat vorziehen.

Verstehen Sie das richtig: Es geht hier nicht um moralische Wertungen. Tun Sie, was immer Sie tun – aber wenn Sie es tun, dann tun Sie es mit vollem Bewusstsein!

Beginnen mit kleinen Schritten

Lesen Sie zur Inspiration und zum tieferen Verständnis zwischendurch immer wieder einmal den Text „Achtsamkeit – das Herz der Stressbewältigung" in diesem Buch.

Die folgende Vorgehensweise wird Ihnen helfen, die Achtsamkeit in Ihren Alltag hineinzutragen. Das Prinzip ist dem von Jongleuren ähnlich, die zunächst mit zwei Bällen jonglieren und mit zunehmender Sicherheit jeweils einen Ball mehr dazu nehmen.

1. Woche
Wählen Sie eine einfache Verrichtung aus, die Sie gewohnheitsmäßig jeden Tag ausführen – zum Beispiel Zähneputzen, morgendliches Kaffee- oder Teekochen, Autotür aufschließen, Geschirrspüler befüllen oder etwas Ähnliches.

Eine Woche lang halten Sie jedes Mal, bevor Sie diese Handlungen ausführen, einen kleinen Moment lang inne. Und dann führen Sie sie voller Achtsamkeit aus, wie ein heiliges Ritual. Bleiben Sie dabei völlig zentriert und präsent und nehmen Sie alle Körperempfindungen und Gedanken bewusst wahr, die dabei in Ihnen auftauchen.

2. Woche

In der zweiten Woche wählen Sie zusätzlich eine weitere gewöhnliche Tätigkeit, die zu Ihrem Lebensalltag gehört, und verfahren mit beiden ebenso wie in der ersten Woche. Ab jetzt haben Sie zwei Übungsobjekte.

3. und 4. Woche

In jeder dieser Wochen nehmen Sie noch jeweils ein Achtsamkeitsobjekt hinzu, sodass Sie in der 4. Woche Ihre Achtsamkeitspraxis bereits auf vier Objekte erweitert haben. Sie werden feststellen, dass die Angewohnheit, Dinge automatisch und unbewusst zu erledigen, mehr und mehr abnimmt und dass die Achtsamkeit zunehmend zu einer lieb gewordenen Angewohnheit wird.

Selbstverständlich können Sie diese Übung auch über weitere Monate ausdehnen und damit die Kraft der Aufmerksamkeit fest in Ihr Leben integrieren.

Keine Ziele, sondern Resultate

Die bisher in diesem Buch angesprochenen Methoden verfolgten bestimmte Ziele. Die Praxis der Achtsamkeit hingegen sollte sich selbst zum Ziel haben. Eigentlich gibt es kein Ziel, es gibt nur *Sein*. Je mehr wir uns angewöhnen, in diesem Seins-Modus zu leben, desto mehr breitet sich innerer Frieden in uns aus. Der christliche Gruß *„Friede sei mit dir"* findet in dieser Haltung eine schöne Entsprechung, nur dass er hier nicht durch den guten Wunsch, sondern durch tägliche Arbeit an sich selbst entsteht. Friedlicher werden wir, wenn wir die Muster unserer Gedanken, Gefühle und Handlungen besser verstehen. Dadurch gehen wir nachsichtiger und verständiger mit uns und anderen um, was weniger Reibungsverluste mit sich bringt. Wenn wir unsere Mitmenschen besser wahrnehmen, erzeugt das mehr Mitgefühl und Toleranz, wodurch sich wiederum unsere Angst ihnen gegenüber vermindert oder sogar auflöst. Wir können uns Konfliktsituationen stellen, ohne uns sofort bedroht zu fühlen und zu konstruktiveren Lösungen von Problemen kommen.

Und all das sind beste Grundlagen für eine stabile körperliche, geistige und seelische Gesundheit.

Zusammenfassung

Achtsamkeit im Alltag ist die *formlose* Übung zum Entwickeln von Achtsamkeit, als Ergänzung der *formalen* Übungen Body-Scan und Einsichtsmeditation. Meditationsobjekte sind neben dem Atem die gewöhnlichen Verrichtungen des Alltags, die mit einer nicht bewertenden Haltung durchgeführt werden. Wesentlich dabei sind Absichtslosigkeit und klare geistige Präsenz.

Achtsamkeitsübungen in den Alltag einzubeziehen ist weniger Methode, sondern eher eine innere Haltung, die zu mehr Selbsterkenntnis und mehr Mitgefühl und Toleranz im Umgang mit den Mitmenschen führt. Es ist die unabgelenkte Hinwendung auf das Geschehen im Hier und Jetzt, die nach Ansicht des Psychologen Csikszentmihályi Ordnung im Gehirn und damit ein Gefühl von Glück erzeugt. So ist die dauerhafte Verbesserung unserer Lebensqualität eine der Nebeneffekte einer Achtsamkeitspraxis.

Body-Scan

Dynamik	Vollkommen ruhige Methode.
Körperliche Voraussetzungen	Keine.
Alter	Ab ca. 10–11 Jahren, da es für jüngere Kinder nicht einfach ist, die Aufmerksamkeit so lange zu halten; nach oben keine Altersgrenze.
Zeitaufwand	In der 10-wöchigen Lernphase: täglich 45 Minuten an 6 Tagen / Woche. Später mehrmals pro Woche: jeweils 45 Minuten. Am besten: ins tägliche Leben integrieren wie Zähneputzen.
Körperhaltung/en	Liegend oder sitzend.
Besonderheiten	Wenn man den Body-Scan mit jüngeren Kindern machen möchte, sollte man weniger dezidiert vorgehen (z.B. nur ganze Arme und Beine nehmen) und vor allem auch die Übungszeiten an die Möglichkeiten des jeweiligen Kindes anpassen.[12]

---

[12] Zur Erhöhung der Körperwahrnehmungsfähigkeit für Kinder eignen sich besonders die Pinocchio-Geschichten von Rüdiger Maschwitz (siehe Literaturverzeichnis).

Kurzfassung

Der Body-Scan ist eine angeleitete Übung zum Entwickeln von Achtsamkeit durch die Schulung der Fähigkeit des reinen Beobachtens, ohne zu bewerten. Dazu wird die Aufmerksamkeit nacheinander in alle Bereiche des Körpers gelenkt, um nicht-wertend wahrzunehmen, welche Gedanken, Körpergefühle und Emotionen dort jeweils auftauchen. Die regelmäßige Übung des Body-Scans erhöht die Konzentrationsfähigkeit und mindert die Angewohnheit, unbewusst auf jedes Geschehen mit Gedanken- und Gefühlsfluten zu reagieren.

Eine praktische Anleitung zu dieser Übung befindet sich auf der beigefügten CD.

Methode

Der Body-Scan ist eine Methode zur systematischen Entwicklung einer inneren Achtsamkeitspraxis.

Wenn der Geist umherspringt wie ein wild gewordener Affe, braucht er sozusagen einen roten Faden, an dem er sich entlanghangeln kann, wenn er zur Ruhe kommen soll. Einer dieser roten Fäden ist der Body-Scan. Der Geist kann sich nämlich immer nur mit einer Sache beschäftigen, nicht mit zweien gleichzeitig. Wir begrenzen also für eine Dreiviertelstunde lang seine Thermik und zwingen ihn dazu, sich innerhalb eines bestimmten, von uns vorgegebenen Rahmens zu bewegen. Zwang soll hier nicht negativ verstanden werden, sondern eher im Sinne von Disziplin – denn ohne die geht es nicht. Unser „Affengeist" hat nun also eine Orientierung: Er bekommt genau gesagt, was er sich wie lange anschauen darf, und er weiß, dass der Spaß nach jeweils 45 Minuten ein Ende hat. Und er lernt mit der Zeit auch, dass es zwecklos ist, ständige Störenergie in Form von Widerständen zu entwickeln, weil wir diese zwar durchaus erkennen, ihnen aber keinen Raum geben. Von Übung zu Übung gewöhnt sich der Geist daran, dass wir langsam „Herr im eigenen Hause" werden. Er lernt, konzentrierter bei einzelnen Gedanken, Gefühlen oder Handlungen zu bleiben, ohne sich andauernd ablenken zu lassen.

Der Body-Scan fördert noch andere positive Eigenschaften, zum Beispiel die, nicht über alles, was wir sehen, denken oder fühlen, Urteile zu fällen.

Hin und wieder machen Übende die Feststellung, dass sie beim Abscannen des Körpers auf Missempfindungen oder sogar Schmerzen treffen, dass plötzlich Wut oder Traurigkeit auftauchen. Und dann erleben sie, dass es durchaus möglich ist, sich in diese Gefühle, die wir normalerweise als negativ deklarieren, hineinentspannen zu können. In der Tat lehrt uns der Body-Scan, dass wir bestimmte Dinge aushalten können, sie einfach loslassen können. Ich kann Ihnen versichern: Das ist eine sehr befreiende Erfahrung. Sie können bemerken, dass Sie Schmerzen haben oder traurig sind, und Sie können das so stehen lassen und unbeeindruckt mit Ihren Übungen fortfahren. Diese angenehme Angewohnheit wird zunehmend zu einer inneren Haltung, die es Ihnen auch im Alltag ermöglicht, selbstbestimmter auf das zu reagieren, was in Ihnen und um Sie herum geschieht. Durch den Body-Scan entwickeln Sie eine Vorstufe innerer Ruhe, die durch weitere gezielte Übungen vertieft werden kann.

In medizinischen Untersuchungen wurde festgestellt, dass sich der Muskeltonus schon allein dadurch verändert, dass die Aufmerksamkeit auf die Muskulatur gerichtet wird. Dieses Forschungsergebnis ist besonders interessant, wenn man es im Zusammenhang mit der Diagnose- und Therapie-Methode *Kinesiologie* betrachtet. Dort geht man davon aus, dass sich gesundheitliche Störungen in bestimmten Muskelgruppen manifestieren und dass sich diese Blockaden lösen, wenn mit den entsprechenden Muskeln gearbeitet wird – oder auch nur die Aufmerksamkeit darauf gerichtet wird. Es heißt, dass das bewusste Wahrnehmen und Loslassen aller körperlichen Empfindungen und der damit verbundenen Bilder, Gedanken und Emotionen angestaute Spannungen freisetzen. Das wäre ein möglicher Erklärungsansatz für die Heilungsprozesse, die bei manchen Menschen durch das regelmäßige Üben des Body-Scans eintreten.

Technik

Die Technik ist ebenso simpel wie anspruchsvoll, denn es gibt vermutlich nichts Schwierigeres für unser westliches Hirn, als Dinge ruhig und klar zu betrachten und sie einfach so zu lassen, wie sie sind – und sie dann auch noch loszulassen, ihnen für diesen einen Moment keine Bedeutung zu geben und sie zudem auch nicht zu beurteilen oder zu bewerten.

Es gibt im Body-Scan nichts zu erreichen. Es geht nicht einmal darum, es richtig zu machen. Es geht nur darum, die Übung einfach durchzuführen. Auf die Qualität Ihrer Präsenz kommt es dabei an, auf Ihre Fähigkeit, den Body-Scan von Augenblick zu Augenblick wach und konzentriert durchzuführen, und darauf, die Empfindungen ganz und gar zu erfassen, ohne sie beeinflussen zu wollen.

Ziel

Der Body-Scan ist eine intensive positive Erfahrung körperlichen Wohlbefindens. Die Übung verbessert die Einstellung zum eigenen Körper. Sie lernen, Ihre Aufmerksamkeit über längere Zeit gezielt auf etwas zu richten, und das vertieft die Fähigkeit zur Konzentration.

Außerdem vermindert sich die Neigung, alles, was Sie sehen, erleben und fühlen, automatisch mit kritischen Gedanken zu bewerten.

Praktische Hinweise zum Tun

- Lesen Sie zur Inspiration noch einmal den Text über Achtsamkeit, bevor Sie damit beginnen, den Body-Scan zu üben.
- Zum Üben brauchen Sie anfangs eine entsprechende CD. Empfehlenswert sind immer CDs von Fachleuten, weil Anleitungstexte in Formulierung, Stimmlautstärke, Betonung, Intensität und Geschwindigkeit speziell auf die Methode abgestimmt sein sollten, um deren Wirksamkeit zu unterstützen. Für die Übung des Body-Scans finden Sie solch eine Übungs-CD im Anhang dieses Buches. Wenn Sie den Body-Scan lange genug geübt haben, können Sie den Ablauf irgendwann selbst-

ständig im Stillen für sich durchführen und auf Hilfsmittel verzichten.

- Atmen Sie während der Übung wenn möglich durch die Nase.
- Versuchen Sie, von Moment zu Moment so wach und präsent wie möglich zu bleiben! Das mag anfangs wie eine Zumutung erscheinen, aber ich kann Ihnen versichern, die Präsenz wird von Übung zu Übung immer besser.
- Hegen Sie keine Erwartungen und versuchen Sie nicht, es „gut" und „richtig" zu machen. Je mehr Sie sich bemühen, desto mehr werden Sie genau das Gegenteil erreichen. Also: immer schön locker bleiben!
- Pflegen Sie bezüglich des Body-Scans eine offene, interessierte und wache Haltung. Widerstehen Sie der Versuchung, sich selbst oder die Dinge anders haben zu wollen. Erlauben Sie sich, alles so anzunehmen, wie Sie es vorfinden.
- Vielleicht beobachten oder erspüren Sie gar nichts. Auch das ist in Ordnung – und vor allem kein Grund, mit dem Üben aufzuhören.
- Sollten Sie beim Abtasten des Körpers mit unangenehmen Empfindungen oder vielleicht sogar mit Schmerzen in Kontakt kommen, bemühen Sie sich darum, auch das anzunehmen, wie es ist. Atmen Sie ruhig und sachte in diese Bereiche hinein – aber ohne eine Veränderung zu erwarten!
- Versuchen Sie, die Ruhe und Zentriertheit aus dieser Übung in den Alltag mitzunehmen.

Zusammenfassung

Der Body-Scan ist eine angeleitete Körperwahrnehmungsübung, die das Ziel hat, die Ruhe des Geistes herzustellen und zu stabilisieren. Zudem vermindert sich mit zunehmender Übung die Gewohnheit, das, was wir in uns selbst und um uns herum wahrnehmen, zu werten und diesen Wertungen einen Schwall von Gedanken, Körpergefühlen, Emotionen und unreflektierten Handlungen folgen zu lassen.

Stilles Sitzen (Sitzmeditation)

Dynamik	Vollkommen still.
Körperliche Voraussetzungen	Keine.
Alter	Die Übung eignet sich in der hier vorgestellten Form nur für Erwachsene.
Zeitaufwand	Mit 10 Minuten täglich beginnen, wöchentlich um 5 Minuten steigern; maximal 45 Minuten am Stück. Am besten: ins tägliche Leben integrieren wie Zähneputzen.
Körperhaltung/en	Sitzend.
Besonderheiten	Keine.

Kurzfassung

Die Sitzmeditation, auch *Einsichtsmeditation* oder *Achtsamkeitsmeditation* genannt, ist eine formale Übung zur Bewusstseinsschulung, um Achtsamkeit zu entwickeln und den Geist zu schärfen. Dies geschieht durch das beständige Wahrnehmen und Loslassen der inneren Vorgänge mit dem Schwerpunkt der Atembeobachtung.

Methode

Die Sitzmeditation, auf die ich mich hier beziehe, entstammt den buddhistischen Lehren und wird in der altindischen Sprache Pali als *Vipassanâ* bezeichnet. Hinter diesem Begriff verbergen sich je nach buddhistischer Schule und Lehrer etwas unterschiedliche Konzepte und Ansätze. Kenner der Lehren werden feststellen, dass dem Leser ohne entsprechendes Vorwissen in diesem Buch in klarer Einfachheit ein Extrakt des Vipassanâ als praxistaugliche Übung für den Alltag angeboten wird.

In der Sitz- oder Einsichtsmeditation untersuchen wir unsere eigenen Gedanken, Gefühle und Wahrnehmungen. Dazu richten wir unsere Aufmerksamkeit nach innen und werden sozusagen in unserem eigenen Laboratorium zum Forscher und Versuchskaninchen in einer Person. Im Laufe des Übens lernen wir zu registrieren, ohne zu vergleichen, und zu benennen, ohne zu kategorisieren. Es geht nicht darum, irgendetwas zu erreichen oder zu bezwecken, sondern einfach nur vollkommen *da*, ganz und gar präsent zu sein.

Gedanken – die wilde Horde

Es ist ein Drama: Eigentlich wollen wir einfach nur stillsitzen und das Ein- und Ausströmen unseres Atems beobachten, doch unseren Geist schert das nicht die Bohne. Solange wir ihn lassen, führt er sein Eigenleben, und kaum, dass wir unserem Bedürfnis nach Stille nachgehen, beginnt er mit ganz großem Kino: Da piekst es hier und juckt dort, Langeweile, Ideen und innere Widerstände tauchen auf, die Wut schaut mal vorbei, ebenso wie euphorische Glücksgefühle, und auch das eine oder andere längst vergangene Erlebnis möchte sich mal wieder in Erinnerung bringen. Völlig unkoordiniert folgt ein Gedanke dem anderen, als würde eine wild gewordene Horde kreischender Affen über unseren Geist herfallen. Sobald unseren Geist der Hauch von Ruhe streift, beginnt er auch schon, sich in seiner eigenen Gegenwart zu langweilen und hält Ausschau nach irgendetwas, mit dem er sich beschäftigen kann. Es stellt sich die Frage, warum er sich selbst ein solch schlechter Gesellschafter ist und warum er sich im Seins-Modus so unwohl fühlt. Diese spannende Frage zu beantworten ist nicht die Aufgabe von Meditation, aber an dieser Stelle dürfen wir uns ruhig einmal Gedanken darüber machen. Meiner Ansicht nach haben viele Menschen sich das Bedürfnis nach Besinnung, nach Ruhe, nach innerer Einkehr regelrecht abtrainiert. Unter Singles ist es zum Beispiel eine weit verbreitete Angewohnheit, nach Hause zu kommen, als Erstes den Fernseher einzuschalten, dann das Radio und sich anschließend zum Chatten vor den Computer zu setzen. *Multitasking* wird das Ganze stolz genannt. Ich muss öfter mal Personen darum bitten, während einer Unterhaltung im Auto das Radio auszuschalten, weil ich keine Lust habe, gegen das Gequake aus dem Äther anzureden. Leider wirkt sich das Chaos im Gehirn auch auf die zwischenmenschliche Kommunikation aus. Die Massen ungeordneter Gedanken werden häufig augenblicklich externalisiert. Wenn ich mich aufmerksam zwischen Menschen bewege, fällt mir immer wieder auf, dass der Zeitgeist offenbar die mangelnde Qualität von Gesprächen fördert. Ein indianischer Stammesangehöriger sagte einmal über eine Unterhaltung zwischen zwei Personen, der er zugehört hatte: *„Wenn man alles streichen würde, was es nicht wert war, gesagt zu werden, hätten sie sich eigentlich nichts zu sagen gehabt."* Aber den Wenigsten fällt das auf. In bewusstloser Hetze werden dem Gesprächspartner Massen von externalisierten Gedankensplittern um die Ohren gehauen – ob er das in dieser epischen Breite nun hören möchte oder nicht. Macht ja auch nichts – es kriegt ja sowieso keiner so richtig mit, was da eigentlich passiert – weder der, der seine Gedankeninhalte manisch über die Lippen sprudeln lässt, noch der, dem gerade der berühmte tote Fisch in die Tasche gelabert wird. Eine wahre Expansion der Leere. Woher soll ich wissen, was ich denke, bevor ich höre, was ich sage …

Man wundert sich häufig am Ende kommunikativer Tage, wo die eigene Energie geblieben ist. Die Frage ist berechtigt, denn Kommunikation ist einer unserer größten Energieräuber. Wobei ich mit dieser Aussage die Art der unbewussten Rederei meine. Es gibt durchaus lange Gespräche und Unterhaltungen, die uns erfüllt und erfrischt zurücklassen, aber nur dann, wenn sie Ruhe, Tiefe und Substanz haben. Jedenfalls lässt sich bei Telefonaten, Gesprächen, in Chat-Rooms, Internetforen und im E-Mail-Verkehr beobachten, wie sehr die Qualität zwischenmenschlicher Kommunikation unter der hitzigen Geschäftigkeit des Hirns leidet – eine Hitze, die immer mehr von immer weniger Substanz in immer kürzerer Zeit hervorbringt.

Irgendwie scheinen wir uns so daran gewöhnt zu haben, dauerberieselt und zwangsbeschäftigt zu werden, dass uns Ruhe wie ein fremdartiger, erzwungener Zustand vorkommt. Die unheimliche Begegnung der dritten Art. Die Unruhe des Geistes überträgt sich unmittelbar auf den Körper, der nun seinerseits hibbelig wird – was sich wiederum störend auf das Gemüt auswirkt. Wird der Geist unruhig, folgt der Körper ihm auf dem Fuße – und umgekehrt. Ein echter Teufelskreis, den zu durchbrechen anfangs gar nicht so einfach ist. Wir überlassen praktisch nichts dem Zufall, wenn wir in der Meditation Geist und Körper gleich gemeinsam zur Ruhe bringen. Die würdevolle *äußere* Meditationshaltung wird sozusagen zum Ausdruck unserer *inneren* Haltung.

Der Geist produziert ununterbrochen Unmengen von Gedanken und solange wir uns ihrer nicht bewusst sind, neigen wir dazu, sie als Handlungsimpulse zu betrachten. Je mehr Gedanken, desto mehr Handlungsimpulse und desto größer der innere Stress, den wir empfinden, weil wir all dem gerecht werden wollen. Solange wir nicht imstande sind, diese Gedanken wahrzunehmen und zu entscheiden, ob überhaupt ein Handlungsbedarf besteht und wenn ja, welcher, wird für uns jede dieser Zuckungen des Geistes zu einem Arbeitsauftrag. Im Laufe eines Tages kann das ein langer Zettel mit Plänen, Aktivitäten und Verbindlichkeiten werden, die ihrerseits den blinden Aktionismus weiter antreiben.

Was in der Sitzmeditation passiert

In der Meditation hingegen betrachten wir das Entstehen und Vergehen dieser flüchtigen Impulse und wir lernen, uns *nicht* von ihnen steuern, beeinflussen, irritieren, ablenken oder verärgern zu lassen. Wenn wir sie lange genug beobachten, können wir feststellen, dass sie gar keine Substanz haben, dass es sich im Grunde nur um elektrische Impulse des Gehirns handelt, die in der Geschwindigkeit eines wie besessen ins Holz hackenden Spechtes aufeinander folgen. Wir können die Erfahrung machen, dass wir nicht unsere Gedanken sind. Sie entstehen und vergehen unabhängig von unserem Wollen. Es gibt daher keinen Grund, sich mit ihnen zu identifizieren. Sie sind wankelmütig und ebenso schnell verschwunden, wie sie entstanden sind. Trotz ihrer Substanzlosigkeit entwickeln sie ein Eigenleben, und so sehr man sich auch um Konzentration bemüht, immer wieder tauchen die Gedanken auf, um unserem Vorhaben in die Suppe zu spucken.

In der Meditation nehmen wir das gelassen hin. Wir tun etwas, das uns vertraut ist: sitzen. Wir sitzen ohnehin den ganzen Tag: im Auto, im Büro, vor dem Fernseher. Und wir tun noch etwas Vertrautes: atmen. Auch das tun wir ständig. Wir tun also etwas, was wir normalerweise immer tun, sitzen und atmen. Aber während wir das tun, läuft in unserem Bewusstsein ein neues Programm, das sich „Beobachten und Loslassen" nennt. Wir betrachten das Affentheater in unserem Geist und nehmen alles widerstandslos in die Meditation mit hinein, was uns davon ablenken möchte. Kein Kampf, kein Unterdrücken von Gedanken. Atmen statt ungehalten werden und Annahme und Loslassen statt Abwehr. Es gibt keine Widerstände, weil jede vermeintliche Störung und Ablenkung zum Objekt unserer Achtsamkeit wird, das uns hilft, unsere meditative Praxis zu vertiefen. Auf diese Art mit den herausfordernden Situationen in der Meditation umzugehen überträgt sich zunehmend auch auf normale Alltagssituationen. Wir lernen dadurch, mit Unangenehmem und mit Stress besser umzugehen.

Manchmal klagen Übende über die Menge an Gedanken, die ihnen während der Meditation durchs Gehirn jagen. Aber das ist normal, und die Menge ist auch egal. Darauf kommt es gar nicht an. Es geht hier um die Frage von *Qualität* und nicht von *Quantität*, nämlich um die Frage, welchen Raum Sie diesen Gedanken geben. Wenn Sie ihnen keine Energie geben, lösen sie sich nämlich augenblicklich in nichts auf.

Verstehen Sie mich nicht falsch: Es geht *nicht* darum, die aufsteigenden Gedanken zu unterdrücken! All diese Erscheinungen sind Teil unseres Menschseins und haben damit eine Daseinsberechtigung. Zu sagen, sie dürften nicht mehr auftauchen, wäre so, als würden wir sagen, dass wir keinen Durst mehr haben dürften. Die Gedanken sind ein Ausfluss unseres Seins und haben deshalb ein Recht darauf, von uns wahrgenommen zu werden. Und genau das werden wir in dieser Übung auch tun: Wir werden sie wahrnehmen und wir werden ihnen möglicherweise sogar eine Bezeichnung geben. Aber mehr auch nicht. Denn durch die Einsichtsmeditation üben wir uns darin, die aufsteigenden Körperphänomene und Bewusstseinsobjekte zwar zu erkennen, uns ihnen aber nicht mehr vollkommen auszuliefern. Wir lernen, uns nicht mehr vom Strom unserer Gedanken und Emotionen mitreißen zu lassen, um dann im Meer der daraus folgenden unbewussten, unheilsamen Reaktionen und Handlungen zu versinken. Wir lernen, nur das weiter zu denken und zu fühlen, was *wir* weiter denken und fühlen möchten.

In der Meditation richten wir unsere Aufmerksamkeit also auf etwas, das da ist, ohne manipulierend einzugreifen. Dieses Vorgehen wird allmählich zur Angewohnheit und führt zur Entwicklung von innerer Stärke, zu Geduld, unvoreingenommener Offenheit und vor allem zu einer Befreiung von der Tyrannei der Gedanken. Das, was ich hier über die Gedanken gesagt habe, gilt ebenso für die Gefühle. Ich habe das der Einfachheit halber nicht extra erwähnt, aber vergegenwärtigen Sie sich stets, dass Ihre Emotionen eine Folge Ihrer Gedanken sind. Wenn Sie gedanklich etwas positiv bewerten, werden angenehme Gefühle folgen. Bewerten Sie es hingegen negativ, lässt das augenblicklich Frustrationsgefühle in Ihnen aufkommen. Wir haben über die Zusammenhänge unserer Gedanken und Gefühle im ersten Teil dieses Buches bereits ausführlich gesprochen.

Vom „Ich muss" zum „Ich möchte"
Noch ein Wort zum „Müssen" und „Wollen". Ich kann mich noch gut daran erinnern, dass ich meine ersten regelmäßigen Meditationssitzungen mit verbissenem Ehrgeiz ausgeführt habe. Von Wohlbefinden keine Spur. Mein Geist und mein Körper waren sich einig darin, diese „erzwungene" Ruhe als Zumutung zu empfinden, und sie waren virtuos darin, mir mit dauernden Ablenkungen das Sitzen schwer zu machen. So habe ich mich praktisch zu meinen ersten Übungen gezwungen. Dann kam ein Tag, an dem mich Freunde spontan auf einen Latte Macchiato abholen wollten. Ich sagte ihnen, dass ich später nachkommen würde, weil ich erst noch meine Übungen machen wollte. Da hatte ich doch tatsächlich das erste Mal „möchte" gesagt statt „muss"! Und in der Tat verspürte ich eine innere Sehnsucht nach Abstand vom Alltag, nach Ruhe im Hirn, was mir wichtiger war, als mich spontan meinen Freunden anzuschließen. Ich kann bis heute nicht genau sagen, wieso ich mich immer wieder zum Meditieren hinsetze. Die Frage ähnelt der, die sich wohl jeder stellt, der sich während des stundenlangen Sitzens im Rahmen eines Sesshin[13] mit Schmerzen in Rücken und Beinen herumplagt: „Wieso tue ich mir das an?" Ich fand irgendwann

---

13   *Sesshin* = Begriff aus dem Zen-Buddhismus. Zeitweiliger Aufenthalt in einem Kloster, mit Meditation im Schweigen, ritueller Mahlzeiteneinnahme und Arbeiten im Schweigen, zum Vertiefen der Zen-Praxis.

eine ebenso einfache wie tiefgreifende Antwort auf diese Frage bei Zen-Meister Shunryu Suzuki: *„Wir haben es zu tun, weil unsere innerste Natur es verlangt."* Vielleicht ist das nicht Ihre Antwort, aber glauben Sie mir: Wenn Sie die erste Zeit des Sitzens durchhalten, werden Sie im weiteren Verlauf Ihrer Meditationspraxis täglich dafür belohnt.

Ziele

Die Einsichtsmeditation ist eine effektive Übung auf dem Weg zu einer dauerhaften Haltung der Achtsamkeit. Durch regelmäßiges Üben lernen wir zu beobachten, ohne zu verzerren. Wir gewöhnen uns ab, Dingen im Innen und Außen gewohnheitsmäßig irgendwelche Ideen, Meinungen, Vorurteile, Erinnerungen oder Bewertungen überzustülpen, die selten dem, was wirklich ist, gerecht werden. Jede Sache, jeder Mensch und jede Situation können vorurteilsfrei angeschaut werden, als sähen wir sie zum ersten Mal. Es verschwindet der Impuls, die Dinge anders haben zu wollen, als sie sind, Wahrgenommenem etwas hinzuzufügen oder etwas davon abzuziehen.

In der Sitzmeditation erobern wir uns unser Gespür für und unser Bedürfnis nach Stille zurück, das vielen von uns im Alltag vollständig abhanden gekommen ist. Ich habe dafür ein inneres Bild, das ich sehr liebe: Es ist das Verweilen im Auge des Sturms, wo alles völlig ruhig ist, während um mich herum das laute Chaos tobt.

Das alles führt zu einer klaren Geisteshaltung, die selbstbestimmtes, situationsgerechtes Handeln möglich macht, Konflikte im Außen reduziert und damit Stress senkt.

Anleitungen

1. Woche: Atem wahrnehmen

Richten Sie Ihre Aufmerksamkeit auf die Tatsache, dass Sie atmen. Sie darf frei und leicht fließen. Ein- und Ausatmung werden bei dieser Übung nicht beeinflusst; sie dürfen in ihrem eigenen Rhythmus kommen und gehen. Spüren Sie das Heben und Senken Ihrer Bauchdecke.

Ihre ungeteilte Aufmerksamkeit gehört Ihrem Atem. Geht die Aufmerksamkeit auf Wanderschaft, dann führen Sie sie, ohne darüber nachzudenken, wieder zurück auf die Bauchatmung.

Sitzen Sie am ersten und zweiten Tag jeweils 10 Minuten; am dritten und vierten 20 Minuten; am fünften und sechsten 30 Minuten.

2. Woche: Atem wahrnehmen

Üben Sie, wie zuvor beschrieben.

Ab jetzt sitzen Sie grundsätzlich an sechs Tagen in der Woche jeweils 40 Minuten lang.

3. Woche: Körpergefühle wahrnehmen

Erweitern Sie Ihre Achtsamkeit auf Ihren ganzen Körper. Nehmen Sie die Druckpunkte wahr, wo Ihr Körper die Unterlage berührt, jedes Zucken, Jucken, jede Spannung. Verfangen Sie sich nicht in den Gedanken darüber. Sollten die Gedanken abschweifen, registrieren Sie das und kehren unbeeindruckt zum Atem zurück.

4. Woche: Gedanken und Emotionen wahrnehmen

Beobachten Sie in dieser Woche die Gedanken und Emotionen, die während des Sitzens am Himmel Ihres Bewusstseins auftauchen, und lassen Sie sie davonziehen wie Wolken.

5. Woche: Geräusche/Töne/Musik wahrnehmen

Richten Sie ihr Bewusstsein auf die Wahrnehmung der Sie umgebenden Geräusche. Hören Sie nicht bewusst hin, sondern nehmen Sie einfach nur zur Kenntnis, was da ist.

Vielleicht möchten Sie auch mit einer Meditationsmusik oder Klangschalentönen meditieren. Dann nehmen Sie achtsam alle Töne und Klänge wahr. Wenn Sie abschweifen, kommen Sie wieder zum Atmen zurück.

6. Woche: Umfassendes Gewahrsein

Das *heiter gelassene Gewahrsein* ist das Ziel dieser formalen Achtsamkeitsübung im Sitzen. Nehmen Sie alles wahr, was in Ihrem Körper, Ihrem Bewusstsein und um Sie herum auftaucht.

Werden Sie zum stillen Beobachter dessen, was ist. Sehen Sie die Phänomene auftauchen und wieder vergehen.

Bei jeder Ablenkung kehren Sie mit liebevollem Gleichmut zur Achtsamkeit des Atmens zurück.

Machen Sie diese Übung zum Bestandteil Ihres täglichen Lebens.

Das Benennen

Es gibt in den Lehren über die Vipassanâ-Meditation eine Technik, die manche Menschen hilfreich finden: das Benennen der inneren Vorgänge in Gedanken.

Die Übung, die so einfach klingt, ist es einerseits auch, andererseits aber auch nicht. Denn es geht beim Benennen nicht darum, den Fokus zum Beispiel auf die Worte „Heben und Senken der Bauchdecke" zu richten und sie gebetsmühlenartig herunterzuleiern, sondern sich dabei des tatsächlichen körperlichen Vorgangs bewusst zu sein. Die Aufmerksamkeit weilt beim Vorgang – nicht bei den Worten! Sobald Sie spüren, dass ein Gedanke auftaucht, registrieren Sie: „denken"; wenn Sie etwas überlegen: „überlegen"; wenn Sie sich etwas vorstellen: „vorstellen"; wenn Sie etwas planen: „planen"; begegnet Ihnen in Ihren Gedanken eine Person: „begegnen"; streiten Sie sich mit dieser Person: „streiten"; sehen Sie irgendwelche Lichterscheinungen: „sehen"; gehen Sie irgendwo hin: „gehen" … und so weiter.

Und wenn Sie bemerken, dass Ihre Aufmerksamkeit von der Atmung abgeschweift ist, dann erkennen Sie: „abschweifen".

Verweilen Sie mit Ihrer Achtsamkeit so lange bei jeder körperlichen oder geistigen Erscheinung, bis sie sich von selbst auflöst, denn das tun Erscheinungen, wenn ihnen keine weitere Energie gegeben wird. Sobald sich die Erscheinung aufgelöst hat, kehren Sie zur Wahrnehmung des Atems zurück.

Das Benennen der Geisteserscheinungen, deren „Etikettierung" sollte mühelos-konzentrativ durchgeführt werden. Nicht mehr als 5 % der Aufmerksamkeit dürfen auf diesen Vorgang verwendet werden. Am besten wirken spontan entstehende Begriffe. Benutzen Sie Ihre Achtsamkeit, um zu bemerken, wo Sie damit beginnen, über Begrifflichkeiten nachzudenken. Einsichtsmeditation ist kein „Nachdenken über irgendetwas"!

Beim Ausführen dieser simplen Übung bekommen wir den Hauch einer Ahnung davon, zu welch komplexen Fähigkeiten unser Geist fähig ist.

Praktische Hinweise zum Tun

- Reservieren Sie sich nach Möglichkeit eine feste Uhrzeit am Tag, in der Sie sich zum Üben hinsetzen.
- Die hier angegebenen Übungszeiten sollen der Orientierung dienen, um den Geist kontinuierlich zu schulen. Sie können sie auch nach eigenem Gefühl abändern.
- Apropos Uhrzeit: Bestimmen Sie Ihre Übungszeit, bevor Sie sich setzen, und widerstehen Sie der Versuchung, die Übung vorzeitig zu beenden.
- Anfängliche Unruhe, Hin- und Herrutschen, Räuspern oder Husten sind völlig normal; diese Erscheinungen legen sich mit zunehmender Übungspraxis.
- Verwenden Sie in den ersten Monaten ein „Sitz-Tagebuch", ein kleines Notizbuch, in das Sie jedes Mal die Dauer ihrer Sitzperiode eintragen und auch, wie Sie sich dabei gefühlt haben, was angenehm oder was beschwerlich war. Sie werden zu erstaunlichen Erkenntnissen über sich selbst gelangen.
- Natürlich wäre es beim Üben auch möglich, den ein- und ausströmenden Atem an der Nasenspitze oder im Bereich der Lungen zu registrieren, aber es gibt Gründe dafür, die Aufmerksamkeit im Unterleib zu halten. Im buddhistischen Zen und in den japanischen Kampfkünsten wird dieser Bereich als Hara bezeichnet. Das Hara wird nicht nur als körperlicher, sondern auch als geistiger Mittelpunkt des Menschen verstanden. Es befindet sich etwas unterhalb des Bauchnabels. Es macht daher Sinn, sich immer wieder mit diesem Punkt zu verbinden, um in der Mitte zu bleiben oder zu ihr zurückzukommen.

Körperhaltungen

Eine korrekte Sitzhaltung in der Meditation ist sehr wichtig, denn eine falsche Haltung verhindert freies Atmen und kann auf

Dauer zu Haltungsschäden führen. Eine aufrechte Haltung verhindert das und fördert zudem die innere Sammlung. Üblicherweise wird entweder auf einem Stuhl, einem Meditationsbänkchen oder einem Zafu (Sitzkissen) gesessen. Weil sowohl die Einsichtsmeditation als auch andere ähnliche Übungen im Sitzen ausführt werden, wird unter Meditierenden meistens einfach von „Sitzen" gesprochen. Allerdings können wir im Bewusstsein eine Menge verschiedener Dinge veranstalten, während wir uns den Hintern auf einem Stuhl, Kissen oder Bänkchen platt drücken.

Es gibt verschiedene Möglichkeiten des Sitzens, die ich Ihnen im Folgenden vorstellen werde. Allen Sitzmöglichkeiten gemeinsam ist, dass der Po immer auf dem vorderen Rand der Sitzunterlage positioniert wird. Das Becken kippt so nach vorne, was eine aufrechte Haltung der Wirbelsäule ermöglicht. Auf keinen Fall sollten Sie im Schneidersitz sitzen, da er nicht die nötige Stabilität gibt und bei Ungeübten zu erheblichen Schmerzen in Beinen und Rücken führt.

Beim Sitzen auf einem Bänkchen oder einem Zafu sollten Sie immer darauf achten, dass Sie Bodenkontakt mit den Knien haben. Einige kleinere Kissen unter den Knien leisten da gute Dienste.

Aufrecht auf einem Stuhl:
Wer nicht mehr zwanzig ist und noch nie auf einem Meditationskissen oder -bänkchen gesessen hat, für den könnte es von Vorteil sein, zum Meditieren auf einem Stuhl zu sitzen. Dabei sollte es sich um einen festen Stuhl möglichst ohne Armlehnen handeln. Die Sitzfläche sollte nicht zu hart sein; im Zweifelsfall einfach eine Decke, ein flaches Kissen oder ein Lammfell unterlegen. Wichtig ist, dass die Füße, die etwa schulterbreit auseinanderstehen, fest aufstehen. Kleine Personen müssen vielleicht eine gefaltete Decke oder etwas Ähnliches vor den Stuhl auf den Boden legen.

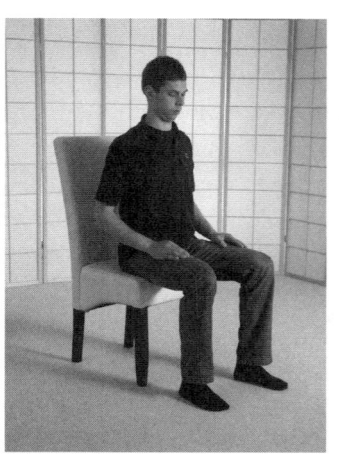

Egal, was Sie unterlegen, um die Füße aufstellen zu können: Die Knie müssen sich immer *unterhalb* der Höhe der Hüftgelenke befinden – sonst kippt das Becken nach hinten und das verhindert eine aufrechte Sitzhaltung. Der Po wird auf dem vorderen Drittel der Stuhlfläche postiert, die Wirbelsäule gerade gehalten, die Hände in Meditationshaltung (wird weiter unten erklärt) zusammengelegt. Wenn es Ihnen angenehmer ist, können Sie die Hände auch einfach auf den Oberschenkeln ablegen. Ich würde Ihnen aber zu der Meditationshaltung raten, denn sie vertieft zusätzlich die innere Sammlung.

Wenn Sie diese Anweisungen befolgen, werden Sie feststellen, dass Sie Ihren Rücken nicht anlehnen können; in diesem Fall sitzen Sie genau richtig, denn Anlehnen ist auch nicht vorgesehen.

Meditationsbänkchen:
Eine weitere beliebte Sitzmöglichkeit ist das Meditationsbänkchen. Solche Bänkchen gibt es in unterschiedlichen Abmessungen. Die Höhe sollte jeweils der Körpergröße des Sitzenden angepasst

sein, um das Körpergewicht gleichmäßig auf den drei Druckpunkten der beiden Knie und des Pos zu verteilen. Wer länger sitzt, sollte sich auch hier ein Stück Lammfell oder ein flaches Kissen unter den Po legen.

Für die folgenden Sitzpositionen brauchen Sie eine Unterlage (Zabuton) und ein Meditationskissen (Zafu). Ein Zabuton ist eine Art kleines Futon, das ca. 80 x 80 cm groß sein sollte. In Meditationszentren werden Zabutons benutzt, aber für den Hausgebrauch ist eine entsprechend gefaltete Decke völlig ausreichend. Es geht nur darum, mit den Knochen

nicht direkt auf dem harten Boden zu sitzen. Das Zafu ist ein Sitzkissen, das mit Kapok (eine Baumwollart), Dinkelspelz oder Buchweizenschalen gefüllt und ca. 13–17 cm hoch ist. Ich würde Ihnen nicht unbedingt zu Kapok raten, denn dieses Material drückt sich schnell zusammen. Die Kissen müssen ständig aufgeschüttelt und von Zeit zu Zeit nachgestopft werden. Ich wollte übrigens einmal von einem Hersteller erfahren, welche die „gemütlichste" aller Füllungen ist, und nach einigem Überlegen antwortete er mir: *„Ach, weißt du, irgendwann tut dir auf jedem Kissen der Hintern weh."*

Burmesischer Sitz.

Diamantsitz.

Burmesischer Sitz
(Sitzen mit verschränkten Beinen):
Die Beine werden verkreuzt vor dem Körper abgelegt, die Knöchel liegen auf der Unterlage. Der Po ruht immer auf dem vorderen Teil des Sitzkissens.

Diamantsitz (Fersensitz):
Ein wenig mehr Flexibilität als die vorangegangenen Haltungen erfordert das Sitzen im Knien auf den Unterschenkeln mit hochkant untergelegtem Sitzkissen. Das Gewicht ist dabei im Idealfall gleichmäßig auf Sitzkissen und Knie verteilt.

Ungeübte können die nächsten beiden Beschreibungen getrost überspringen, denn längere Zeit im Lotussitz zu verbringen, ist nur etwas für junge, bewegliche Menschen oder Meditationserfahrene.

Halber Lotussitz:
Gesessen wird auf einem Zafu. Das linke Bein wird untergeschla-

Halber Lotussitz.

Voller Lotussitz.

gen, der rechte Fußrücken auf dem linken Oberschenkel abgelegt. Wahlweise auch andersherum.

Voller Lotussitz:
Gesessen wird auch hier auf einem Zafu. Der linke Fußrücken wird auf dem rechten Oberschenkel, der rechte Fußrücken auf dem linken Oberschenkel abgelegt. Eine abgewandelte Form besteht darin, die Füße nicht auf die Oberschenkel, sondern auf die Unterschenkel zu legen, was schon wesentlich einfacher ist.

Für Ungeübte ist diese Haltung praktisch nicht auszuführen. Aber falls Sie genug Ehrgeiz aufbringen: Im Yoga gibt es spezielle Übungen, die, wenn sie lange genug ausgeführt werden, eine Beweglichkeit bewirken, die das schmerzfreie Sitzen im vollen Lotussitz möglich macht.

Nachdem Sie nun erfahren haben, wie Sie gemütlich sitzen, erkläre ich Ihnen, was Sie mit dem Rest Ihres Körpers machen, damit Sie dann endlich mit der Meditation beginnen können.

- Halten Sie Ihren Körper aufrecht. Der Körperschwerpunkt befindet sich in der Körpermitte. Sie sitzen gerade, wenn Sie sich vorstellen, dass Sie vom höchsten Punkt Ihres Kopfes an einem unsichtbaren Faden sanft in die Höhe gezogen werden; das Kinn wird dabei leicht eingezogen.
- Lassen Sie die Schultern natürlich fallen.
- Der Mund ist geschlossen; wenn möglich, atmen Sie durch die Nase.

- Die Augen sind leicht geöffnet; der Blick haftet „blicklos" ca. 1 m entfernt am Boden. Vielleicht ist es angenehmer für Sie, die Augen geschlossen zu halten. Allerdings besteht dabei verstärkt die Neigung, wegzudämmern.
- Die Hände werden zu einem Meditationsmudra zusammengelegt. Dazu legen Sie die linke Handfläche in die rechte. Finger und Daumen bilden ein Oval, die Daumen berühren sich ganz leicht. Die Hände ruhen unterhalb des Nabels am Körper.

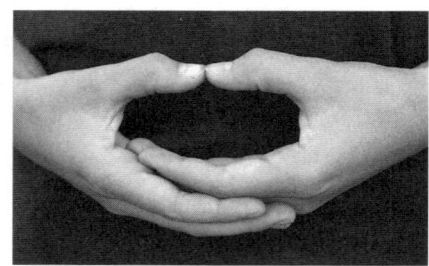

Zusammenfassung

Die Sitzmeditation, auch Einsichtsmeditation, Achtsamkeitsmeditation oder Vipassanâ genannt, ist eine formelle Übung zum Entwickeln einer achtsamen inneren Haltung. Sie kann in verschiedenen Sitzhaltungen ausgeführt werden. In meditativer, konzentrativer Stille wird der Atem beobachtet, der dem abschweifenden Bewusstsein gleichzeitig als Anker für erneute Zentrierung dient. Zusätzlich zur Beobachtung des Atems werden die aufsteigenden Körpergefühle, Emotionen und Bewusstseinsinhalte wahrgenommen und wieder losgelassen. Diese Übung beruhigt und stabilisiert den Geist und führt zu bewussterem, situationsgerechterem Handeln.

Die Atmung –
Dreh- und Angelpunkt jeder Übung

Stress kann uns gehörig den Atem verschlagen. Wer unter Stress steht, atmet eingeschränkt, und das ist nicht gut, denn atmen ist weit mehr als nur „Luft holen". Die Atmung, ihre verschiedenen Aspekte und die therapeutische Atemarbeit sind ein weites Feld – zu weit, um im Rahmen dieses Buches detailliert darauf einzugehen. Ich beschränke mich hier auf das, was im Zusammenhang mit Stress von besonderer Bedeutung für Sie ist.

Eine ungenügende Atmung kann dem Sauerstoffbedarf des Organismus nicht gerecht werden. Als Folge davon treten Müdigkeit, Antriebslosigkeit, Verspannungen, Verkrampfungen und verschiedene körperliche Erkrankungen auf. Wie Sie bereits wissen, sind das alles Symptome, die bereits durch den Stress für sich genommen entstehen. Die verminderte Atmung verschlimmert diesen Prozess also zusätzlich. Unsere Körperzellen brauchen Sauerstoff als Treibstoff für Energiegewinnungsprozesse und das bedeutet: Je weniger Sauerstoff Sie in Ihren Körper bekommen, desto geringer ist Ihre Lebensenergie.

> *Was immer du im Universum siehst,*
> *was immer sich bewegt, wirkt oder Leben hat,*
> *ist eine Manifestation von Prana.*
> *Die Gesamtheit der im Universum*
> *sich offenbarenden Energie*
> *wird Prana genannt.*
>
> *Swami Vivekananda (1863–1902)*

Der Lebenskraft wird in der indischen Yogalehre eine besondere Bedeutung zugemessen. Dort heißt es, dass wir über drei Wege Energie (Prana) aufnehmen können: über das Essen von Nahrungsmitteln, durch geistige Nahrung – und durch die Atmung.

Unter Stress verlernt man schnell, natürlich zu atmen. Atem-
übungen dienen dazu, wieder zur natürlichen Atemtiefe zurückzu-
kehren.

Üblicherweise werden die Atemmuskeln dem *unwillkürlichen*
Nervensystem zugerechnet, das bedeutet unter anderem, dass sie
von unserer psychischen Grundstimmung beeinflusst werden. Aber
das so genannte *autonome* Nervensystem ist nicht ganz so auto-
nom und unwillkürlich, wie allgemein angenommen. Einerseits
geschehen die Atembewegungen automatisch, aber andererseits
können wir durchaus Einfluss auf dieses Geschehen nehmen. Diese
Möglichkeit machen wir uns bei unseren Übungen zunutze. Mittels spezieller Atemtechniken sorgen wir für eine tiefe, natürliche
Atmung, die sich beruhigend auf das gesamte Nervensystem auswirkt und Lebenskraft aufbaut. Poetisch ausgedrückt könnte man
sagen, dass der bewusste Atem den Strom der Stille ungehindert
fließen lässt und zu Konzentration und innerer Ruhe führt.

Es gibt unzählige Möglichkeiten, mit dem Atem zu arbeiten;
viele „Lehren vom Atembewusstsein". Im Wesentlichen werden sie
unterschieden in *Übungen zur Atembeobachtung* und *Übungen
zur Lenkung des Atems.*

Ich habe einige Übungen für Sie zusammengestellt, die durch
ihre Einfachheit verblüffen. Das sollte Sie jedoch nicht dazu ver-
führen, sie zu unterschätzen: Vielleicht liegt gerade in dieser Einfachheit das Geheimnis ihrer hohen Wirksamkeit.

Bitte beachten Sie beim Üben Folgendes:

- Führen Sie die Übungen – wenn nicht anders angegeben – aufrecht sitzend aus.
- Wo nicht anders angegeben, wird durch die *Nase* geatmet. Die
  Nase ist am Atemvorgang beteiligt und hat sozusagen eine vor-
  bereitende Funktion. Die natürlichen Widerstände in der Nase
  (Form, Härchen) unterstützen die koordinierte Zusammenarbeit aller am Atemvorgang beteiligten Muskelgruppen. Außerdem wird die Atemluft vorgefiltert, sodass gut vorbereitete
  Luft in die Alveolen gelangt. Wenn Sie durch den Mund atmen,

unterbleibt diese Vorbereitung, die in den tieferen Atemwegen nicht mehr nachgeholt werden kann.

- Halten Sie den Atem nie zu lange an. *Atempause* bedeutet, dass es eine *natürliche, gemütliche* Pause sein sollte.
- Achten Sie beim Atmen darauf, dass Sie nicht hektisch werden und anfangen zu hyperventilieren. Das wäre zwar nicht schlimm, aber wer sich mit solchen Zuständen nicht auskennt, dem könnten sie etwas Unbehagen bereiten.

Übungen

Atemwege freiklopfen
Atmen Sie mehrmals tief aus und beklopfen Sie dabei mit Ihren Fingern leicht den Brustkorb. Wenn Sie das mit jemandem gemeinsam üben, klopfen Sie sich zusätzlich auch den Rücken ab.

Bei Immobilität sammelt sich vermehrt Kohlendioxid in der Lunge an. Diese Übung hilft dabei, es abzuatmen, und automatisch strömt frische Luft nach. Auf diese Weise wird auf den Bronchien liegen gebliebener Schleim gelöst und ausgeschieden.

Erdung nach geistiger Überbeanspruchung
Verlegen Sie bewusst die Atempause ans Ende der Ausatmung. Die Energie im Körper sinkt nach unten, die Atemmuskulatur entspannt sich und diese Entspannung überträgt sich auf den gesamten Organismus.

Energie für geistige Aktivitäten aufbauen
Verlegen Sie dafür die Atempause ans Ende des Einatmens. Die Energie steigt in den Kopf und steht dort als Konzentrationskraft und Denkpotenzial zur Verfügung.

Energie aufbauen für innere Stärke und Durchsetzungskraft bei gleichzeitiger tiefer Gelassenheit
Sie üben jetzt etwas, das sich „verbundenes Atmen" nennt, denn Sie lassen jetzt die Atempausen ganz weg. Die Energie Ihres Körpers sammelt sich dabei im oberen Bauchbereich.

Stellen Sie sich vor, Sie würden eine Lemniskate (liegende Acht) atmen (∞). Achten Sie dabei auf das Gleichgewicht von Ein- und Ausatmung. Zu Beginn braucht es manchmal etwas Übung, in diese natürliche Harmonie hineinzufinden, aber wenn Sie das geschafft haben, breitet sich augenblicklich Wohlgefühl in Ihnen aus.

Variation:
Stellen Sie sich aufrecht hin, die Füße stehen schulterbreit auseinander. Legen Sie nun die Handinnenflächen hinter Ihrem Rücken zusammen. Atmen Sie verbunden auf diese Weise, solange es angenehm für Sie ist.

Bauchatmung vertiefen und Lebenskraft ansammeln
Bei dieser Übung entsteht eine tiefe Bauchatmung und sie aktiviert die Lebenskraft.

Richten Sie Ihre Aufmerksamkeit auf den Beckenboden. Spannen Sie bei den nächsten Ausatmungen die Beckenbodenmuskulatur an und lösen Sie die Spannung beim Einatmen.

Übung gegen inneren Überdruck
Holen Sie tief Luft und blasen Sie ein druckloses „fff" durch die leicht geöffneten Lippen. Machen Sie das so oft hintereinander, bis Sie die Erleichterung spüren.

Im-Gleichgewicht-Übung
Diese Übung heißt so, weil sie den Körper durch die Beeinflussung vegetativer Zentren in ein psychovegetatives Gleichgewicht bringt.

Atmen Sie durch den Mund aus. Zum Einatmen spitzen Sie die Lippen und atmen Sie dann durch die Nase. Dann die Mundstellung lösen und laut stöhnend durch den Mund ausatmen.

Die durch die Mundstellung entstehende Nasenenge verlangsamt die Einatmung. Bei dieser Art der Atmung wird das Zwerchfell sehr gefordert und seine vermehrte Bewegungsaktivität führt dazu, dass sich Überspannungen in der Körpermitte lösen.

Wasserröhre

Diese Übung ist hilfreich für jeden, der Probleme mit dem vollständigen Ein- und/oder Ausatmen hat. Sie kann grundsätzlich mit jeder Farbe ausgeführt werden; ich nehme Blau, weil es von seiner psychologischen Wirkung her den Körper entspannt.

Körperhaltung: aufrecht sitzend.

Dauer: 10 Minuten.

Beobachten Sie zunächst Ihren Atem, ohne ihn zu verändern. Stellen Sie sich nun vor, dass Ihre Wirbelsäule eine durchsichtige, mit blau gefärbtem Wasser gefüllte Röhre ist. Beim Einatmen steigt die Wassersäule in dieser Röhre – beim Ausatmen sinkt sie wieder. Wiederholen Sie diese Visualisierung zirka 20-mal.

Erweitern Sie nun die Vorstellung, indem Sie sich vorstellen, dass die blaue Flüssigkeit beim Einatmen die Lungen langsam von unten bis oben anfüllt – und dass sie beim Ausatmen langsam wieder bis zum Grund der Lungen hinabsinkt.

Wiederholen Sie auch diese Visualisierung zirka 20-mal.

Sich atmen lassen

Wenn Sie das Gefühl haben, schwer ein- oder ausatmen zu können, dann probieren Sie diese Übung aus, um das Atmen zu erleichtern.

Körperhaltung: aufrecht sitzend oder auch liegend.

Atmen Sie, ohne den Rhythmus zu beeinflussen.

Stellen Sie sich bei jedem Einatmen vor, dass Ihnen das Universum den Atem einbläst; Sie sind völlig passiver Empfänger des Atems. Wenn Sie mögen, stellen Sie sich dabei vor, wie dieser Atem in jeden Körperteil hineinströmt und sich bis in die letzte Zelle verteilt. Bei jedem Ausatmen stellen Sie sich vor, dass das Universum den Atem aus Ihnen herauszieht.

Atmen Sie auf diese Weise, solange es sich gut für Sie anfühlt.

Energetisieren, das Nervensystem beruhigen

Diese Übung ist eine hervorragende Meditation, die Sie praktisch immer und überall ausführen können. Probieren Sie diese Art zu atmen einmal während anstrengender Gespräche oder in Konferenzen. Das Ergebnis wird Sie angenehm überraschen.

Körperhaltung: sitzend, liegend, stehend.

Atmen Sie verbunden (also ohne Atempausen) in folgendem Rhythmus: vier kurze Atemzüge – ein langer Atemzug.

Wiederholen Sie das so lange, wie es sich gut für Sie anfühlt.

Angst und Anspannung abbauen

Diese Übung nennt sich auch *4-8-7-Atmung*. Passen Sie die Geschwindigkeit des Atems dem Zählen an. Das Zählen erfolgt übrigens im Stillen. Achten Sie darauf, nicht hektisch zu atmen.

Körperhaltung: aufrecht sitzend, stehend – oder beim Gehen.

Atmen Sie laut hörbar durch den Mund aus.

Schließen Sie den Mund und atmen Sie durch die Nase ein, während Sie im Stillen bis **vier** zählen. Halten Sie den Atem an und zählen Sie währenddessen bis **acht**. Dann wieder durch den Mund ausatmen, während Sie bis **sieben** zählen.

Wiederholen Sie diesen Vorgang, solange es angenehm für Sie ist.

Weitere bekannte Entspannungstechniken und Meditationsmethoden [14]

Ich habe Ihnen in diesem Buch die Entspannungsmethoden und Meditationen detailliert vorgestellt, die sich für eine systematische Stressbewältigung am besten eignen. Es gibt jedoch noch zahlreiche andere Möglichkeiten, Körper und Geist zur Ruhe zu bringen. Menschen sind ja bekanntlich sehr verschieden und haben unterschiedliche Vorlieben und Abneigungen. Und wie es für jeden Topf den passenden Deckel gibt, kann auch jede Person ihren ganz persönlichen Favoriten finden, um den Stress des Alltags zu reduzieren. Selbst wenn Sie jeden Tag zum Beispiel stilles Sitzen praktizieren, spricht nichts dagegen, parallel dazu hin und wieder Stress in Schweiß umzuwandeln und diesen durch den Ausdruckstanz oder eine Dynamische Meditation abfließen zu lassen.

Es gibt unzählige Methoden, Techniken und Vorgehensweisen zur Entspannung und Stressbewältigung. Ich würde Sie zu Tode langweilen, wenn ich hier alle aufführen würde. Wenn ich mich in meiner folgenden Auflistung also auf nur einige davon beschränke, so stellt dies keineswegs ein Qualitätsmerkmal dar. Mein Ziel ist es, Ihnen einen Überblick über die bekanntesten und gebräuchlichsten Methoden zu geben – neben denen, die in diesem Buch bereits besprochen wurden. Vielleicht weckt der eine oder andere Weg Ihre Neugier und macht Ihnen möglicherweise sogar Lust darauf, ihn einmal auszuprobieren.

Ausdruckstanz

Wie Sie bereits erfahren haben, ist Bewegung eine gute Möglichkeit zum Stressabbau. Eine kreative Methode dafür ist zum Beispiel der Ausdruckstanz. Es geht dabei nicht darum, stilisierte Bewegungen, ähnlich denen von Standardtänzen, Ballett oder Jazztanz auszuführen, sondern seinen *inneren* (emotionalen) *Bewegungen* durch *äußere Bewegungen* Ausdruck zu verleihen. Freu-

---

14 Anleitungen und Übungen für jede Lebenslage finden Sie in meiner „Anti-Stress-Box" (5 Audio-CDs; Mankau Verlag).

de, Unruhe, Angst, Depressionen und ähnliche Gefühle werden auf diese Weise externalisiert, was zu Spannungsabbau führt. Das Tanzen ist gut für Menschen geeignet, die zum Ausagieren nicht gerne in einen Sandsack schlagen oder joggen gehen. Die bekannteste Vertreterin des Ausdruckstanzes ist die Tanztherapeutin, Schamanin und Musikerin *Gabrielle Roth*. Sie hat fünf Energieformen des Lebens identifiziert, die man auch in verschiedensten Stilrichtungen von Musik wiederfinden kann: *Flowing, Staccato, Chaos, Lyrical* und *Stillness*. Das bedeutet, dass Sie die „Fünf Rhythmen" durchaus zu Ihrer Lieblingsmusik tanzen können. In diesem Tanz setzen Sie sich gleichermaßen mit ihren eigenen Rhythmen wie mit den Rhythmen alles Lebendigen auseinander.

Autogenes Training

Das Autogene Training ist eine stille autosuggestive Methode, deren Entspannungseffekt durch eine Konditionierung auf Wärme-, Schwere- und Ruheformeln erzeugt wird. Die Methode ist leicht zu verstehen und zu erlernen – und sie ist hochgradig effektiv. Sie kann fast überall angewendet und im Sitzen oder im Liegen durchgeführt werden. Das Autogene Training wird nur durch regelmäßiges Üben über einen bestimmten Zeitraum im Bewusstsein verankert. Das bedeutet: Haben Sie diese Methode erst einmal vollständig verinnerlicht, können Sie sie nicht mehr verlernen. Der Effekt ist zum Beispiel mit Autofahren, Schwimmen oder Zehn-Finger-Maschineschreiben vergleichbar.

Chanten

Viele Menschen schwören darauf, dass Sie durch Singen Ihr inneres Gleichgewicht wiederfinden. Chanten ist eine spezielle Art gesanglichen Ausdrucks. Im Gegensatz zum traditionellen Liedgesang werden hier bestimmte Silben oder Wortfolgen in Verbindung mit einfachen Melodien fortlaufend intoniert. In der Regel sind die Inhalte dieser Gesänge spirituell-religiösen Ursprungs. Beim Chanten geht es mehr um den inneren als um den äußeren Klang. „Lauschendes Singen" oder „mit dem Herzen singen" sind gute Beschreibungen dafür.

Dynamische Meditation

Die „Dynamische" zählt zu den aktiven Meditationsformen. Sie wurde von dem indischen Mystiker Prof. Rajneesh Chandra Mohan, besser bekannt unter dem Namen *Osho* (1931–1990), entwickelt, der erkannt hatte, dass westliche Menschen erst zur Ruhe kommen können, wenn sie zuvor eine Katharsis (Befreiung, Reinigung) durchlaufen haben. So sah er diese Übung als eine Vorbereitung für ruhigere Meditationsformen an. Die Dynamische Meditation wirkt sehr belebend und befreiend und sie wird in Verbindung mit speziell dafür komponierter Musik vorzugsweise in den Morgenstunden ausgeführt. Sie besteht aus fünf verschiedenen Phasen, die insgesamt eine Stunde dauern.

Eine entsprechende CD mit Übungsanleitung können Sie im Handel käuflich erwerben.

Klangschalen-Meditation

Die aus dem Himalaya-Gebiet stammenden, halbkugelförmigen Schalen bestehen aus bestimmten Metalllegierungen. Sie werden seit Jahrhunderten zur Unterstützung der Meditation in Klöstern eingesetzt. Dem westlichen Geist entsprechend wurden die Anwendungsmöglichkeiten im Lauf der Zeit systematisiert. Obwohl Vorgehen und Wirkung nicht wirklich voneinander getrennt werden können, gibt es eine gebräuchliche Einteilung in *Klangschalen-Meditation, Klangschalen-Massage* und *Klangschalen-Therapie*.

Zur Anwendung in der Klangschalen-Therapie und -Massage werden Schalen unterschiedlicher Größe auf Teile des bekleideten Körpers aufgesetzt und angeschlagen. Die Vibrationen bewirken tiefe Entspannung, Lösung energetischer Blockaden und Ruhe im Geist.

In der Klangschalen-Meditation lässt man die Klänge live oder über CD auf Körper und Geist einwirken.

Kundalini-Meditation

Die Kundalini-Meditation ist ebenfalls von Osho (siehe *Dynamische Meditation*) entwickelt worden. Im Gegensatz zur Dynamischen, die vorzugsweise morgens ausgeübt wird, setzt man die Kundalini-Meditation eher zum Spannungsabbau in den Abendstunden ein.

Die Kundalini-Meditation besteht aus vier 15-minütigen Phasen, die im Zusammenhang mit einer speziell dafür komponierten Musik ausgeführt werden. Eine entsprechende CD mit Übungsanleitung können Sie im Handel käuflich erwerben.

Mantra-Rezitation

Mantras, auch *Mantren* genannt, sind eine Folge von Buchstaben in Form von Silben, Worten oder mehreren Sätzen, die mit oder ohne begleitende Musik ständig wiederholt (rezitiert) werden. Während unsere westliche Kultur in Worten nicht mehr als eine Aneinanderreihung phonetischer Zeichen sieht, wird in alten Kulturen davon ausgegangen, dass unser Universum – und damit auch unsere Sprache – aus energetischen Schwingungen besteht. Jedes Wort baut demzufolge ein Energiefeld auf, wodurch es möglich wird, sich mit bestimmten Gottesbildern oder Eigenschaften zu verbinden, indem man sozusagen in deren Klangmuster eintritt. Dabei ist es egal, ob laut, leise oder im Geiste rezitiert wird; wichtig sind Klang und Rhythmus.

Mantragesänge oder -rezitationen beruhigen das Gemüt und vertiefen die Konzentration. Es wird gesagt, dass sie eine heilende, harmonisierende Wirkung auf Körper, Geist und Seele ausüben.

Da diese heiligen Gesänge ihren Ursprung in Indien haben, werden auch heute noch, Jahrtausende später, die meisten bekannten Mantras in der altindischen Sprache *Sanskrit* rezitiert.

Mantras, denen man in unserem Kulturkreis am Häufigsten begegnet:

Om, Om mani padme hum, Om namah shivaya. Da sich viele indische Mantras an Gott wenden, können sie sehr gut auch von Christen genutzt werden. Aber auch im Christentum gibt es Mantras, zum Beispiel: *Amen, Halleluja, Kyrie Eleison, Friede sei mit dir.*

MBSR-Stressbewältigung durch Achtsamkeit

MBSR ist die Abkürzung für *Mindfulness Based Stress Reduction*. Es handelt sich dabei um ein *Training zur Stressbewältigung durch Achtsamkeit*, das 1979 von *Prof. Dr. Jon Kabat-Zinn* an der Universitätsklinik Massachusetts entwickelt wurde. In umfangreichen medizinischen Studien wurde die Wirksamkeit des MBSR als therapeutisches und prophylaktisches Verfahren zur Gesundheitsverbesserung bewiesen.

Erlernt werden kann es im Rahmen eines 8-wöchigen Kurses, der aus folgenden Elementen besteht: achtsames Wahrnehmen des Körpers in Ruhe (Body-Scan), achtsames Wahrnehmen des Körpers in Bewegung (Yoga), Meditation im Sitzen, Meditation im Gehen, Kurzvorträge und Erfahrungsaustausch.

Um dauerhaft von den Wirkungen dieser Methode profitieren zu können, müssen die erlernten Übungen täglich ca. 45 Minuten lang ausgeführt werden.

Die Übungen dieses 8-Wochen-Programms stammen aus dem buddhistischen Kontext. Da sie sich seit zweieinhalbtausend Jahren bewährt haben und sich als außerordentlich hilfreich bei der Stressbewältigung im Lebensalltag des 21. Jahrhunderts erweisen, basieren auch unsere Strategien zur Stressbewältigung auf diesen Grundlagen.

Phantasiereisen

Eine Phantasiereise ist eine angeleitete Meditation, die dem Bereich der *Geführten Meditationen* zugeordnet wird.

In der Praxis und in der Literatur werden Phantasiereisen mit verschiedenen Begriffen bezeichnet, die mit recht unterschiedlichen Inhalten gefüllt sind: Gelenkte Phantasiereisen, Geführte Meditationen, Geführte Imaginationen, Aktive Imagination, Imaginative Entspannungsverfahren.

Üblicherweise setzt oder legt sich der Zuhörer hin und bekommt eine Geschichte vorgelesen, deren Inhalte von der Zielsetzung abhängen. Meist handelt es sich hierbei um spannungslose Bildbeschreibungen aus der Natur.

Während des Vorlesens kann der Zuhörer das Alltagsgeschehen hinter sich lassen und sich einen Raum schaffen, in welchem er sich geborgen fühlt, um über harmonisches Naturerleben Kraft für den Alltag zu tanken.

Geschichten mit gezielten vorgegebenen Situationen dienen der aktiven Bewusstseinsarbeit, der Verankerung von Wissen, der Veränderung von Denk- und Verhaltensmustern und/oder der Motivations- und Leistungssteigerung[15].

Progressive Muskelentspannung nach Jacobson

Die Progressive Muskelentspannung ist eine aktive Entspannungsmethode, die leicht erlernbar in verschiedenen Körperhaltungen und fast überall ausgeführt werden kann. Sie eignet sich für Menschen, die sich nicht still hinlegen und in zwei Sekunden von 100 auf 0 herunterschalten können. Durch das gezielte Anspannen einzelner Muskelgruppen und deren abruptes Lösen wird ein Impuls an das Zentralnervensystem weitergegeben, das eine generalisierte, tiefgreifende Entspannung des Körpers einleitet. Dieser Effekt wird durch systematisches Üben über einen bestimmten Zeitraum gefestigt. Er kann später durch Kontraktion und Lösen eines einzelnen Muskels erzeugt werden.

Qigong

Bei Qigong handelt es sich um jahrtausendealte, aus China stammende Körper- und Bewusstseinsübungen. Im Land der Mitte versteht man unter Qigong alle Arten von Energiearbeit, die sich hauptsächlich um die körperliche Gesundheit kümmern. Ziel dieser Übungen ist es, eine harmonische Verbindung von Aufmerksamkeit, Atmung und langsamen, sanften, geschmeidigen und ungezwungenen Bewegungen herzustellen. Ähnlich einem Ornament, das ständig wiederholt, kunstvoll gemalt wird, wirken auch die Übungen, die das Qi (Lebensenergie) anreichern und in Bewegung bringen. Das Qi spielt eine bedeutungsvolle Rolle im Qigong, denn nach Ansicht der Traditionellen Chinesischen Medizin (TCM) ist ein Mensch nur dann gesund, wenn sein Qi in Bewegung ist. So wirkt sich Qigong positiv auf zahlreiche Erkrankungen aus, es beruhigt und stärkt das Gemüt.

---

15 Mehr Informationen über Phantasiereisen und Imaginationen finden Sie in meinem Buch „Geführte Meditationen" (Junfermann Verlag).

Qigong kennt verschiedene jahrtausendealte Stile und Schulen und ist im Land der Mitte ein Oberbegriff für alle Arten von Energiearbeit, die der körperlichen Gesundheit dienen. Frei übersetzt bedeutet es „Energietraining".

Tai Chi Chuan

Tai Chi Chuan (Taijiquan) ist eine Bewegungsmeditation, die auch als *innere Kampfkunst* bezeichnet wird. Die Bewegungen sind anmutig, entspannt und gehen fließend ineinander über. Geübt werden so genannte Formen, die sich aus Einzelbewegungen zusammensetzen. Sie werden meistens langsam, ruhig, weich und geschmeidig ausgeführt. Je nach Stil, Form und Erfahrung des Übenden kann es jedoch große Unterschiede geben.

Im Taijiquan kommt wie im Qigong dem Bewegen des Qi (Lebensenergie) eine große Bedeutung zu. Die Unterschiede zwischen den beiden Methoden sind für den Laien kaum wahrnehmbar. Sie liegen vor allem in der Zielsetzung: Qigong ist ruhiger mit weniger Bewegung im Raum und die Abläufe der Übungen sind kürzer. Während Qigong eher Wert auf den gesundheitlichen Aspekt legt, wird das Taijiquan mehr als Kampfkunst betrieben und meistens paarweise ausgeführt. Solo-Taijiquan ist eine Übungsfolge, die sich aus gedachten Angriffs- und Verteidigungssituationen mit Schatten ergibt – daher auch die westliche Bezeichnung *Chinesisches Schattenboxen*.

In der Regel ist Taijiquan dynamischer und komplexer.

Transzendentale Meditation (TM)

Die *Transzendentale Meditation* ist eine leicht erlernbare, geistige Entspannungs- und Meditationstechnik. Sie wurde von *Maharishi Mahesh Yogi* entwickelt und soll der indischen vedischen Tradition entstammen. Ein TM-Lehrer weiht den Übenden im Rahmen eines siebenstufigen Grundkurses (jede Stufe dauert ein bis zwei Stunden) in ein persönliches Mantra ein, das dieser streng geheim halten muss und das er zweimal täglich zirka 20 Minuten lang still wiederholen soll. Die Rezitation dient dazu, das Nervensystem zu beruhigen und sich mit den sublimeren Sphären des Geistes zu verbinden. Indem durch die Anwendung Geist und Denken transzendiert werden, soll der Anwender das *reine Bewusstsein* (Samadhi, Nirvana, Tao) erlangen können.

Die Mantras werden offenbar nach Alter und Geschlecht vergeben.

Ich möchte Ihnen nicht verheimlichen, dass diese Methode recht umstritten ist – auch wenn sie viele Anhänger hat. Die kritischen Stimmen beziehen sich vor allem darauf, dass die Mantras sich offenbar teilweise auf hinduistische Götter beziehen, was bei einigen Christen auf Ablehnung stößt. Ebenfalls umstritten und ins Kreuzfeuer der Kritik geraten ist das *Yogische Fliegen*, eine fortgeschrittene TM-Technik, mit der Maharishi zufolge die Schwerkraft überwunden werden kann.

Yoga

Yoga ist eine philosophische Lehre, die sich über Jahrtausende in Indien entwickelt hat. Sie enthält Übungen und Anweisungen für ein gesundes Leben: *Körperübungen* (Asanas), *Atemübungen* (Pranayamas), *Entspannungsübungen* (Savasanas), *Meditation* (Dhyana) und Anweisungen für eine gesunde *Ernährung* (vegetarisch) und eine positive *Lebenseinstellung* (Vedanta).

Das Yoga-System kennt unzählige Schulen und Methoden, denen ständig neue hinzugefügt werden. In Deutschland ist das Hatha-Yoga, bei dem die Körperübungen im Mittelpunkt stehen, am weitesten verbreitet. Das übergeordnete Ziel des Yoga besteht darin, die Gesundheit und die Vitalität zu stärken und die schlafenden Fähigkeiten zur Erweiterung des Bewusstseins zu wecken.

Zur Autorin

Doris Kirch (geb. 1961) ist Gründerin und Leiterin des DFME (Deutsches Fachzentrum für Stressbewältigung), Vorsitzende der Deutschen Gesellschaft für Achtsamkeit e.V. und Gründerin des Forums „Achtsamkeit im Business". Die Autorin mehrerer Fachbücher und zahlreicher Fachartikel arbeitet als Stress-Coach, Keynote-Speakerin und Dozentin; sie ist Urheberin der 770-stündigen Fachausbildung „Stressbewältigungs- und Entspannungstherapie (DFME)" und der Ausbildung „Stress-Coach (DFME)". Außerdem moderiert sie die XING-Gruppen „Achtsamkeit", „Achtsamkeit im Business" und „MBSR" (www.xing.com).

Doris Kirch betreibt seit 1985 aktive Zen- und Achtsamkeitspraxis; ihr wertvolles Wissen aus über 20 Jahren Berufserfahrung gibt sie im vorliegenden „Handbuch Stressbewältigung" wieder.

Zum Internetforum mit Doris Kirch:
www.mankau-verlag.de/forum

Mehr Informationen über das DFME und die Aktivitäten von Doris Kirch:
www.dfme.de

Dank

Wenn ich auf die Zeit des Schreibens zurückblicke, bin ich zahlreichen Menschen gegenüber aus verschiedenen Gründen mit tiefer Dankbarkeit erfüllt. Es sind zu viele, um sie alle namentlich hier aufzuführen, aber einigen von ihnen kommt ein ganz besonderes Verdienst zu.

Da ist zunächst mein Verleger Raphael Mankau, bei dem ich mich ganz herzlich für die wunderbare Zusammenarbeit bedanken möchte, die ich als warmherzig, kreativ und überaus konstruktiv empfunden habe.

Weiterer tiefer Dank geht an Gertrud und Karl-Heinz Lübbe für ihr Vertrauen und ihre Langmut.

Ebenfalls bedanken möchte ich mich für die Großzügigkeit und das Verständnis von Familie Lothringer.

Dank auch an mein großartiges Team im Fachzentrum, für den bedingungslosen Einsatz, für eure gelebte Achtsamkeit, für die Sanftmut und euer praktiziertes Mitgefühl. Der Arbeitsplatz ist normalerweise eines der Hauptstressfelder im Leben von Menschen. Mit euch konnte ich erleben, dass es auch anders geht.

Einen tiefen Gassho für Britta, dem lieben Engel aus Fleisch und Blut: herzlichen Dank für dein Vertrauen und deine Loyalität.

Ohne meine zahlreichen Seminarteilnehmer, Absolventen und Klienten wäre dieses Buch niemals so lebendig geworden. Ich bedanke mich sehr für Ihr und euer Vertrauen.

Der größte Dank jedoch gebührt den beiden Herzensfrauen in meinem Leben: Lucca und Ishtar, die so oft auf meine Gegenwart verzichten mussten, wenn ich mich zum Schreiben ins „Turmzimmer" zurückgezogen habe. Vor allem Ishtar Kosanke, die stets im Fokus hatte, mir den Rücken freizuhalten, die unermüdlich Kapitel für Kapitel Korrektur gelesen und der einen oder anderen Formulierung mit ihrem sprachlichen Feingefühl den letzten Schliff gegeben hat.

Liebe Ishtar, deine Begeisterung, dein Glaube an mich und unsere wunderbaren Frühstücksphilosophien haben mich die ganze Zeit über angespornt.

Eure und Ihre guten Gedanken und Taten fließen in dieses Buch mit ein; ich verneige mich in Verbundenheit und tiefer Dankbarkeit.

Anti-Stress-Box (5 Audio-CDs)

Entspannen und meditieren. Anleitungen und Übungen für jede Lebenslage

ISBN 978-3-938396-40-7
Mankau Verlag

Viele Wege führen zur Gelassenheit – doch nicht jeder ist für jeden und jederzeit gleichermaßen geeignet. Je nach Stimmung und Situation bietet Ihnen diese Box verschiedene Möglichkeiten, um Ihre tägliche Entspannung und Regeneration zu unterstützen. Ein praxisnaher Mix aus bewährten Entspannungsmethoden und sinnlichen Wohlfühlelementen, entwickelt und angeleitet von der Stress-Spezialistin Doris Kirch („Handbuch Stressbewältigung").

Mit Begleitbuch!

CD 1: *Autogenes Training:*
Eine sanfte, aber sehr effektive Methode für Menschen, die Ruhe und Stille bevorzugen.

CD 2: *Progressive Muskelentspannung nach Jacobson:*
Eine dynamische Methode für aktive Menschen, die nicht innerhalb von zwei Sekunden von 100 auf Null herunterschalten können.

CD 3: *Geführte Meditationen:*
Ängste überwinden – In der Vielschichtigkeit unserer Psyche gibt es eine Instanz, die sehr viel weiser ist als unser Tagesbewusstsein. Lernen Sie in einer geführten Meditation, mit Hilfe dieser Instanz Ihre Ängste zu überwinden.
Kraft schöpfen – Lassen Sie sich zu einem Abend am Strand entführen und tanken Sie in der untergehenden Sonne Kraft für die vor Ihnen liegenden Aufgaben.

CD 4: *Begleitung auf dem Arbeitsweg:*
Motivation für den Arbeitstag – Gedanken und Übungen für den Weg zur Arbeit, die Sie auf die Anforderungen des Arbeitstags einstimmen.
Entspannt nach Hause kommen – Beruhigen Sie Ihre Gedanken und verarbeiten Sie Ihren Tag.

CD 5: *Musikalische Tiefenentspannung:*
Tauchen Sie mit der Musik in die kraftvolle Tiefe des Meeres ein, um dort mit der Stille Ihrer eigenen Mitte in Berührung zu kommen.

12 Goldene Regeln für Stress-Junkies

Steigern Sie Ihren täglichen Adrenalin-Kick!

ISBN 978-3-938396-43-8
Mankau Verlag

Alle reden von Entspannung – aber ist das wirklich Ihr Ding?

Oder lieben Sie Ihren täglichen Stress? Entspannung und Entschleunigung sind in Ihren Augen etwas für Warmduscher und Weicheier? Ihr Terminplan kann gar nicht voll genug sein? Sie sind ein Stress-Junkie – oder möchten einer werden?

Wer könnte Sie dann besser beraten als Stress-Expertin Doris Kirch! Sie untersucht das Phänomen Stress seit zwanzig Jahren und kennt alle Tricks und Kniffe, um den Adrenalinspiegel in ungeahnte Höhen zu treiben und den täglichen Kick noch ein wenig zu steigern.

Mit einem Augenzwinkern und feinem Humor präsentiert die Autorin im vorliegenden Anti-Ratgeber ihre „12 Goldenen Regeln für Stress-Junkies". Welche Erkenntnisse der Leser daraus zieht, kann ihm getrost selbst überlassen bleiben ...

Der Stress-Coach

Stressbewältigung im Familien- und Berufsalltag
Die 54 wichtigsten Fragen an den Stress-Coach

ISBN 978-3-87387-742-9
Junfermann Verlag

Auch wenn der Chef und die Kollegen nerven und am heimischen Herd die Fetzen fliegen: Selbst gegen diesen Stress sind Kräuter gewachsen. Doris Kirch zeigt auf, wie durch veränderte innere Einstellungen und leicht umzusetzende Strategien mehr Gelassenheit am Arbeitsplatz und in der Familie einkehrt.

Geführte Meditationen

Phantasiereisen und Imaginationen
Ein Handbuch zum fachgerechten Planen,
Schreiben und Anleiten

ISBN 978-3-87387-760-3
Junfermann Verlag

Phantasiereisen sind mehr als sanfte Ge-
schichtchen zur Entspannung für Kinder und Esoteriker, denn sie
greifen tief ins Unterbewusstsein ein. In diesem Buch wird die Arbeit mit inneren Bildern erstmalig komplett systematisiert. Anhand
psychologischen Wissens und praktischer Beispiele lernen Sie, wie
Sie fertige Anleitungen fachgerecht überarbeiten, selbst welche
schreiben und sie anschließend sicher und verantwortungsbewusst
anleiten.

Leider kann ich hier nicht alle Bücher auflisten, die mir in meinem Leben Inspiration gegeben haben und es immer noch tun und für die ich allerhöchste Wertschätzung empfinde. Es würde den Rahmen sprengen. So habe ich mich auf die Bücher beschränkt, die ich für allgemein verständlich halte und von denen ich annehme, dass sie hilfreich für Sie sein könnten.

Aiivanhov, Michael: *Yoga der Ernährung.* Prosveta Verlag. 1984.
In diesem Buch geht es nicht nur darum, was wir essen, sondern vor allem wie wir essen sollten, um nicht nur die Nährstoffe, sondern auch die subtile Lebenskraft der Nahrung in uns aufzunehmen und zu einer tieferen Beziehung zur Natur zurückzufinden.

Howard, Judy und Ramsell, John (Hrsg.): *Edward Bach: Die nachgelassenen Originalschriften.* Hugendubel. 1991.
Der feinfühlige Arzt und Entdecker der Blütentherapie hat in seinen Schriften tiefgründige Ansichten über unser Leiden an uns selbst niedergelegt. Ein Nachdenken darüber könnte für den einen oder anderen Zeitgenossen zur Heilung seiner seelischen Wunden beitragen.
Natürlich erfährt man in dem Buch viel über den Menschen Bach und darüber, wie er die Blütentherapie im Laufe vieler Jahre entwickelte.

Batmanghelidj, Fereydoon: *Wasser, die gesunde Lösung.* VAK Verlag. 2007.
Eine interessante Abhandlung über die Folgen körperlicher Austrocknung und über die heilende Wirkung von Wassertrinken.

Csikszentmihályi, Mihály: *Flow – Das Geheimnis des Glücks.*
Klett-Cotta. 1992.
Der Autor sagt, Glück ist nicht etwas, das einem zufällig widerfährt, sondern er beschreibt Glück als Zustand, den wir uns jederzeit selbst schaffen können, wenn wir lernen, das Chaos in unserem Hirn zu bändigen.

Fischer-Rizzi, Susanne: *Himmlische Düfte.* Hugendubel. 1990.
Ein sinnliches Grundlagenwerk der Aromatherapie mit der Beschreibung der wichtigsten Essenzen und deren Anwendungsmöglichkeiten.

Goleman, Daniel: *Soziale Intelligenz.* Droemer. 2006.
Der Autor zeigt auf, wie sehr unser körperliches und seelisches Wohlergehen von der Qualität unserer sozialen Beziehungen abhängt und wie wir destruktive Kontakte in positive Beziehungen umwandeln können.

Hüther, Gerald: *Bedienungsanleitung für ein menschliches Gehirn.*
Vandenhoeck & Ruprecht. 2005.
Nach den neuesten Erkenntnissen der Hirnforschung hat die Art und Weise, wie wir unser Gehirn benutzen, einen entscheidenden Einfluss auf dessen Qualität. Der Wissenschaftler macht deutlich, wie wir unser Leben durch eine intelligentere Nutzung der kleinen grauen Zellen verbessern können.

Jäger, Williges: *Auf der Suche nach dem Sinn des Lebens.* Vianova.
2003.
Der Benediktinermönch und Zen-Meister setzt alle wichtigen Themen des Lebens in Bezug zur christlichen Mystik, zu den großen Traditionen der esoterischen Wege anderer Religionen, zur Naturwissenschaft und zu den Erkenntnissen der transpersonalen Psychologie. Das Buch befreit zu einem sinnerfüllten Leben; motiviert, den inneren Weg zu gehen und provoziert zu einem neuen Denken und Handeln.

Kabat-Zinn, John: *Gesund durch Meditation.* Fischer. 2007.
Ein Grundlagenbuch zum Stressbewältigungstraining durch
Achtsamkeit (MBSR).

Katagiri, Dainin: *Rückkehr zu Stille.* Theseus. 1988.
Schöne Einführung zur Zen-Praxis ins tägliche Leben von Zen-
Meister Katagiri.

Kessler, Nicola und Kührt, Christiane: *Jin Shin Jyutsu.* GU. 2005.
Einfache, aber umfassende Einführung mit Fotos, Illustrati-
onen und vielen praktischen, gut umzusetzenden Anleitungen
zum Japanischen Heilströmen.

Khema, Ayya: *Sei dir selbst eine Insel.* Theseus. 1990.
Die Zen-Meisterin führt den Leser über ihre Vorträge auf einen
Weg der Selbstbefragung, der zu echter geistiger Freiheit füh-
ren kann. Keine trockene buddhistische „Weisheitslehre", son-
dern ein alltagstauglicher Weg zu einem erfüllten Leben durch
Selbstbefreiung und Meditation.

Krishnamurti, Jiddu: *Einbruch in die Freiheit.* Ullstein. 1993.
Kern von Krishnamurtis Aussage ist, dass jeder Einzelne persönliche innere Freiheit erlangen kann – durch Achtsamkeit.
Vorgaben, Rituale, mystische Handlungen und Traditionen
lehnt er strikt ab. Sein revolutionäres Denken ist bedingungs-
los direkt, trifft mitten ins Ziel und das verleiht ihm hohe geistige Sprengkraft.

Liedloff, Jeanne: *Auf der Suche nach dem verlorenen Glück.* Beck.
2006.
Im Dschungel Venezuelas erforschte die Autorin zweieinhalb
Jahre lang das glückliche Zusammenleben der Yequana-India-
ner. Es sind deren soziale Strukturen, innere Einstellungen und
Umgehensweisen untereinander und mit dem Leben, von denen wir viel lernen können.

Maschwitz, Rüdiger: *Hellwach und entspannt.* Kösel. 2003.
Die Pinocchio-Reihe, Entspannung und Körperwahrnehmung
für Kinder.

Osho: *Jenseits der Grenzen des Verstandes.* Rajneesh Verlag.
1989.
Der Wert der Meditation in der Psychotherapie. Eine spannende Auseinandersetzung mit drei verschiedenen Ansätzen
zur Heilung des Geistes: Psychoanalyse, humanistische Psychologie und Meditation. Osho vertritt die These, dass die ersten
beiden Ansätze das Ego eher stärken, während es darum gehen
sollte, es zu transzendieren – und dass der Weg der dorthin
führt, Meditation ist.

Pearsall, Paul Ka'ikena: *Aloha – Lebenskunst auf Polynesisch.*
Bauer. 2000.
Der Psychoimmunologe sagt, dass unsere westliche Lebenswei-
se uns krank macht und er führt reichliche Beweise dafür an.
Wenn wir uns etwas von der polynesischen Denk- und Lebens-
weise aneignen würden, könnten auch wir mehr Lust am Leben erfahren. Der Autor zeigt, wie wir das machen können.

Rosenberg, Marshall B.: *Gewaltfreie Kommunikation – Eine Sprache des Lebens.* Junfermann. 2002.
Obwohl wir unsere Sprache nicht als gewalttätig betrachten,
führen unsere Worte oft zu Verletzungen und Leid. Der Autor
hat einen Umgang mit Sprache entwickelt, die uns dabei hilft,
unsere Bedürfnisse klar auszudrücken und dennoch einfühl-
sam und rücksichtsvoll mit anderen umzugehen. Gewaltfreie
Kommunikation lehrt uns, wie wir potenzielle Konflikte in
friedliche Gespräche umwandeln.

Schneider, Karola: *Kraftsuppen nach der Chinesischen Heilkunde.*
Joy Verlag. 1999.
Ein Buch mit zahlreichen leckeren Rezepten, die das Qi steigern und unsere Lebensgeister wecken. Ein echter Geheimtipp
für Suppenkasper wie mich.

Suzuki, Shuryu: *Zen-Geist – Anfänger-Geist.* Theseus. 1993.
Ein Klassiker seit einem Vierteljahrhundert und eine der besten
Einführungen in die Zen-Meditation, die ich kenne.

Temelie, Barbara: *Ernährung nach den Fünf Elementen.* Joy Ver-
lag. 1993.
Eine hervorragende Einführung. Leicht verständlich und inter-
essant geschrieben. Mich begeistern übrigens alle Bücher und
Kochbücher der Autorin, die derzeit in Deutschland meines
Wissens die größte Kapazität auf diesem Gebiet ist.

Thich Nhat Hanh: *Das Wunder der Achtsamkeit.* Theseus. 1988.
Eine einfühlsame, geduldige, alltagsbezogene Einführung des
Zen-Meisters in die Achtsamkeitspraxis. „Achtsamkeit ist das
Wunder, das auf einen Schlag unseren zerstreuten Geist [...]
wieder ein Ganzes werden lässt, so dass wir jede kostbare Mi-
nute unseres Lebens wirklich leben."

Thich Nhat Hanh: *Die Kunst des glücklichen Lebens.* Theseus.
2001.
Einer der bekanntesten zeitgenössischen Zen-Meister beleuchtet aus der Sicht des tibetischen Buddhismus, wie wir leben
können, um glücklich zu sein. In diesem Buch benutzt er das
Beispiel der Samen (welche wir gießen sollten, um ein glückliches Leben zu führen, und welche lieber nicht).

Wetering, van de, Jan Willem: *Der leere Spiegel.* rororo. 1997.
Das spannende autobiografische Abenteuer eines jungen Hol-
länders, der Anfang der 60er Jahre als Laie in ein japanisches
Zen-Kloster geht und das Experiment nach anderthalb Jahren
abbricht.

Williamson, Marianne: *Rückkehr zur Liebe.* Goldmann. 1993.
In diesem Buch geht es um Liebe und um Gott. Vielleicht könnte
das genau der Grund für Sie sein, es nicht lesen zu wollen. Aber
auch wenn Sie – wie ich – kein klassisches Gottesbild haben,
könnte das Buch eine Bereicherung für Sie sein. Es bringt uns

wieder zu dem zurück, worum es im Leben wirklich geht, und das in einer klaren, aufrüttelnden Weise. Und diese Erinnerung haben wir in dieser verdrehten Welt wohl alle hin und wieder nötig.

Yalom, Irving: *Existenzielle Psychologie.* Edition Humanistische Psychologie. 2000.
Ein Autor, der Psychoanalytiker und Professor für Psychotherapie ist und zum Zeitvertreib Kriminalromane schreibt, verheißt ein gleichermaßen tiefgreifendes wie reizvolles Lesevergnügen. In diesem Buch setzt er sich mit den „letzten Dingen" auseinander: Tod, Isolation, Sinn und Freiheit. Ein Werk, das zum tiefen Nachdenken über sich selbst und seinen Platz in der Welt anregt.

Zimbardo, Philip und Gerrig, Richard: *Psychologie.* Springer. 2003.
Ein wirklich dicker Schinken, aber das fundierteste und verständlichste Lehr- und Nachschlagewerk zur menschlichen Psychologie und Entwicklung, das ich kenne.

Notizen